U0912605

动物小说大王沈石溪

·感悟生命书系·

雪域豹影

XUE YU BAO YING

典藏版

沈石溪◎著

童趣出版有限公司编　人民邮电出版社出版

北　京

\序 言\

雪豹的家庭伦理

沈石溪

家庭是社会的细胞，千千万万个家庭组成复杂的社会。那么，家庭是如何起源的？有人认为家庭是私有制的产物，有人认为家庭是人类进化的必然结果，也有人认为家庭是男女婚配和繁衍生命的有序形式……从古至今，众说纷纭，莫衷一是。

有了家庭，便有了家庭伦理。所谓家庭伦理，就是指家庭成员的行为准则、道德标准及彼此间需要遵守的权利和义务。不同的人种、不同的时代、不同的民族、不同的地区、不同的宗教信仰，有不同的家庭伦理。例如在中国封建社会，实行一夫多妻制的家庭生活，讲究妻妾和睦、家事兴旺。而现代中国，实行一夫一妻制的家庭生活，以夫妻平等、相互尊重为原则。

家庭伦理，其实就是社会观念的缩影。

在一般人的观念里，似乎只有人类才有家庭。其实不然，动物学家野外考察表明，许多动物也有家庭生活。大部分动物，如鸟类、狮子、大象、豹子、豺、狼、狐狸等，都过着以血缘为纽带的群居生活，它们雌雄结伴，筑巢建窝，并肩觅食，共同养育后代。仅就最基本的生活形态而言，动物家庭与人类家庭在本质上并无很大的差异。

何为家庭？就动物而言，就是雌雄间以繁殖为目的的一种牢固结合。这种结合，不是简单的一加一等于二，而是一加一远远大于二，由于双方齐心协力互为支撑，成倍地增加了生存能力，有利于提高幼崽的存活率。

当然，由于物种不同，动物的家庭结构也千差万别。非洲狮实行雄性专制统治的家庭生活方式，南极的帝王企鹅实行视婚姻为终身契约、夫妻白头偕老的家庭生活方式，东南亚一带的云豹实行季节性家庭生活方式，即以怀孕、分娩、哺乳、育幼直至子女长大独立生活为一个生育季节，雄云豹和雌云豹在一起过完这个生育季节后，就算各自为家庭尽到了责任，随后便分道扬镳各奔东西，重新寻找中意的配偶，各自组建下一茬季节性家庭……

某种动物之所以接受此类型的家庭生活方式，而排斥其他类型的家庭生活方式，并非心血来潮的随意行为，而是根据自己的身体条件和生理特点，为适应激烈竞争的生存环境，在漫长的进化过程中慎重做出的最佳选择。

例如非洲狮，由于雄狮远比雌狮强壮，雄狮便在家庭中选择专制统治的生活方式；例如南极帝王企鹅，由于自然环境极为恶劣，产蛋、孵化和育雏都是在冰天雪地里进行，稍微照顾不周，小帝王企鹅就会夭折，假如夫妻间同床异梦三心二意，就可能永远也孵育不出后代来，于是采取夫妻坚贞不移白头偕老的生存策略；东南亚的云豹，只能在亚热带雨林里生存，对环境十分挑剔，活动的范围相对较为狭窄，为避免近亲繁殖带来的种气衰微，便实行季节性家庭生活方式，用杂交优势来保持种群的繁荣。

不同的家庭生活方式，派生出不同的家庭伦理关系。可以这么说，动物的家庭伦理关系异彩纷呈。

例如生活在新疆戈壁滩上的野马群，年富力强的公马为一家之主。当遭遇老虎、狼群等敌害时，假如被攻击的是一匹小马驹，头马便会率领马群抗击敌害，尽自己所能保护小马驹；但假如被攻击的是一匹衰弱的老马，头马就会毫不犹豫地抛弃那匹老马，率领马群逃之夭夭，任老马悲惨嘶鸣遭敌害宰割。这些野马缺乏“孝”的道德观念，只服从“情感下倾”，即爱幼护犊的行为准则。在所有野马群里，极少有老马能寿终正寝，几乎所有的马在年老体衰后，都会活活葬身于食肉猛兽之口。野马们之所以奉行“不孝”的家庭伦理，或许是基于这样一种认识：牺牲一个活不了多久的衰老的生命来换取整个种群的生存，是一件颇为合算的事。

又如生活在西双版纳密林里的翠金鸟，一雌一雄组合成温暖的小家庭，雌鸟与雄鸟常互相梳理羽毛，嘴对嘴鸣唱情歌，显得极为恩爱。但动物学家通过DNA鉴定却发现，几乎每一窝大约6—8枚翠金鸟蛋里，都只有50%的蛋遗传了这家男主人的基因，而另外50%的蛋则遗传了其他雄鸟的基因。统计表明,每一只育龄期雌翠金鸟都会犯“红杏出墙”的错误。奇怪的是，雄翠金鸟明明知道这种状况，也睁一只眼闭一只眼。据动物学家分析，翠金鸟之所以接受“不忠实”的家庭伦理，与环境有极大的关系。西双版纳气候炎热，鸟窝容易滋生各种寄生虫。不同遗传基因的雏鸟抗寄生虫能力是不一样的，有些雏鸟能抵御寄生虫侵袭，有些雏鸟则会被寄生虫折磨而死。雌翠金鸟之所以在一窝蛋里要掺杂一半左右的“野种”，其实是一种分散投资的策略，为了让遗传基因多样化，以应对寄生虫带来的繁殖风险。万一含有丈夫遗传基因的雏鸟抵挡不住寄生虫，还有遗传其他雄鸟基因的雏鸟可以活下来，不至于整个繁殖季节呕心沥血，结果却一无所获。对翠金鸟这样的动物来说，这不能不说是一种高妙的生存策略。

我们很难用善恶、是非、好坏、正邪来评判动物的家庭伦理关系。我们只能说，一切存在的都是合理的。动物之所以选择组建家庭，之所以选择特定类型的家庭生活方式，之所以选择与之相适应的家庭伦理关系，终极原因是优胜劣汰、适者生存的自然法则在起作用。

我常常为动物千奇百怪的家庭伦理而感到十分震惊，继而产生强烈的写作冲动。好几年前，我就想写一个“动物家庭伦理长篇系列”。杂事缠身，耽误很多光阴，直到去年春天才把这个系列全部写完。目前这一系列共有四部：《红豺》《野犬姐妹》《王妃黑叶猴》和这部《雪域豹影》。

《雪域豹影》写的是生活在滇北高原梅里雪山一带的雪豹的家庭生活。雪豹奉行一夫一妻制家庭结构。雪豹的家庭伦理是，雄雪豹只抚养与自己有血缘关系的幼豹，而拒绝抚养与自己没有血缘关系的幼豹。可偏偏有这样一只雌豹，刚产下一窝幼崽，配偶便死于非命，雌豹仗着自己年轻貌美，一心想打破雪豹社会的这种陋习，招赘一只雄雪豹来帮助自己养育幼崽。于是，一场关于传统与革新、伦理与道德的冲突激烈展开，在经历了无数惊险和曲折后，浓烈的父爱战胜了刻板的家庭伦理，然而，新的悲剧也拉开了序幕……

希望我们能通过透视动物野蛮的、文明的、血腥的、温情的、暴力的、和平的家庭伦理，比照人类自身，祛除野蛮、重拾温情，更好地改善我们的家庭生活，让每一个家庭温馨甜美，让生活永远阳光灿烂。

2011 年 11 月 6 日写于上海梅陇

\ 目录 \

第一章　雪崩夺走了它的丈夫

梅花鹿沿着山脊线上一条牛毛细路仓皇奔逃，阿灿霞和日食生在后面紧追不舍。转过一道 C 字形山梁，慌不择路的梅花鹿突然一个右转弯，钻进一条赤褐色的石沟。

阿灿霞绷紧的心弦顿时放松了，心里油然生出一种欣喜与得意。脚下的日曲卡雪山，是它和日食生的栖息地，也是它们这个雪豹家庭的狩猎领地。它曾无数次在这里巡游打猎，对这一带的每一座山峰、每一条溪流、每一道沟壑都了如指掌。它知道，这条被滇北高原的阳光晒成赤褐色的石沟，通往一座连猿猴都无法攀登的百丈悬崖。悬崖三面都是绝壁，唯有这条石沟可以通行。准确地说，梅花鹿逃进这条石沟，就等于钻进了死胡同、迈进了地狱之门，很快就将变成它们丰盛的晚餐。

阿灿霞是一只雌雪豹，日食生是一只雄雪豹，这是一对雪豹夫妻。

雪豹终年生活在雪线附近，当地老百姓称之为“大猫”。

此刻，日食生仍然脚下生风衔尾猛追，阿灿霞则自然而然地放慢了脚步。

假如这场捕猎还是个未知数，阿灿霞是决不会停止追撵的。悠悠万事，食物为大，食物还没到手，它可没兴致撒娇发嗲。但此时，梅花鹿显然已成了囊中之物，日食生一只雄雪豹就足够对付的了，阿灿霞就有了偷懒的念头。

就像所有雌性动物一样，阿灿霞很乐意见到日食生为自己效劳。

哦，当日食生叼着刚刚捕获的梅花鹿送到它嘴边，殷勤地邀请它喝温热的鹿血、吃鲜嫩的鹿肉，那时它享受到的不仅仅是用来填满空瘪胃囊的食物，还有被配偶关怀和宠爱的幸福。

享受生活，何乐而不为?

日食生盯着梅花鹿的背影风风火火追撵而去。阿灿霞悠闲地小跑着，不紧不慢地跟随在后头。

一切都在预料之中。

穿过那条被高原阳光晒成赤褐色的石沟，便是一个铺满积雪的不规则的平台。梅花鹿细巧的尖锥状蹄印和雪豹硕大的花瓣状足迹在雪地上清晰地向前延伸。阿灿霞顺着积雪上的脚印走了一段，便看见了让它心花怒放的情景：梅花鹿站在悬崖边缘，瞪着一双布满血丝的眼睛，勾着脑袋，摇动着头顶的八叉大角，打着响鼻，摆出一副困兽犹斗的架势；日食生在距离猎物约三米开外的地方，尾巴平举，肩胛高耸，四肢微屈，吹胡子瞪眼，做出一副猫科动物典型的跃跃欲扑的姿态。

那只梅花鹿就站立在悬崖边缘，只要再往后退一步，就会从悬崖上坠落下去。阿灿霞一点儿都不担心快要到手的猎物会从嘴边溜掉。它从小生活在日曲卡雪山，最喜欢捕捉的猎物就是梅花鹿，对梅花鹿的脾气秉性十分熟悉——梅花鹿是高级哺乳类动物，具备判断环境权衡利弊的能力。倘若悬崖不是太高，绝壁的坡度也不是太陡峭，从悬崖上跳下去有侥幸逃脱的可能，这只陷入困境的梅花鹿或许会奋不顾身地从悬崖上跳下去；但悬崖太高了，跳下去绝无生还的可能，聪明的梅花鹿是不肯光荣就义的，事实上，梅花鹿也不具备宁死不当俘虏的高贵品质。倘若站在悬崖边的是一只头顶不长鹿角的母鹿，它知道自己没有能跟雪豹周旋的武器，绝无从豹爪下逃生的可能，为了赌口气，或许会从悬崖上往下跳；但现在站在悬崖边缘的是一只有角的公鹿，而且冬天是鹿角最茂盛的季节，琥珀色的鹿角层层分叉，被冰雪擦得油光闪亮，坚硬如铁，如同尖锐的长矛。鹿角是公鹿打斗的武器，因为长有锐利的鹿角，公鹿的胆量比母鹿要大得多，这只陷入困境的公鹿会这么想：从这么高的悬崖跳下去那是必死无疑，面对张牙舞爪的雪豹虽然也是凶多吉少，但利用头顶的鹿角壮起胆子跟可恶的雪豹来一场殊死搏杀，也不一定绝无生路，说不定对方是只胆小鬼雪豹或窝囊废雪豹，在尖利如矛的鹿角的猛烈冲撞下，或许会扭头躲闪，那它就可以夺路逃命了。这是一种并不复杂的计算：坠崖的话生存几率是零，搏杀的话尚有一线生机，那当然是选择搏杀。哺乳动物属于有智慧的动物，能够权衡利弊得失，懂得两害相遇取其轻的道理，这正好为雄雪豹日食生捕捉这只梅花鹿提供了机会。

阿灿霞丝毫不担心日食生会受到鹿角的伤害。知夫莫若妻，日食生牙口九岁，正处于生命的最高峰值。它成熟稳重，强悍壮实，精力特别旺盛，反应特别灵活，动作特别协调，捕食技艺炉火纯青，绝对不可能让自己在这场狩猎中被碰掉一根豹毛的。

梅花鹿突然怒吼一声，气势磅礴地朝日食生冲撞过来，这是弱者以攻为守、以进为退的策略。很明显，这只鹿并非真的要与雪豹决一雌雄，而是想逼迫日食生朝旁边避让，冲出一条生路来，这样就可以撒蹄奔逃了。它的八叉大角架就像几支闪闪发亮的长矛，贴着雪地飞刺而来，角尖铲得雪花飞扬冰碴儿四溅，大有顺我者昌、逆我者亡的气势。日食生不愧是有雪域霸主之称的雄雪豹，先是站立在原地岿然不动，当鹿角快要刺到豹脸的一瞬间，敏捷地往后跳闪半步，玩了个以退为进的策略，成功地避开尖利如刃的鹿角，几乎在同时，豹爪在雪地上用力一蹬，身体呈漂亮的流线形飞弹出去，刚好扑到梅花鹿的背上。雪豹沉重的躯体虽未能压垮梅花鹿，却迫使奔逃中的梅花鹿不得不停了下来。出于一种本能的反应，梅花鹿昂起头来，八叉大角架往后倒刺，想用锐利的鹿角将日食生从背上挑下去。这正中了日食生的下怀，只见它轻旋豹腰，倏地玩了个转体动作，由骑鹿背改成吊鹿颈，在梅花鹿还懵懵懂懂不晓得怎么回事时，张开豹嘴一口咬住了鹿嘴。这一口咬得又准又狠，把整张鹿嘴和整个鼻吻都叼在豹嘴里了。这是强迫接吻，也是死亡之吻。梅花鹿拼命甩动脖颈，摇晃脑袋，想把自己的嘴从豹嘴里挣脱出来，但一切努力都无济于事，日食生强有力的上下颚像铁锁一样牢固，豹牙像铁钉一样尖利。更绝的是，日食生的身体吊在梅花鹿的脖颈下，形成一个死角，鹿角再怎么努力，也无法刺到日食生的身体。梅花鹿明白自己必死无疑，挣扎着往悬崖边移动，想拖着日食生一起坠岩。双方搏杀的地点就在悬崖边缘，只要横跨两步，就会从悬崖上摔落下去。横竖都是死，不如和它来个同归于尽玉石俱焚。但这也是痴心妄想，日食生早就想到梅花鹿会有这一招，两只有力的后爪紧紧抓住粗糙的岩石，梅花鹿使出吃奶的力气也休想挪动半步。

这不是一般意义上的狩猎，堪称是一种艺术表演。

阿灿霞喜滋滋地看着日食生表演高超的捕猎技艺，哈哈，马上就可以享用丰盛的鹿肉大餐啦。

按照常规，雪豹的血盆大口一旦咬住猎物的嘴巴，这场狩猎就算大功告成了。猎物无法正常呼吸，最多两分钟时间，便会因窒息而瘫倒在地，四肢抽搐，呜呼哀哉。现在已经过去一分半钟了，梅花鹿四条腿剧烈颤抖，快支撑不住了。倒呀，倒呀，阿灿霞在心里默默念叨。它肚子有点儿饿了，口水也滴滴答答地往下流，真想扑到梅花鹿身上撕扯啃咬。

梅花鹿四只蹄子在地上急剧踢蹬，就像在跳节奏强烈的踢踏舞。这是最后的抗拒，垂死的挣扎。

就在这时，意外发生了。悬崖边缘的石头，或许是因为风吹日晒已经高度风化，或许是因为冰雪侵蚀已经有了裂缝，被四只鹿蹄猛烈踩踏，竟然松动摇晃起来。事情来得太突然，日食生没有任何思想准备，当脚底下的石头嘞地裂开一条大缝时，它还没反应过来，傻乎乎地站着没动；当泥土和冰碴儿哗啦啦往下倾泻时，这才若有所悟地瞪大惊恐不安的眼睛。

呦！阿灿霞看得真切，发出急促的吼叫，那是提醒，也是警报。危险，赶快跳出来！

这时候，倘若日食生及时松开豹嘴，纵身飞跃，凭着雪豹高超的弹跳力，是能跳出险境的。但它没这样做，它大概是担心自己一松开嘴，梅花鹿会趁机逃逸。它将鹿嘴咬得更紧了，并做出往后拖拽的动作，不难判断，它是想把梅花鹿拖离正在松动的悬崖边缘。这是不可能办到的事。瞬间的犹豫，使它丧失了逃生的机会。咔嚓嚓，脚下传来石头断裂的可怕声响，悬崖边缘约一米多宽的长条形岩石突然间坍塌下去。日食生这才松开豹嘴想腾跳蹿跃，但为时晚矣，它的身体不由自主地往下坠落，根本无法蹿跳起来。

刹那间，日食生连同那只梅花鹿，便从悬崖上消失了。

“轰隆——轰隆——”乳白色的雪尘冲天而起，山谷传来物体砸落的巨响。

阿灿霞的心也坠落到无底的深渊。

“轰隆——轰隆——”闷雷似的声响持续不断，夹杂着日食生恐怖的哀嚎。

阿灿霞趴在悬崖边缘小心翼翼地探头张望，悬崖上那块坍塌的石头在陡峭的岩壁上翻滚滑落。日曲卡雪山今年的雪下得特别大，岩壁上悬挂着厚厚的积雪，坠落物在岩壁上叩

碰撞击，积雪纷纷跌落，上面的积雪砸在下面的积雪上，产生多米诺骨牌效应，引发了雪崩。巨量的雪倾泻而下，盆形山谷雪雾氤氲，白茫茫一片，根本就看不见日食生的影子。

约摸十多分钟后，声势凌厉的雪崩才慢慢平息下来。

阿灿霞心急如焚，撒开四蹄，顺着山脊绕了好大一个圈，才来到山脚下的那个盆形山谷。衰草覆盖的平地上，隆起一个巨大的雪堆，高约 30 来米，直径超过百米，活像一座冰雪坟茔。它围着雪堆找了一圈，没有找到日食生，也没能找到那只梅花鹿。雪崩早已结束，山谷一片静谧，只有凛冽的寒风在呜咽。它将脑袋拱进雪堆，希望能听到日食生呼救的声音，遗憾的是，雪堆里一片死寂，什么声音也没有。它发疯般的在雪堆上扒拉，冰雪飞溅，它挖出一个深达数米的洞，也没能发现日食生的踪影。

它累得筋疲力尽，长时间在雪堆上扒拉，爪掌冻得麻木不堪，浑身上下粘满冰碴儿雪屑。它晓得，日食生就埋在眼前这座巨大的雪堆下面，可它作为一只母雪豹，没有移动雪山的本领，无力掘开雪堆救出心爱的丈夫。它无奈地停止了刨雪。

滇北高原日曲卡雪山冬天的日照时间很短，下午三点左右，苍白的太阳就匆匆滑落到山峰背后去了。暮色苍茫，天边血块似的云朵间，一群秃鹫在翱翔，荒草湮没的小路尽头，几只雪狐在游荡。北风呼啸，阿灿霞忍不住打了个寒噤。雪豹虽有雪域霸主的美誉，但并不像北极熊那样身上有极厚的防冻脂肪层，它的御寒能力是有限的。盆形山谷正处在风口上，气温特别低，阿灿霞已经一整天没有吃到东西了，饥生寒，寒生饥，饥寒交迫，尖啸的山风夹带着大量雪尘，刮在身上就像针扎一样痛。太阳落山了，气温还在下降，它若再继续待在这里，很有可能会冻出病来。如果它是只无牵无挂的雌雪豹，病了就病了，没什么了不起的，病痛或许还能减轻丧偶的悲痛。可它并不是单身遗孀，它是一个母亲，膝下有四只还没睁开眼睛的小雪豹。

它无权糟蹋自己的身体。它的生命不仅仅是属于它的，更是属于四个儿女的。山腰巉岩间那棵千年老杉树的扇形树洞里，四只小雪豹正等着它回去喂奶呢。小家伙们饿了大半天，等了大半天，肯定早已等得不耐烦了，说不定会蠕动身体从树洞里钻出来。天就要黑了，万一不懂事的小家伙们真的从树洞里钻出来，要不会被严寒冻坏身体，要不就会被贪婪的雪狐吃掉。它在外头多耽搁一分钟，四只小家伙就多一分危险。况且它再在坟茔似的雪堆边待下去，也不可能将日食生救出来。

悲剧已经铸成，伤心无济于事。

阿灿霞长嚎一声，离开盆形山谷，朝山腰那棵千年老杉树疾奔而去。

第二章　单身妈妈活得好艰难

何谓婚姻？即两性间为繁殖和抚养后代而订立的一份长时间互相厮守的契约。婚姻并非人类的专利，自然界许多种类的动物中也存在原始的婚姻形态。例如生活在热带雨林里的双角犀鸟，发育成熟后，在春暖花开的季节，年轻的雌鸟和雄鸟便会聚集在密林深处的一棵大树上，或婉转鸣唱展示嘹亮的歌喉，或扇翅抖尾展示亮丽的羽毛，互相试探互相吸引互相心仪，就好像人类社会举办未婚青年联谊会。彼此中意了，雄鸟和雌鸟便会渐渐靠近，物理距离和心理距离同时缩短，并悄悄飞往树梢某个隐秘的角落，或彼此献歌献舞，或彼此啄理羽毛，喁喁私语，就好像青年男女进入了热恋阶段。接下来，在雄鸟彬彬有礼的一再邀请下，雌鸟会面带羞怯半推半就地钻进雄鸟早就搭建好的鸟巢，由恋爱阶段步入婚姻的殿堂。从此以后，这两只双角犀鸟便夫唱妇随形影不离，共同觅食谋生，共同养育后代，比翼双飞，白头偕老，只有死亡才能把它们拆散。假如遭遇不幸，比如雄鸟在觅食途中遭猎枪射杀，或雌鸟在抱窝时被毒蛇吞噬，剩下的那只绝不会寡妇再醮或鳏夫再娶，也没有第二春、黄昏恋、夕阳红之类的浪漫情怀，一定会在望穿秋水的等待和刻骨铭心的思念中抑郁而亡。这种对爱情金石般的坚贞，让人类也望尘莫及。因此，人类也把双角犀鸟称为爱情鸟。

生活在日曲卡雪山一带的雪豹，也实行一夫一妻制。不同的是，雪豹的爱情远没有双角犀鸟那么纯粹，也远没有双角犀鸟那般坚贞。雄雪豹与雌雪豹喜结良缘后，假如顺水顺风，命运不出现大的波折，也有可能会共同养育后代直至白头偕老。但万一命运出现波折，或雄雪豹误走黄泉路，或雌雪豹踏上奈何桥，剩下的那只虽然也会悲伤也会思念，但到了发情期，免不了会寡妇再醮或鳏夫再娶。在这个问题上，雪豹比双角犀鸟要开放得多。

就跟绝大多数做了寡妇的雌雪豹一样，阿灿霞虽然很爱日食生，但它并没有沉湎于丧偶的悲痛不能自拔。作为野生雪豹，生活在弱肉强食的大自然里，阿灿霞经常与死神擦肩而过，对死亡早就习以为常。人死不能复生，豹死也不能复生，让过去的成为记忆，要紧的是如何养活膝下的四只幼豹。无论如何，活着的要比死去的重要得多。

在人类社会，对那些丧偶的女性有专门的称谓，通俗叫法是寡妇,文雅点儿就叫遗孀,还有一种怪异的称呼是未亡人。对照人类社会的习俗，阿灿霞就是寡妇豹、遗孀豹、未亡豹。

做雌豹难，做寡妇豹更难，做带崽的寡妇豹更是难上加难。

生活失去了靠山，精神失去了依傍。民以食为天，吃饭成了最难解决的问题。

雪豹属于猫科动物，凡猫科动物都擅长用奇袭的方法捕捉猎物。日食生在世时,夫妻并肩狩猎,远远发现猎物的踪迹,只要彼此递个眼色便心领神会，或者从南北两个方向向猎物潜行靠近，到达最佳攻击位置后，同时以迅雷不及掩耳之势扑向猎物，形成钳形夹击之势，猎物往往顾此失彼晕头转向从而束手就擒；或者在发现猎物后，日食生悄悄埋伏在猎物可能逃窜的方向，阿灿霞吼叫着扑向猎物，将猎物往日食生埋伏处驱赶,当猎物进入埋伏圈后,日食生幽灵般的跳将出来,猎物还没反应过来是怎么回事,便成了爪下的冤鬼。今年冬天，虽然气候恶劣，暴风雪一场接着一场，猎物越来越稀少，但由于夫妻携手、配合默契，还是收获颇多，狩猎的成功率保持在50%左右。平均出猎两次便有一次收获，这对在冰天雪地中捕猎的雪豹来说，已经是很高的成功率了。可以自豪地说，在这个严寒的冬天，阿灿霞和它的四个小宝宝，基本上没有饿过肚子。

如今，好日子结束了。

一只单身母雪豹，不但要养活自己，还要养活膝下四个儿女，其艰辛可想而知。

猎食是最大的困难。

远远发现几只岩羊，阿灿霞借着挂满冰凌的衰草的掩护，蹑手蹑脚靠拢过去。今年是个多雪的冬天，雪线降到了谷底，大地铺着厚厚的积雪，豹爪上虽然有一层肉垫，走在泥土或岩石上悄无声息，但踩在积雪上，脚爪与雪花摩擦，免不了会发出咯吱咯吱的声响，还没到达最佳位置，脚步声就传到了听觉异常灵敏的岩羊的耳朵里。雪豹捕猎的绝招就是突然袭击，其最佳出击位置是与目标相距50米至100米的范围内。换句话说，倘若雪豹能在猎物毫无觉察的情况下，潜行到最佳出击位置，然后以迅雷不及掩耳之势猛扑上去，狩猎就有成功的可能；倘若在有效距离外就让猎物觉察到了自己的企图，袭击多半就会流产。有好几次，阿灿霞在200米开外就被猎物察觉到了，机敏的岩羊立刻掉头就跑，它不得不将奇袭改为强攻，打起精神穷追猛撵。岩羊在悬崖峭壁上的跳跃和奔跑速度一点儿也不比雪豹差，绕过一道山梁，双方的距离就已经越拉越远，阿灿霞累得气喘吁吁，不得不放弃徒劳的追逐，眼睁睁看着猎物逃之夭夭。

不仅没获得食物，反而消耗掉宝贵的体力。偷鸡不成反蚀把米啊。

对雪豹来讲，多雪的冬天觅食不易。

昨天下午，阿灿霞翻过雪山垭口时，看见一只岩羊躺在半山腰的雪坡上晒太阳。那面山坡上，突兀的岩石星罗棋布，十分有利于隐蔽。它耐心地一点儿一点儿向前爬动，花费了大半个小时,好不容易到达距离目标约 50 米的一棵大树背后。这是雪豹向目标发起突然袭击的最佳位置。它憋足了劲，狂飙似的蹿跃出去，扑向罔然无知的猎物。这次出击非常成功，当那只岩羊发觉危险站起来想逃命时，阿灿霞已扑到岩羊背上。这是只身强力壮的公岩羊，不甘心束手就擒，拼命蹦跶。阿灿霞前爪搂住羊腰，整个身体压在羊背上，想把岩羊压趴下来。但公岩羊的筋骨似乎特别强健，像蹦迪斯科似的狂蹦乱跳。阿灿霞已经两天没吃到食物，体虚力弱，经不住如此激烈的颠簸，一不留神从羊背上滑落下来。那短命的公岩羊，又冷不防尥了个蹶子，羊蹄正好踢中豹鼻，踢得阿灿霞眼冒金星，鼻血直流，威风顿挫，公岩羊趁机跃上绝壁，凭着高超的攀岩本领，一溜烟逃走了。阿灿霞只咬到一嘴羊毛，却赔了许多鼻血，羊肉没吃到反惹了一身羊膻。唉，倘若日食生还活着，夫妻并肩出击，这只公岩羊是绝对不可能有机会逃生的。

独木难撑大厦，一只单身母雪豹很难支撑起一个家庭。

由于狩猎成功率直线下降，阿灿霞原本油光水滑的皮毛变得枯涩杂乱，丰腴的身体变得消瘦，肚皮经常空瘪瘪的，处于饥饿状态。更让它忧虑的是，由于营养不良，它腹部原本饱满如香柚的乳房，也萎瘪得像晒干的猪尿脬，丰沛如泉涌的乳汁几乎干涸了。四只幼豹经常饿得小眼珠发绿，狠命地吮吸，实在吸不出奶就胡啃乱咬，四只幼豹牙床上都已长出白芝麻似的乳牙，把阿灿霞的乳头啃得血迹斑斑。

四只小家伙原先都长得胖嘟嘟的，煞是可爱，但日食生罹难还不到半个月，它们便瘦得皮包骨头了。

人类虽然也有双胞胎、四胞胎甚至六胞胎的，但人类母亲产婴时多胞胎的比例极小，人类基本上属于单胞胎动物。雪豹就不一样了,属于多胞胎动物,母雪豹产崽至少一胎双胞，一胎六胞也不算罕见。阿灿霞一胎产下四只幼豹，按落地的先后顺序排列老大、老二、老三、老四。两雄两雌，堪称黄金性别比例。老大和老二是雄性，老三和老四是雌性。老大浑身雪白，身上没有杂色斑点，名字就叫白老大；老二体毛呈银灰色，镶有浅褐色的长条暗纹，名字就叫银老二；老三白色的体毛两侧布满浅黑和浅棕圆点，名字就叫花老三；老四白色的体毛间就像撒了一把芝麻似的分布许多小黑点儿，名字就叫麻老四。

这几日，老天爷又铺天盖地下了一场大雪，食物更难寻觅了。因为饥饿的缘故，小家伙们的生命力在急剧消失。麻老四本来活泼好动，整天打打闹闹的，现在变得特别文静，长时间蜷缩在树洞深处，目光呆滞，不声不响。阿灿霞心里明白，这是一个危险信号，假如再不给麻老四喂足够的奶，顶多再有三四天时间，小家伙就会变成一具雪地饿殍。

阿灿霞还是第一次做母亲，在四只幼豹身上投注了浓浓的爱，看着心肝宝贝的生命在一点儿一点儿衰竭，它的心快要碎了。

事实证明，没有雄雪豹的鼎力相助，单亲雪豹家庭，幼豹夭折的几率是很大的。

阿灿霞萌生出一个念头：找只雄雪豹来共同支撑这个快要被生存压力碾碎的家庭。换句话说，就是招赘一只雄雪豹进门，给四只嗷嗷待哺的小雪豹找一个后爸。

日食生亡故还不到半个月，按人类的说法，还属于尸骨未寒的新丧阶段，阿灿霞这么快就动了再婚的念头，似乎有悖道德伦理。君在日日说君恩，君死又随人去了，是会遭唾

弃的卑劣行径。但阿灿霞是一只雪豹，它的行为不受人类道德的约束。虽然丧夫的痛楚仍郁结在心中，但理智告诉它，感情是依附于生命的，生命终结了，感情也就完结了，为了虚无缥缈的爱情去守节，高尚倒是高尚了，伟大倒是伟大了，却于事无补，不仅唤不醒被埋在雪堆下的日食生，反而会白白葬送四个小宝贝。

这四只幼豹是日食生的亲骨肉，设法让它们活下去，从本质上说，就是延续日食生的生命和血脉，就是对九泉之下的日食生最好的怀念和祭奠。

要将四只幼豹平平安安抚养长大，唯有抛出爱的红绣球。要做到这一点并非易事。最大的障碍,是雪豹特有的生理规律。雌雪豹的发情是有周期性的,正常情况下,雌雪豹交配受孕后,便不再与雄雪豹亲近，做了母亲的雌雪豹，会一门心思抚养自己的后代，一直等到幼豹长大能独立生活了，雌雪豹才会进入下一轮生殖周期。幼豹从出生到独立生活，大约需要两年时间。直截了当地说，做了母亲的雌雪豹在两年的育幼期里，是不会与雄雪豹行云雨之欢的。在这期间，即使理想中的白马王子来到它面前，雌雪豹也绝不会动容、动情和动心的。阿灿霞刚刚产下一窝幼豹,也就是说,招赘进门的雄雪豹,必须耐心等待两年，必须忍受两年的煎熬，必须度过两年的候补期，才能转为正式夫婿，才能享受异性的亲密，才能真正步入婚姻的殿堂。

雪豹的寿命约20岁，具有繁殖能力的黄金时期，最多是12年，对雄雪豹来说，两年的等待，确实是太漫长了。因此，处在育幼期的雌雪豹，一旦丧偶，是不敢指望会有哪只雄雪豹伸出援助之手的，通常都只能独自挑起家庭的重担。

虽然雪豹世界中还从来没有过候补夫婿这种角色，也从来没有过雄雪豹抚养无血缘幼豹的先例，但阿灿霞决心创造一个奇迹，为四只嗷嗷待哺的小宝贝找到一个合适的后爸。

阿灿霞之所以敢异想天开，是基于一种超常的自信。它不胖不瘦，身体呈漂亮的流线形，五官端正，紫色的嘴吻如玉石般温润透明，两只豹眼就像高原湖泊，波光粼粼，称得上是美目流眄。自从它由幼豹长成少女豹后，就一直处于异性的包围和追逐中，经常有雄雪豹为它争风吃醋、打架斗殴。有一次，它到日曲卡雪山脚下那片野花盛开的草甸子喝盐碱水，就遇到两只兄弟雄豹，哥哥豹黏在它尾巴后面呜噜呜噜大唱豹式情歌，弟弟豹也不甘落后，逮了只野兔叼到它面前大献殷勤。哥哥豹勃然大怒，翻脸不认手足之情，扑上去一巴掌掴裂了弟弟豹的左耳廓，弟弟豹也不甘示弱，一口咬破了哥哥豹的肩胛，草甸子上展开了一场两雄争偶的恶斗。最终，哥哥豹将弟弟豹咬得鲜血淋漓，弟弟豹将哥哥豹打得遍体鳞伤。啧啧，一个娘胎里生出来的亲兄弟，就为了能赢得它回眸一笑，竟不惜兄弟阋墙，大动干戈，这足以说明它天生具有不可抵挡的雌性魅力。

它相信，只要它施展雌性魅力，一定能使某只雄雪豹改变不愿陪伴育幼期雌雪豹的陋习，担当起继父豹的角色，为它膝下的四只小宝宝做两年义务爸爸。

它相信，爱情是能够创造奇迹的。

第三章　招赘花月亮

阿灿霞首先想到的是那只名叫花月亮的雄雪豹。在日曲卡雪山的雪豹世界里，花月亮绝非等闲之辈。

花月亮，多么富有诗意的名字啊！雪白的体毛间，饰有银白色的圆圈纹，就像白云间躲藏着无数个小月亮。

在阿灿霞还是只少女豹时，花月亮就曾经热烈地追求过它。它至今仍清晰地记得，为了俘获它的芳心，花月亮一连几个月徘徊在它的巢穴四周，追踪它的气味，偷窥它的倩影，像影子似的黏在它的尾巴后面。有很长一段时间，每当夜幕降临，它的巢穴附近便会响起花月亮急切的求偶声。有时，这种撩豹心魄的情歌会一直持续到翌日黎明。

有一次，它到日曲卡雪山脚下去狩猎，遇见一只高山羚羊。高山羚羊肉质鲜美，是雪豹最喜爱的美食之一。当时它阿灿霞的肚子饿得咕咕叫，却未敢出击扑咬，只是远远凝望着那只高山羚羊。高山羚羊体态高大，眼前这只公羚羊体格尤其壮硕，足足有半个雪豹这么大；羊毛呈古铜色，毛尖像涂了一层釉，闪闪发亮；头顶两支羚角锐利如剑，闪动着缕缕寒光；羊脖子上肌肉鼓凸，就像戴着护脖的铠甲；脚步铿锵有力，踩得积雪咯吱咯吱呻吟。一眼就能判断出，这是一只正处在生命鼎盛期的公羚羊。虽然高山羚羊是令雪豹垂涎三尺的美味佳肴，但雪豹对高山羚羊采取区别对待的捕杀策略，主要瞄准头上还没长出角的羊羔、羚角相对短小的母羊和体力衰弱的老羊进行攻击。面对身强力壮的公羚羊，尤其是处在发情期的公羚羊，雪豹一般会明智地选择放弃。因为发情期的公羚羊性情暴烈，不肯束手就擒，且奔跑速度很快，难以追上；更让雪豹发怵的是公羚羊头顶那两支琥珀色的羚角，只要扑咬时稍有疏忽，就可能被犀利的羊角捅伤。

对食肉猛兽而言，受伤是件十分危险的事。

日曲卡雪山曾经发生过这样的事：一只成年雪豹抓住一只高山羚羊，格斗中不知怎么搞的，高山羚羊脖子一扭，羊角刺进雪豹的一条前腿，结果高山羚羊逃跑了，而那只倒霉的雪豹因前腿受伤，走路一瘸一拐，无法追上猎物，半个月后就活活饿死了，成了大嘴乌鸦的一顿美餐。

前事不忘，后事之师，犯不着为了一顿晚餐而去冒被羊角捅伤的风险。阿灿霞正这么想，突然，它身后的草丛里闪过一道矫健的身影，它定睛一看，哦，是花月亮。只见花月亮匍匐身体，一双眼睛瞄准前方山洼里正在啃食青草的公羚羊，悄无声息地一步步靠拢过去。看得出来，花月亮是个老练的猎手，逆风潜行，利用地形地物走了个隐秘的之字形，一直走到距离目标约 30 米的一块巉岩背后，它稍作停顿，突然狂飙似的飞蹿出去，扑到公羚羊身上。这称得上是场激烈的鏖战。花月亮吊在公羚羊背上，狠命噬咬壮硕的羊脖子，公羚羊狂蹦乱颠，急遽转圈，两支利剑似的羚角左刺右挑上下飞舞，战术意图很明显，是想把花月亮从自己背上甩脱下来并用羚角捅死。豹吼羊咩奏响一曲地狱交响曲，看得阿灿霞眼花缭乱。这只公羚羊实在太强壮了，连续尥蹶子，蹦跶一米多高，仿佛有使不完的劲。完全可以想象，骑在这只脾气暴躁的公羚羊背上，就像是惊涛骇浪中的一块舢板，随时都有被打翻的可能。阿灿霞为花月亮暗暗捏了一把汗，花月亮一旦支撑不住，从羊背上甩落下来或被羚角挑中，后果将不堪设想。

殊死的搏杀持续了足足十分钟，公羚羊终于筋疲力尽，瘫倒在地，成了一堆任豹宰割的羊肉。花月亮拖着还在抽搐的公羚羊，送到阿灿霞面前。花月亮的喉咙里发出咕噜咕噜念佛似的声响，意思再明白不过了，是盛情邀请阿灿霞共享美味佳肴。阿灿霞的一颗芳心确实被打动了，为了讨好它，花月亮竟然冒险扑杀身强力壮的公羚羊，证明花月亮具备为爱情甘愿赴汤蹈火的激情和勇敢，这是最能让雌性动情的优秀品质。还有一点也非常重要：一场激烈的鏖战下来，花月亮竟然毫发未损，证明花月亮具备高超的狩猎技艺，这也是让雌性萌生爱慕之心的重要因素。

实事求是讲，花月亮各方面条件与被雪崩埋葬的日食生不相上下，它们的皮毛、体形、胆魄及狩猎技艺各有千秋，当时阿灿霞曾在这两只雄雪豹之间摇摆不定，假如有分身术的话，就同时嫁给这两只雄雪豹了。遗憾的是它没有分身术，只能取一舍一，优中选优。考虑到日食生是它的初恋“情人”，感情更纯正些，这才最终把爱的红绣球抛给了日食生。

可惜你迟来了一步，爱情有时候也讲先来后到，我的心已经有了归宿，不然的话，我一定会被你出色的表现所感动，把终身托付给你的。面对花月亮的热烈追求，阿灿霞曾经在心里对花月亮这般说。

如今要招赘夫婿，花月亮无疑是最佳人选。

主意既定，阿灿霞立刻采取行动。

要找到花月亮并不困难。许多雄性哺乳动物都有领地意识，雄雪豹也不例外，每一只成年雪豹都有相对固定的狩猎领地。花月亮的狩猎领地就在日曲卡雪山西麓那片长着许多大树杜鹃的丘陵地带。

那天清晨，阿灿霞翻山越岭前往那片丘陵地带。大雪初霁，蔚蓝的天空上悬挂着一轮红艳艳的太阳，这是隆冬季节难得的好天气。好天气带来好心情，但愿能催开彼此心头的爱情之花。阿灿霞这样企盼着。

太阳当顶时，阿灿霞到达了目的地。它耸动鼻翼仔细嗅闻，好几株大树杜鹃的树干上，都散发着一股雄雪豹特有的尿臊味。这是许多哺乳动物固有的领域标记行为——用自己的尿布置气味疆域、划定势力范围。对雪豹来说，尿的气味蕴含着丰富的信息。阿灿霞很快就闻出来了，大树杜鹃树干上的尿味很新鲜，证明花月亮仍居住在这片丘陵内；尿味浓烈刺鼻，证明花月亮生命力旺盛、精力充沛；树干上仅有花月亮的尿味，闻不到其他雌雪豹的尿味，证明花月亮目前还是个单身贵族。

好极了，这是一个理想的结果，对阿灿霞来说。

阿灿霞在丘陵边缘一棵醒目的大树杜鹃下淋了几滴尿，就像递上了一张刻有芳名并留有联系方式的名片，含蓄地传达了这样一个信息：假如你闻到我的气味后，还能唤起沉睡的记忆，还能激起心上的涟漪，那就来找我好了，或许你有机会获得一段美满姻缘。

人类社会有句俗话：男想女隔座山，女想男隔层纸。这条爱情游戏规则也同样适用于雪豹社会。雄想雌隔座山，雌想雄隔层叶。不说隔层纸而说隔层叶，是因为雪豹没有纸的概念，叶也很薄，一捅就穿的。阿灿霞想主动接近花月亮，吸引花月亮，当然就像捅破一层窗户纸，不不，就像捅穿一层树叶那么容易。

当天下午，阿灿霞正在一道荒山沟里觅食，花月亮就追踪着气味找到它了。不费吹灰之力，鱼儿就来咬钩了，这让阿灿霞心花怒放。它的目的本来就很明确，也不用藏藏掖掖玩什么感情游戏了，爽爽快快，简捷明了，直奔主题吧。它柔顺地趴在裸岩上，转动那双大眼，直露地抛飞豹式媚眼，优雅地挥甩那根美丽的豹尾。在雪豹社会，当一只雄豹靠近一只雌豹时，雌豹没有回避，而是毫不设防地趴在原地不动并摇甩尾巴，就表明欢迎对方来追求自己。阿灿霞注意观察花月亮的反应。花月亮那双琥珀色的眼睛像放电似的变得贼亮，原先蓬松的皮毛骤然间变得紧绷，就像用一支无形的画笔重新涂抹了一遍颜色一样，皮毛的色泽也在刹那间变得浓艳。阿灿霞暗自得意，种种迹象表明，花月亮对它的爱慕并没有随着时间的推移而消逝或淡薄，而是压抑在心底，一见到它，感情的闸门便自动打开，爱的潮水便汹涌而至。更让阿灿霞喜出望外的是，花月亮嘴里还叼着一只长耳兔，它殷勤地将长耳兔送到阿灿霞跟前。毫无疑问，这是求爱的礼物，是永结同心的物化语言。

向异性赠送礼物，在人类社会司空见惯。求爱时送漂亮的衣服，情人节送鲜艳的玫瑰，订婚时送昂贵的钻戒，还有名目繁多、五花八门的聘礼等等。对追求者来说，礼物其实是甜言蜜语的一种强化，也是表达心意的一种物质方式。情侣间赠送礼物，并非人类专有，动物界也不乏这种温情脉脉的浪漫行为。西双版纳罗梭江畔有一种名叫黑头鸬鹚的鸟，发情时节，雄鸟会在碧波荡漾的江面上久久徘徊，竭尽全力捕捉一条缅瓜鱼，送到雌鸟面前。要是没有缅瓜鱼做聘礼，雄黑头鸬鹚的求爱一定会失败。雄鸟捕捉的缅瓜鱼越大，求爱成功的可能性也就越大。原来，缅瓜鱼肉质肥嫩，是黑头鸬鹚最钟爱的美食，但缅瓜鱼好吃却不好抓，通常都在江底潜泳游弋，且生性机敏，游速很快，水面稍有光影掠过，便会迅速潜到江底的鹅卵石间藏匿，很难捕捉。能否抓到缅瓜鱼，是对雄黑头鸬鹚的一种考验。捕捉到大缅瓜鱼，证明这只雄黑头鸬鹚潜泳技艺高超，且在水底视力极佳，觅食能力出类拔萃，自然容易赢得雌鸟的芳心。

花月亮在重逢始初就带只长耳兔送给它，证明花月亮求偶心切，根本不用它费心去撒情网，稍稍给个暗示，对方就迫不及待地想钻到它的情网里来了。它肚子正有点儿饿呢，送到嘴边的美味佳肴,不吃白不吃。它津津有味地享用长耳兔，兔肉鲜美爽口，在享用美食的同时，还能品尝到异性滚烫的爱意，真是妙不可言啊。

吃完长耳兔，阿灿霞伸了个懒腰。勾引已经成功，目的已经达到，那就把爱情俘虏押解回巢穴去吧。它没有时间卿卿我我、磨磨蹭蹭地恋爱。时间对它来说太宝贵了，早点儿找妥继父豹，它的四个小宝贝就早点儿有生存保障。把恋爱过程压缩得越短越好，它可浪费不起宝贵的时间。

欧欧，它眨巴着美丽的眼睛，朝花月亮送了几个秋波，又暧昧地轻吼数声，便扭头朝山腰巉岩间那棵千年老杉树小步跑去。这是很明显的动作示意：跟我回家吧，那儿有温暖的香巢。花月亮本来就对阿灿霞垂涎三尺，当然乐不可支地跟在阿灿霞后面，满怀憧憬地让阿灿霞把自己引领进婚房去。

越过一条山涧，转过两道山湾，便到了那棵千年老杉树跟前。虽然地处冰天雪地，但老杉树却枝繁叶茂，顽强地展示着苍翠的针状叶子。在巉岩间绕了个S形后，阿灿霞便一头钻进扇形树洞。花月亮本来是黏在阿灿霞尾巴后面行进的，可在跨进扇形树洞的一瞬间，它就像撞着一堵无形的墙似的，戛然止步，背部的豹毛刹那间恣张开来，豹眼圆睁，豹鼻有节奏地耸动，一副如临大敌的姿态。阿灿霞当然明白花月亮为何神色大变。雪豹属于哺乳类动物，哺乳动物是靠鼻子思想的，花月亮肯定是闻到了扇形树洞中散发出的陌生雪豹的气味，出于本能的警觉才停下来的。阿灿霞优雅地将长长的豹尾甩出一串花结，侧身向花月亮投去迎候的目光。进来吧，亲爱的，这里没有天敌，没有陷阱，没有竞争对手，更没有阴谋诡计，这里是安全的港湾，是你我温馨的家！

花月亮犹犹豫豫小心翼翼地跨进扇形树洞来，心里似乎仍保持着警惕，两只豹眼骨碌碌转动，目光紧张地在树洞里搜索。雪豹没有近视眼，它很快就发现了蜷缩在一堆树叶间的四只幼豹。呜！它喉咙里发出一声低吼，弯曲四肢弓起脊背，摆开扑咬的架势。

啪啪，阿灿霞用柔软的尾尖在花月亮的脸上轻扫了两下。你疯啦，它们是眼睛才刚刚睁开的幼豹，嫩得就像水豆腐，对你构不成任何威胁，你干吗那么紧张嘛！让它感觉不爽的是，花月亮并没因为它的解释而收敛攻击姿态，仍情绪激昂，如临大敌，跃跃欲扑。阿灿霞索性侧躺下来，用尾巴将四只幼豹归拢到自己怀里，小家伙们正饿得慌，急忙寻找奶头吮吸乳汁。它并非是要表演哺乳技巧给花月亮看，它这么做的目的就是要让花月亮明白，树洞里的四只可爱的幼豹，是它阿灿霞的亲骨肉。哦，你不是非常爱我吗？爱屋及乌，也请你爱我的心肝宝贝吧。

它注意花月亮的反应，这家伙原本弓耸的脊背平缓下来，恣张的胡须也如含羞草似的闭谢下来，攻击姿势总算收敛起来了，可是，花月亮仍然紧皱眉眼，烦躁地一会儿蹿出树洞，一会儿又钻进洞来，还发出一声声委屈的低吼。阿灿霞抖动那条美丽的尾巴，嘴里发出柔和的呼唤：冤家啊，你安静点儿不行吗，你跑来跑去都吓着我的小宝贝了呀！它还将身体挪了挪，腾出一块空地来：来吧，躺在我的身边，和我一起欣赏这四个小家伙，它们是我生命的杰作；来吧，伸出你的舌尖轻轻舔舔它们的额头，瞧它们长得多可爱啊，绒毛柔软得就像金丝草，眼睛亮得就像黑宝石，我相信你一定会像我一样喜欢它们的。

可恼的是，花月亮好像突然间变成了瞎子和聋子，对它的热情邀请视而不见、充耳不闻，仍像患了多动症似的在树洞内外胡蹿乱钻。阿灿霞不得不站起来，贴到花月亮身边，伸出舌头热烈舔吻花月亮的胡须和脸颊，喉咙里发出柔和的叫声，表达这样的心声：我晓得，让你陪伴在一只哺乳期的雌豹身边，做四只与你毫无血缘关系的幼豹的继父，确实有点儿委屈你了，也不符合豹之常情；可你是爱我的是吗？你愿意为我赴汤蹈火的是吗？你愿意为我做一切事情的是吗？那就请你为我创造一个豹间奇迹，做我小宝贝的后爸吧！哦，两年时间虽然有点儿漫长，却也不是遥遥无期的，也就是春夏秋冬两个轮回嘛，白驹过隙，光阴荏苒，弹指一挥间，两年很快就会过去的。等到四个小家伙长大成人，我们就成了真正意义上的豹夫妻，我决不会忘记你曾经为我作出的奉献，我发誓，我会尽我所能来加倍补偿你，我会用我的温柔、体贴、妩媚和娇美，做一个世界上最称职的雪豹太太，为你生下一大堆可爱的儿女，让你做世界上最幸福的雄豹。哦，答应我的恳求吧，我现在真的非常非常需要你，我知道你是个宽容、仁爱且富有牺牲精神的雄豹，你一定会留在我身边帮我的是吗？哦，你若能答应我的恳求，就躺卧下来甩甩尾巴，让我这颗悬吊着的心放下来吧。

可恨的是，花月亮非但没躺卧下来，还用身体抵着它，用力将它推搡出树洞。出了树洞后，仍抵撞着它的腰，粗鲁地强迫它往山野走去。一开始，阿灿霞还以为花月亮是要带它去寻找更适合养育幼豹的新巢穴，但它的希望很快就破灭了。花月亮带着它越过一座山包蹚过一条冰河，离那棵千年老杉树起码有两三公里远了，仍没有停下来的意思。阿灿霞不愿离四个小宝贝太远，便挣脱花月亮的抵撞停了下来。呦欧，你是想把我带到哪里去呀？阿灿霞发出疑问的叫声。花月亮朝遥远的风雪垭口连吼数声。风雪垭口，就是两座雪峰间的一道隘口，形如马鞍，是进出日曲卡雪山的门户。花月亮的意思再明确不过了——要带着阿灿霞翻越风雪垭口，远走他乡。

玩的是同一个爱情游戏，目的却南辕北辙。

阿灿霞总算明白了，花月亮抵撞它的腰强迫它离开千年老杉树，是想带它私奔，不，不不，不是私奔，是要挟持它弃家出走。如果它顺从花月亮的意志，就意味着要抛弃自己的亲骨肉，将四只幼豹送给兀鹫做美餐。它不会这么做的。

——假如没有牵挂，我愿意跟你到天涯海角，可现在我要养育四只幼豹，是不可能跟你离开日曲卡山麓的。

花月亮的豹尾摇出一个个美丽的圆，它温柔地贴近阿灿霞，伸出灵巧的舌头，舔吻阿灿霞的额头、眼皮、脸颊、脖颈、脊背、四肢。对雪豹来讲，用舌头舔吻对方的身体是最高形式的求爱，是最优美动听的心曲，表达了无限的情愫和浓浓的爱意。花月亮一面用舌头深情地舔吻，一面用身体轻轻地顶撞，试图推着阿灿霞往前走，方向仍是风雪垭口。阿灿霞明白，这是一种情感讹诈。花月亮施展雄性的魅力，百般挑逗，百般诱惑，想让它心旌摇曳、意乱情迷、神魂颠倒。哦，我很可爱；哦，我值得你爱；哦，你很爱我；哦，你不愿失去我；哦，为了我你甘愿赴汤蹈火的；哦，那就顺从我的意愿跟我走吧！你如果违背我的意愿，后果很严重哟，那就是会失去我。

阿灿霞伫立在原地一动不动。它是母亲，在雪豹世界，一只做了妈妈的母雪豹，在儿女未能自立前，是绝不会为了爱情而放弃养育责任的。在动物界，爱情的砝码比不过幼崽的砝码。雄豹诚可贵，爱情价更高，为了下一代，一切皆可抛。对已经做了母亲的雌雪豹来说，异性的情感讹诈是起不到什么作用的。

花月亮突然间变脸了，情意绵绵的眼中骤然射出两道凶悍的光，豹脸上温柔的表情不见了，取而代之的是一种蛮不讲理的霸气。它龇牙咧嘴，冲着阿灿霞欧欧咆哮。哦，这家伙软的不行就来硬的，发现自己情感讹诈失效了，便转换方式，企图用暴力逼迫它就范。

阿灿霞也立刻张牙舞爪摆开跃跃欲扑的架势：我可不是泥捏的玩具豹，你想让我圆我就得圆，你想让我方我就得方，我不想做的事情谁也甭想强迫我做，你用情感讹诈得不到的东西，靠暴力也绝对得不到，你要撒野，我奉陪到底！

花月亮或许是被阿灿霞反抗到底的强硬态度震慑了，或许只是想威胁一下阿灿霞，并没有真正想伤害它的意思，总之，花月亮悻悻地甩了甩尾巴，收敛起攻击姿势，垂头丧气地独自往风雪垭口走去。它走得很慢，走出不远便回头张望一下，看看阿灿霞是否有回心转意的表示。它当然只有失望和遗憾。

走到半途一棵枯死的思茅松下时，花月亮停了下来，侧转身，欧呜——欧呜——连续叫了数声，声音嘶哑，还带着丝丝颤音，透出内心无尽的沮丧和愤懑。然后，它一路小跑再也没有回头。洁白的雪地里，延伸出一条孤独的足迹。

阿灿霞站在雪地里，目送花月亮远去，美丽的豹脸蒙上一层浓浓的伤感。

第四章　雄性的自私与丑陋

阿灿霞做梦也没有想到，花月亮会如此心肠歹毒，竟然想要谋害它的宝贝幼豹。

那是它拒绝跟着花月亮弃家私奔后的第三天，阴霾的天空下着雪，密密的雪花像道白帘，遮断了山峰和针叶树林。阿灿霞同往常一样，清早就出门狩猎。它想到山脚下的尕玛尔草原去捉疣鼻天鹅。

疣鼻天鹅是生活在尕玛尔草原沼泽地的一种候鸟，秋天飞往南方越冬，春天又飞回尕玛尔草原来繁衍生息。现在已进入冬季，疣鼻天鹅早已飞往南方去了，但每年在迁飞南方时，总会有一些年老体弱的疣鼻天鹅因为无法远距离飞行而困守在尕玛尔草原，也有一些当年孵化的年轻疣鼻天鹅因为出壳较晚翅膀来不及长硬，不能跟随族群迁飞而滞留在尕玛尔草原。不管是出于什么原因留下来的，它们都无法度过严寒的冬季，连续几场大雪后，那些被迫滞留在尕玛尔草原上的疣鼻天鹅便会因饥寒交迫而相继死亡。对生活在日曲卡雪山上的食肉兽来说，这是冬季一个可靠的食物源。阿灿霞是从母亲那儿学到这一觅食技巧的。凭经验，阿灿霞知道这几天是猎取疣鼻天鹅的最佳时机，恐怖的沼泽地已结了厚厚一层冰，它不必担心会陷入深不可测的泥潭。越来越低的气温肯定制造了一批冰冻疣鼻天鹅，即使有几只侥幸未被冻死，也一定翅膀冻僵无法飞行，缩在草窠里奄奄一息了，捕捉起来不费吹灰之力。

它沿着一条蜿蜒的雪沟往山下跑去。这天它也不知交了什么好运，仅仅走了三分之一的路程，刚来到一片茂密的针叶树林就迎面撞见一只羚羊。这是一只出生不满三个月的小羚羊，满脸稚气，细皮嫩肉，是雪豹最爱的食物。像这么大的小羚羊，通常都是跟随在母羚羊身旁的，但这只小羚羊却孤零零出现在树林里。完全有这种可能：这只小羚羊清早跟随母羚羊一起到这片针叶树林来觅食，却意外地遭遇食肉猛兽袭击，母羚羊急忙将小羚羊藏进一丛灌木，自己往相反的方向跑去，想把危险从小羚羊身边引开，它确实达到了目的，把食肉兽的注意力吸引到自己身上来了，但遗憾的是，它逃出针叶树林便被食肉猛兽扑倒，命丧黄泉，小羚羊躲在灌木丛里，等了很久也不见妈妈回来，又冷又饿，实在受不了了，便壮着胆子从灌木丛里走出来寻找妈妈，倒霉的是，妈妈没找到，却撞见了母雪豹阿灿霞。对阿灿霞来说，这无疑是天上掉馅饼的好事。小羚羊缺乏逃生经验，又饿得头晕眼花，阿灿霞不费吹灰之力，就追上去扑倒并咬断了小羚羊的脖子。新鲜的小羚羊肯定比冰冻疣鼻天鹅好吃多了，足够它吃两天了，没必要再顶风冒雪跑到尕玛尔草原去寻找疣鼻天鹅。阿灿霞叼起还在抽搐的小羚羊，兴冲冲地回家去。

对处于哺乳期的单独抚养幼豹的母雪豹来说，一个基本的生存策略是：尽量缩短在外狩猎时间。因为母雪豹离开巢穴的时间是和幼豹面临的风险成正比的。

阿灿霞叼着小羚羊刚来到山坡下的雪沟，便发现了异常。白雪覆盖的山坡上，赫然出现两行梅花状脚印，不用细辨，一看就知道是雪豹的脚印。雪下得很密，那脚印十分清晰，可以肯定是刚刚从这儿经过，再看脚印的方向，笔直地伸向那棵千年老杉树。阿灿霞心里陡地一紧，有一种不祥的预感，立刻丢掉衔在嘴里的小羚羊，飞也似的往千年老杉树狂奔。离目标约百米距离时，它放慢了脚步，蹑手蹑脚靠拢过去，想给闯入巢穴的入侵者来个突然袭击。它刚刚摸到树洞口，猛然与一只正准备跨出树洞的成年雪豹撞了个满怀。一刹那，双方都愣住了。阿灿霞惊讶地看见，那鬼头鬼脑地从树洞钻出来的竟然是花月亮！花月亮似乎没料到阿灿霞会提前狩猎归来，豹脸惊恐万状，急忙扭头躲闪，眼睛不敢与阿灿霞对视，完全是一副做贼心虚的表情。就在花月亮扭过头去的一瞬间，阿灿霞发现对方嘴里叼着一样东西，再一看，差点儿没急晕过去，这家伙嘴里叼着的竟然是它的心肝宝贝麻老四！

欧，你这是要干什么？阿灿霞厉声发问。

花月亮扭头就走，活像罪犯要急急忙忙逃离犯罪现场。

欧，杀千刀的，你还我的小宝贝！阿灿霞扑将上去，一爪狠狠抓在花月亮的屁股上，顿时豹毛飞旋，血珠滴答。欧啊，花月亮惨嚎一声，叼在嘴上的麻老四啪嚓掉在雪地上。阿灿霞跳到花月亮背上，张嘴去咬花月亮的脖颈，恨不得一口将这家伙的脖子咬断。花月亮当然不肯引颈就戮，玩了个鲤鱼打挺，把阿灿霞从自己背上甩脱下来。阿灿霞再次扑上去，想搂住花月亮的脑袋，把它无耻的嘴脸咬个稀烂。可对方是成年雄豹，在雪豹世界，雄性的体格比雌性强壮，花月亮猛然一扑，不仅让阿灿霞咬了个空，尖利的指爪还抓破了它的肩胛。趁阿灿霞被撞得在地上打滚，花月亮撒腿就往山下逃窜，一边逃还一边发出恼羞成怒的吼叫。

阿灿霞顾不得追赶，赶紧去看麻老四。小家伙侧躺在雪地里，四只细嫩的爪子还在踢蹬，但双目紧闭，鼻孔和嘴里流着血。它轻轻用爪子拨动小家伙的脑袋，小家伙微微睁开眼，耳朵动了动，似乎想抬起头，却怎么也抬不起来。它仔细看去，小家伙的脖子上有一排齿痕。显然，狠毒的花月亮把麻老四的脖颈给咬断了。

突然，阿灿霞的心狂跳起来，箭一般冲向千年老杉树，另外三只幼豹也不知是死是活。它心急火燎地钻进树洞，借着微弱的光亮极力搜索，哦，三个小家伙正昂着头迈动柔弱的四肢在洞里蹒跚爬行。显然，它们目睹了麻老四被咬杀和叼走的惨剧，受到了严重惊吓，出于一种求生的本能，想找地方躲避起来。

不幸中的万幸，三只幼豹都还活着，阿灿霞稍稍松了口气。它赶紧轻吼一声，在洞中央侧躺下来。听到妈妈熟悉的声音，白老大、银老二和花老三拼足吃奶的力气从不同的方向爬拢过来，一头拱进阿灿霞的怀里。对还在吃奶的幼豹来说，妈妈的怀抱是世界上最安全的港湾。阿灿霞一面给三个小宝贝喂奶，一面用舌头舔吻它们的额头和脊背。哦，别怕，妈妈回来了；哦，妈妈就在你们身边，谁也不敢再来伤害你们了。豹舌十分敏感，阿灿霞清楚地感觉到，三只幼豹浑身觳觫，就像在寒风中瑟瑟发抖的树叶。它不厌其烦地用舌头一遍遍舔吻它们，这是最有效的安抚和慰藉。

渐渐地，三只幼豹的身体停止了颤抖，恐惧的心灵恢复了平静，慢慢进入了梦乡。

阿灿霞再次跳出树洞，躺在雪地里的麻老四身体上盖着一层轻柔的雪花。它用爪子搡揉小家伙的身体，但小家伙毫无反应，已经停止了呼吸。

阿灿霞失去了一个孩子，而杀死它心肝宝贝的不是它的天敌，正是它颇有好感并抛去红绣球的花月亮。它无法回避这样一个事实：是它开门揖盗，愚蠢地将花月亮引进巢穴，这才导致麻老四遭遇谋杀。这使它在承受失去爱女的悲痛的同时，感情也受到重创。它一直以为花月亮矢志不渝地爱着自己，它以为爱情的力量会让花月亮甘愿牺牲两年光阴来帮它抚养四只幼豹。现实却是如此残酷，花月亮非但粗鲁地拒绝了继父豹的角色，还趁它外出觅食时，偷偷溜进它的巢穴，想用杀死四只幼豹这种残忍的办法提前结束它的育幼期，迫使它发情婚配。歹毒得令豹发指，自私得令豹发指，卑鄙得令豹发指，无耻得令豹发指。你不愿做我心肝宝贝的后爸，你不愿为我付出两年的辛劳与等待，悉听尊便，我也不会勉强你的啊，你干吗要用这种毒辣的谋杀来伤害我的心呢？阿灿霞实在想不通，外表英俊威武的花月亮，怎么会长着一副蛇蝎心肠。怪只怪它自己瞎了眼，把魔鬼错看成了天使。残忍地杀死雌雪豹的孩子，然后再与雌雪豹步入婚姻殿堂，难道这就是雄雪豹所谓的爱情吗？假如这就是雄性的爱情的话，它坚决要把爱情扔进粪坑里去。不不，这绝对不是什么爱情，这是最狠毒的谋害，这是赤裸裸的占有。它本来对花月亮颇有几分好感和爱慕的，此时此刻，好感和爱慕早已荡然无存，它心里只有无尽的懊悔和仇恨。假如可能的话，它真想一口咬开花月亮的胸腔，看看那颗豹心究竟有多黑。

雪越下越大，凄迷的雪花漫天飞舞，几只大嘴乌鸦扇动沉重的翅膀，在雪花间飞巡，“呱呱呱呱”，洒下一串叫魂般嘶哑的鸣叫声。

乌鸦的叫声就是自然界的丧钟，丧钟为麻老四而鸣。

阿灿霞叼起已经僵硬的麻老四，爬上山顶，将小家伙的遗体扔进悬崖。小家伙像一只白色的鸟，飞进茫茫雪帘，踏上黄泉路追随父亲日食生去了。这也算是为夭折的麻老四举行一个小小的葬礼。随后，它拖着疲惫不堪的身体，来到山坡下的那条雪沟，捡回被它猎杀的小羚羊。虽然失去爱女的悲痛让它忘记了饥饿，可它还是将大半只小羚羊吞进肚去。失去麻老四是个沉重的打击，可它不能被命运击垮。它一共有四只幼豹，失去一只还有三只，它决不能自暴自弃，它必须健康地活着。只有它健康地活着，三只幼豹才可能生存下去。

填饱了肚子后，阿灿霞用爪子挖了个雪坑，咬下小羚羊的脑袋埋进雪坑。它这么做并非是要冷藏食物，而是用一种特殊的方式来表达内心的感激。多亏这只小羚羊，使它及时回到千年老杉树，发现、制止并赶走正在行凶作恶的花月亮，使得命悬一线的白老大、银老二和花老三免遭不幸。要是半路没遇到这只小羚羊，它会按原定计划前往尕玛尔草原的沼泽地寻找疣鼻天鹅，顺利的话起码也得两三个小时才能返回巢穴，花月亮就会有足够的时间将四只幼豹一只一只咬死并拖出树洞，扔进隐秘的冰河或地缝。密密的雪花很快就会将花月亮的脚印涂抹干净，呼啸的北风也会把花月亮的气味吹散殆尽，不留丝毫痕迹。假如真是这样的话，等它叼着疣鼻天鹅兴冲冲地回到千年老杉树时，四只幼豹早已不翼而飞了。它将顶风冒雪悲伤地四处寻找，却根本无法找到，就像它们全都神秘蒸发了一样。它恐怕做梦也不会想到是花月亮制造了这起灭子惨案。更可怕的是，由于停止了哺乳，由于思子心切，它体内的生物钟会提前进入思春发情期，寻找配偶的话，它首选就是花月亮。这就是说，在完全受蒙蔽的情况下，它会将杀子仇敌当作最佳夫婿而投送怀抱。这是多么可怕而又可悲的结局啊！

幸亏老天爷慈悲，让它及时发现了花月亮的阴谋。

第五章　谁来接爱的红绣球？

自从发生了花月亮谋害幼豹的事件后，阿灿霞对雄雪豹的评价一落千丈。过去，它对雄性有一种莫名的崇拜，总觉得雄性更有力量、更有胆识、更有胸襟、更有风度、更有气魄，现在，它对雄性有一种莫名的鄙视，总觉得雄性更自私、更狭隘、更无耻、更猥琐、更残暴。爱情受到创伤，世界观也会改变。它简直有一种看破红尘的感觉。可惜雪豹世界里没有尼姑庵，不然的话，阿灿霞说不定会因为万念俱灰而剃度出家了。

有那么一段时间，阿灿霞放弃了要为幼豹们找个后爸的念头。它对雄性失望透顶，更愿意自己独自抚养三个心肝宝贝。遗憾的是，这种想法没能维持多久，它就又开始动脑筋找寻合适的雄豹来担任幼豹后爸的角色。都是生活给逼的啊。

今年的冬季，仿佛特别寒冷也特别漫长。雪像个讨债的冤家，纠缠着阿灿霞不放。它的运气好像也越来越差了，两次跑到尕玛尔草原的沼泽地去捡食没能飞走的疣鼻天鹅，都无功而返。

第一次去的时候，它凭着锐利的目光，在一丛灌木里发现了一只疣鼻天鹅，它用爪子猛烈拉扯枝条，将猎物从灌木丛里赶了出来。这是一只因孵化过晚翅膀未能长硬而无法飞往南方的年轻天鹅，已差不多快冻僵了，只能贴着草皮摇扇翅膀奔跑。捉这样丧失制空权的疣鼻天鹅，对阿灿霞来说，就好比瓮中捉鳖——十拿九稳。它迅速向猎物扑去，眼瞅着豹爪就要拧断细长的天鹅脖颈了，突然，阴霾的天空中闪过一道耀眼的金光，它抬眼望去，一只金雕从天而降，在它面前划过一道优美的弧线。还没等它反应过来，犀利的雕爪就攫捉住疣鼻天鹅的脊背，巨大的双翼用力拍扇，带着猎物飞入空中，扬起一团迷蒙的雪尘。空中传来疣鼻天鹅垂死的哀鸣，一眨眼的工夫，金雕便飞进铅灰色的云层，从它的视线里消失了。

第二次去的时候，它凭着灵敏的嗅觉，发现衰草丛里有一只疣鼻天鹅，便匍匐前进，企图一举活捉。不料，它的身体蹭动枯黄的草叶，草叶上的积雪和冰凌稀里哗啦往下掉，惊醒了正在昏睡的疣鼻天鹅。疣鼻天鹅急忙跨出草丛扑扇着翅膀想要逃窜。这是一只老天鹅，翅膀大约被豺狗咬伤过，扑扇时显得非常别扭，加上被寒冷的冰雪冻得只剩下半条命了，飞得歪歪扭扭，离地仅有数米高，且飞出几十米远便要落到地上歇一歇。阿灿霞晓得，这只老天鹅飞不了多远距离便会筋疲力尽，再也飞不起来了。说句骄傲自满的话，这只老天鹅已是它的囊中之物。它跟随老天鹅的飞逃方向，满怀信心地奔跑追逐。果然不出它所料，飞出 300 米远后，老天鹅便像断线的风筝一头坠落下来，陀螺似的在雪地上打转，试了几次也没能再飞起来。这个时候，阿灿霞距离老天鹅还有 100 米左右。它加快脚步，至多十秒钟，一场狩猎便可圆满结束。但就在这时，意想不到的事情发生了，老天鹅旁边突然爆起一团雪尘，一只红眼白毛的雪狐出其不意地冒了出来，一口咬住老天鹅的脖子便往乱石沟里蹿。雪狐也是生活在日曲卡雪山的食肉兽，机警而狡猾，专门捕捉鸟类、啮齿类和其他小型哺乳类动物。快要到手的猎物岂容剪径强盗劫掠，阿灿霞拼命奔赶过去，想夺回自己的权益。雪豹的奔跑速度本来就比雪狐快，况且那雪狐还叼着一只十来斤重的老天鹅，速度大受影响，眼看只差十多米远了，阿灿霞只要再加把劲，几秒钟后即可撵上仓皇逃窜的雪狐。雪豹的体型是雪狐的数倍，与雪狐对决，就像重量级选手与轻量级选手进行拳击赛，雪豹占压倒性优势，输赢没有任何悬念。现在，留给雪狐的只有两种选择，要么扔下老天鹅自顾逃命，要么因舍不得食物而让自己也成为雪豹的食物。阿灿霞希望扮演剪径强盗角色的这只雪狐是个生性特别贪婪的守财奴，处境再危险也舍不得抛弃已经叼在嘴里的老天鹅，这样的话，它赶上去一口咬断雪狐的脖子，哈，捕捉疣鼻天鹅还捎带着捡只雪狐回来，这等美事真是打着灯笼也难找啊。

哦，它的豹爪就快要踩到蓬松的狐尾了，突然，雪狐一抡尾巴唰的一个急转弯，蹿向由三块巨石垒成的品字形石堆，吱溜钻进巨石之间的石缝里去了。石缝约有五六米长，两端贯通，进口的地方很窄，阿灿霞试了试，最窄的地方仅伸得进一只豹爪，最宽的地方也只能伸进半只豹头，除非把自己的身体压扁，否则它是不可能钻进去的。它绕到石缝的另一端看了看，情况差不多，也不可能钻进去缉拿抢了它猎物的可恶雪狐。

这时，石缝里传来噗噗噗的奇怪声响，它扒住石缝往里瞧，石缝两端透亮，里头的一切都看得清清楚楚：那杀千刀的雪狐，正舒服地蹲在石缝中端，用嘴拔去老天鹅身上的毛，开始啃咬天鹅肉了。雪狐似乎知道阿灿霞正在窥视自己，夸张地做着拔鹅毛的动作，呲——用嘴撕下老天鹅胸脯上的绒毛，噗呼——使劲将狐嘴里的鹅毛喷吐出来。前后贯通的石缝中有一股穿堂风，鹅毛轻柔，随风轻扬，从石缝飞出来，粘在阿灿霞脸上。天鹅肉没吃到，倒粘了一身天鹅毛，真是气煞雪豹也。阿灿霞伸进一只豹爪狠狠撕抓，唉，根本够不到雪狐，还离着老远一截呢，只抓到几片毫无用处的鹅毛。它将半张豹脸伸进石缝里龇牙咧嘴咆哮，希望能将雪狐吓得魂飞魄散从石缝里逃出来。可恼的是，雪狐脑子绝不比雪豹笨，它很明白自己的处境，笃定地蹲坐在石缝中端，任你吼得再响，狐脸上也丝毫没有受到惊吓的表情。恰恰相反，它眉眼间还露出一丝讥诮和嘲弄，似乎在说：我知道你现在奈何不了我，你想咆哮就尽管咆哮好了，吼破喉咙我也不会害怕的，让豹吼声来得更猛烈些吧，我是不会在乎的，就当是欣赏一场不怎么中听的音乐会。更让阿灿霞无法忍受的是，雪狐竟然拔掉了老天鹅胸脯上的毛，熟练地开膛剖腹，躲在石缝里吃起天鹅肉来！雪狐吃得津津有味，嚼得嘎巴嘎巴响，甜美的血腥味随风灌进阿灿霞的鼻孔，把本来就有的饥饿感撩拨得更加强烈，阿灿霞肚子咕噜咕噜叫，口水滴答滴答流，简直要气疯了。它用身体撞击石块，巨石岿然不动，自己倒被撞疼了。它不能继续在石缝前待下去了，不然的话，真有可能被活活气死。它往石缝里撒了泡尿，又绕到另一端往里面拉了泡屎——让你在臭烘烘的豹尿和豹屎间进食，让刺鼻的屎尿味败坏你的胃口、破坏你的食欲!

唉,这好歹也是一种报复吧。精神胜利也是一种胜利啊。

食物如此匮乏，奶水自然很少，三只幼豹日渐消瘦。要想彻底解决食物问题，要想彻底驱散笼罩在小宝贝们头上的死亡阴影，对阿灿霞来说，只有再度为幼豹寻找合适的后爸。

日曲卡雪山不乏单身雄雪豹。那天早上，阿灿霞在古纳河畔遇到一只黑蹄子雄雪豹，顾名思义，这只雄豹的四只豹爪呈灰黑色，就像穿着黑袜子。这是一只刚刚开始独立生活的雄豹，嘴角上的胡须白得就像一根根冰丝，双眸清澈得就像一潭碧水。阿灿霞知道,刚刚发育成熟、初出茅庐的雄雪豹,心里还有难以割舍的恋母情结，还不习惯孤独而又寂寞的单身生活，特别渴望能找个成熟的异性伴侣。阿灿霞仅仅朝黑蹄子多看了一眼，这家伙就兴奋得在地上打滚儿，殷勤地用舌头帮它梳理皮毛，还在它面前连续不断地发出柔和的叫声，立下豹式海誓山盟。于是，阿灿霞将其带回千年老杉树，可当看到三只幼豹时，这家伙就好像被兜头浇了一盆冷水，热情直线降温，嘴里发出怨恨的吼叫，显示出强烈的排斥心理，阿灿霞不得不把它从巢穴赶了出去。

过了两天，阿灿霞又在日曲卡雪山南麓遇到一只名叫流星雨的中年雄豹。流星雨前不久刚刚丧偶，那是一场灾难。

流星雨和它的妻子及一双儿女原本住在一棵三围粗的松树树洞里，这天早上流星雨外出狩猎，妻子留守家中看护儿女，也不知是因为山体滑坡还是因为树根腐朽，在没有任何征兆的情况下，那棵三围粗的松树訇的一声就突然倒坍了，等流星雨叼着猎物归来时，妻子和一双儿女早就葬身树下再也唤不醒了。阿灿霞目睹了那场灾难，晓得流星雨是个鳏夫。在与流星雨偶然相遇的一瞬间，阿灿霞突然闪过这么一个念头：让流星雨来做它三只幼豹的后爸。它是这么想的，失去家庭的雄豹，更渴望能重获家庭的温暖；流星雨一双儿女不幸夭折，或许会将浓浓的父爱转移到它的三只幼豹身上。

阿灿霞走上前去，在离对方几步远的地方，翕动鼻翼作嗅闻状。嗅觉在哺乳动物交往中占据重要位置，在雪豹社会，雌性对雄性做出如此姿态，就是在用行为语言告诉对方：你身体所散发的气息对我很有吸引力，你的体味告诉我你是只成熟、健康、生命力旺盛的雄豹，你能给我带来幸福和快乐！果然不出阿灿霞所料，流星雨立刻就做出回应，也翕动鼻翼热烈嗅闻阿灿霞的身体，喉咙深处发出咕噜咕噜猫科动物特有的念佛声，表达要与阿灿霞共同生活的心声。眼看时机已经成熟，阿灿霞将兴高采烈的流星雨领回千年老杉树。可让它始料不及的是，流星雨看到三只幼豹后突然就变脸了，一副上当受骗的懊丧表情，气急败坏地吼叫，把三只幼豹吓得瑟瑟发抖……没办法，阿灿霞只好草草斩断这段刚刚开始的情缘。

此后,阿灿霞又找过几只雄豹,个个都对它一见钟情,毫不犹豫地拜倒在它的石榴裙下,可当它将它们引进千年老杉树扇形树洞时,那些雄豹又无一例外地都不愿帮它养育后代。

或许，对雄雪豹来说，生命苦短，良宵苦短，两年的等待实在太长了。

就在这时，阿灿霞遇见了公豹泥雪滚。

第六章　遇到了一个窝囊废

泥雪滚是一只颇为倒霉的公雪豹。

它刚出生时就身体羸弱，在同胎五个兄弟姊妹里，它最晚出生，个头最瘦小，看起来全身通红，就像一只剥了皮的老鼠。还在吃奶时，它就常常被哥哥姐姐们从妈妈的乳头上挤下来，等到其他幼豹吃得打饱嗝后，才轮得上它去吃，那时候，妈妈的乳房早已差不多被吸空了。断奶后，情况也没什么好转。母豹带回肉食来，哥哥姐姐们一拥而上，它身小力弱，根本就挤不上去，只能捡食其他幼豹吃剩的残渣肉屑，混个半饥半饱就算很幸福了。由于长期营养不良，它从小皮毛缺乏光泽，就像在泥雪中打过滚一样，因此得了“泥雪滚”这么个含有贬义的名字。

在雪豹社会，豹妈妈绝不会像人类社会的妈妈那样，偏爱和照顾最弱小的孩子，豹妈妈遵循适者生存的原则，宠爱强壮的孩子，鄙弃孱弱的孩子。有时候，它眼瞅着妈妈带回来的兔肉被哥哥姐姐们抢光了，连一点儿骨渣皮囊都没给它留下，便跑到母豹面前呜呜哭诉，希望能得到妈妈的垂怜和照顾，可豹妈妈总是毫无例外地扬起爪子粗鲁地将它推开：窝囊废，待一边去吧，你抢不到吃的，那就活该挨饿！

长到半岁时，幼豹可以出窝玩耍了。幼豹们最爱玩的游戏就是追逐打斗。你扑翻我，我扑翻你，你扇我一爪，我咬你一口，玩得不亦乐乎。在游戏中，泥雪滚永远扮演“靶子”的角色。兄弟姊妹里，它最弱小，谁都可以也乐意把它当成练习扑咬和打斗技艺的活靶子。这个哥哥咬掉了它屁股上的绒毛，那个姐姐又撕破了它的脸。有时候，它被哥哥姐姐们欺负得实在厉害，就躲到母豹后面呜呜哀求，渴望得到妈妈的庇护和关怀，可豹妈妈总是气呼呼地将它从身边赶走：没用的东西，大自然唯一的法律就是弱肉强食，你没有力量称王称霸，那就活该遭受欺凌！哥哥姐姐们得到母亲的默许和怂恿，更是咬它撕它没商量。它不仅身体受到伤害，心灵更是受到严重伤害，形成了自卑和孤僻的性格。照理说，像泥雪滚这样的窝囊废，未及成年就会被大自然淘汰掉的，可让所有雪豹都感到意外的是，它竟然活了下来，这也算是雪豹社会里一个小小的奇迹了。它能活下来的唯一的原因是，在它发育成长和开始独立生活的两三年间，日曲卡雪山出现了连续几个暖冬，食物充盈，它靠捡食哥哥姐姐们的残羹剩饭，竟然勉强没有饿死。这或许是老天爷慈悲，怜悯弱者，动了恻隐之心。

然而，泥雪滚虽然苟活了下来，却活得浑浑噩噩，没有一天活出过精彩来。由于营养不良，它的身躯比正常雄豹要小一圈，皮毛缺乏光泽，难看得就像陈旧的石灰墙。也不知是遗传基因出了问题，还是苦难的生活影响了容貌，它五官也歪歪扭扭很不中看，嘴角往下撇，左边鼻翼鼓，右边鼻翼瘪，一只耳朵也在与狗熊争食时被熊掌撕破，一点儿不夸张地说，它确确实实属于雪豹中的丑八怪。

正常光景下，成年雪豹十次出猎五次成功，狩猎的成功率一般保持在 50% 左右，因此，雪豹喜欢自己动手捕捉活的猎物，活杀活吃，味道鲜美，营养丰富，只有在食物匮乏的寒冬季节，才会偶尔去捡食死尸腐肉；泥雪滚则刚好相反，十次出猎九次落空，狩猎的成功率仅有 10% 左右，因此大部分时间都是靠捡食死尸腐肉来维持生计，只有运气特别好的时候，比如遇见崴伤了脚的羚羊、还没有断奶的野猪崽、衰老得已无法飞奔的马鹿，这才能侥幸捕捉到活的猎物，品尝活杀活吃的快乐和幸福。可惜，这样的机会太少了。更为不幸的是，当它好不容易找到一块食源丰富的土地，辛辛苦苦用粪便和残毛布置了一圈气味边界线，作为自己的狩猎领地，或者找到一个能遮风挡雨的山洞或树洞以充当巢穴时，隔不了多长时间，就会有比它强壮的同类侵略者，蛮不讲理地越过它的气味边界线，凭借武力将它赶走，霸占它的领地和巢穴。

在残酷的竞争中，泥雪滚永远都是个失败者。如今，它牙口已经有 15 岁了，却还没有固定的栖息地和属于自己的狩猎领地，是一个标准的老流浪汉。

在人类社会，用男和女来区分不同性别，在动物界，既可以用公和母也可以用雄和雌来区分不同性别。一般来讲，雪豹是一种勇猛强悍、气度不凡的猛兽，称呼雄性时都冠以“雄”字，但泥雪滚却是个例外，它只配被叫作公雪豹。

这样的雪豹，当然得不到异性的青睐，在它 15 年的生命记录中，爱情这一页还是空白，虽然从年龄上说它已开始步入夕阳西下的老年期了，但它与雌性的关系却还没有实现零的突破。

如此公雪豹，真是枉披了一张斑斓豹皮。

第七章　不打不相识

阿灿霞与泥雪滚相识，缘于那只瘸子雪兔。

那天中午，阿灿霞正在荒山沟寻找食物，突然，山上传来急促的脚步声，它循声望去，哦，原来是那只名叫泥雪滚的公雪豹正在追捕一只灰色雪兔。阿灿霞一眼就看出，这是一只曾经受过伤的左前肢短了一小截的瘸子雪兔，奔跑时蹶蹶颠颠，显得力不从心。在穿越一片狼毒花的灌木丛时，雪兔那条瘸腿绊在一根埋在积雪下的藤子上，一个趔趄摔倒在地，皮球似的在地上打滚儿。泥雪滚趁机扑了上去，咬翻雪兔结束了这场狩猎。

阿灿霞清早出来觅食，在山沟里转了半天，一无所获，早就饿得肚子咕噜咕噜叫了，它望着那只胖嘟嘟的雪兔，忍不住流下了口水。

泥雪滚显然也饥肠辘辘，蹲在山坡一块岩石上，一面呼哧呼哧喘着粗气，一面迫不及待地撕咬雪兔。空气中弥散开一股甜甜的血腥味。

受到饥饿的驱使，阿灿霞朝泥雪滚走过去。积雪发出咯吱咯吱的声响，脚步声很快传到了泥雪滚的耳朵里，它受惊似的瞪圆豹眼，一把将雪兔藏进自己腹下，豹尾直竖，全身豹毛恣张，嘴里发出低沉的咆哮:这是我好不容易得到的食物，你休想染指!

这是一种保卫食物、捍卫自己权益的本能反应。冬天觅食不易，独吞当然比分享要好。

阿灿霞仍一步步向泥雪滚靠近。对严冬季节的雪豹来说，食物就是活命的资本，食物的诱惑力无限大，食物像磁石一样吸引着它。

泥雪滚发出更猛烈的号叫：走开，别靠近我，我不惜用生命保卫我的食物，你再靠近的话，小心我咬断你的脖子，把你也当作食物吞进肚去!

在离泥雪滚二十来步远的地方，阿灿霞停了下来。对两只彼此不信任的雪豹来说，相隔二十步，是距离的极限，也是和平与战争的分界线。二十步开外，处于互相戒备的对峙状态，突破二十步，就会被认为是粗暴的挑衅，可能会引爆一场流血的搏杀。

此时此刻，阿灿霞有两种选择：第一种是放弃抢夺食物的念头，甘拜下风，灰溜溜转身离去；第二种是不达目的誓不罢休，铤而走险，用武力夺取食物。阿灿霞是绝对不可能选择第一种的。它已饿得想摘下太阳当馅饼吃，更重要的是，有了食物才能分泌乳汁，才能让巢穴里三只嗷嗷待哺的幼豹存活下来，对处于饥饿状态的哺乳期母雪豹来说，悠悠万事，唯食为大，它决不能轻易放弃。但第二种选择，似乎也让它犯难。这当然不是出于什么道德顾虑，虽然从道德层面上说，那只雪兔是泥雪滚辛辛苦苦捕捉到的，所有权归泥雪滚，抢夺他人财物属于不道德行为，但动物世界不受道德约束，要是可能的话，阿灿霞会毫不知耻、毫不羞愧地扑上去大打出手，将本属于泥雪滚的雪兔抢过来据为己有。但现在的问题是，对方不是纸糊泥捏的玩具豹，可以任凭它摆布。泥雪滚虽然是雄豹中的次品，但毕竟是雄性，体格和力气不亚于它阿灿霞。再说了，它现在腹中空空，饿得四肢乏力，是输是赢还是个未知数呢。退一万步讲，就算它阿灿霞能打赢，最多也只能略占上风，而不可能占压倒性的优势。换句话说，真的打斗起来，它不大可能在保证自己不受伤的前提下，从泥雪滚的尖牙利爪下抢到那只雪兔。它是只处于哺乳期的母雪豹，更是个单身妈妈，它的健康直接关系到孩子的安危，它必须特别小心谨慎，避免受伤。一旦它受伤，或者嘴被撕破影响噬咬，或者腿被咬伤影响奔跑，都会造成捕食困难，进而造成全家饿死的严重后果。所以，虽然面对的是一只雄性中的窝囊废，它也要克制自己的攻击冲动，尽量避免两败俱伤的结局。

既不愿放弃，又不便抢夺，摆在面前的两种选择似乎都不可取，那该怎么办呢？阿灿霞的眼光在泥雪滚身上打转，寻找既能得到那只雪兔又能避免流血冲突的办法。它不愧是只高智商雌雪豹，眉头一皱，计上心来。嘿，何不发挥自己的雌性优势，将那只雪兔骗到手呢？给泥雪滚一个暧昧的微笑，或许就能收获一只雪兔。这可是一桩极划算的买卖，很值得一试。在人类社会，这叫美人计，虽然含有贬义，却不失为高明的手段。

主意既定，阿灿霞立刻行动。它优雅地侧躺下来，长长的尾巴在空中勾画出一个个美丽的圆，两只含情脉脉的眼睛羞涩地窥望泥雪滚，频频抛去豹式媚眼。哦，你真了不起，眨眼工夫就逮着了狡猾的雪兔，我已经被你高超的狩猎技艺和非凡的雄性魅力迷住了，如果你向我发出爱的召唤，或许我的一颗芳心会控制不住地系在你身上。

美人计确实管用，泥雪滚的表情骤然起了变化，咆哮声被悄悄地咽回肚去，凶光毕露的豹眼里无端蒙上一层温柔，恣张的豹毛含羞草似的闭拢了，直竖的尾巴也灵蛇似的舞动。阿灿霞当然知道泥雪滚的表情变化意味着什么。它瞄向泥雪滚的腹部，不断用舌头舔着自己的嘴唇，那是在告知对方：你对我有情，我也对你有意，可我饿得肚皮贴到脊梁骨，爱是要有物质基础的，你总不能让我空着肚子谈情说爱吧。

泥雪滚从自己的腹下取出雪兔，抬眼望望阿灿霞，又低眼望望雪兔，目光在两者之间跳跃了几个来回，似乎有点儿犹豫不决。冬天觅食不易，为了几个媚眼，就把费了许多精力才捕捉到的雪兔奉献出去，这爱情是否也太奢侈了一点儿。可仅仅犹豫了半分钟，泥雪滚就把肥硕的雪兔推到阿灿霞面前。对泥雪滚来说，这是第一次受到美丽雌豹的青睐，想不心醉神迷也难啊。食物固然重要，但爱情更为稀缺，雪兔没有了还可以再设法捕捉，美丽的雌豹失之交臂后恐怕就永无相好的可能了啊。

在雪豹世界，将食物毫不吝啬地赠送给异性，当然是在表示爱慕与追求。

啊哈，送到嘴边的美味佳肴，不吃白不吃。免费的午餐或许会带来什么麻烦，但阿灿霞已经顾不了这么多了，先填饱肚子再说吧。它毫不客气地抓住雪兔，麻利地拔掉兔毛，连皮带骨咀嚼起来。哦，这只雪兔刚刚咽气，血浆和兔肉滋味鲜美，加上是不费吹灰之力用计谋赚来的美食，吃起来更有一种别样的美妙感觉，堪称精神与物质的双重享受，生理和心理的双重满足。就在阿灿霞撕食雪兔时，泥雪滚小心翼翼地靠拢来，伸出湿淋淋的舌头，企图舔吻阿灿霞的脊背。在雪豹社会，雌雄之间常用梳理体毛来表达好感和倾诉衷肠。或许泥雪滚认为，自己已送出了雪兔，也就是送出了彩礼，阿灿霞已接受了雪兔，也就是接受了彩礼，它似乎就有权做出亲密的举动。还没等泥雪滚的舌头触碰到阿灿霞的身体，阿灿霞就好像遭到毛毛虫叮咬一样，浑身冒起鸡皮疙瘩，急忙跳闪开去。泥雪滚误以为阿灿霞的避闪是出于雌性的羞怯，又讪讪地靠拢过来。阿灿霞再次灵巧地跳闪开去，抡动长长的豹尾，在泥雪滚脖子上不轻不重地抽了一尾巴。你烦不烦呀，我正在吃东西，你来捣什么乱啊。它一面躲避泥雪滚的骚扰，一面加快进食速度。雪兔并不大，很快就被吃了个精光。阿灿霞将兔头上最后一点儿兔肉也撕剥下来吞进肚去，惬意地伸了个懒腰，舔舔粘在嘴角和胡须上的血丝肉屑，准备离开。好歹也算混个半饱了，目的已经达到，当然就拜拜喽。

但泥雪滚竟然亦步亦趋地跟在它后面，用意很明显，是要跟它夫妻双双把家还呢。

阿灿霞走出几十步远，突然一个急转身，朝泥雪滚发出气势汹汹的号叫：讨厌的家伙，离我远一点儿，不然休怪我不客气了！

泥雪滚沾沾自喜的脸上，骤然间浮现出一片惊愕，它眨巴着疑惑的眼睛，喉咙里发出干涩的低吼，仿佛在责问：你没搞错吧，你刚吃了我的雪兔，怎么就……

阿灿霞鄙夷地打了两个响鼻：呸，你也不撒泡尿照照自己的模样，就凭区区一只雪兔，癞蛤蟆就要吃天鹅肉吗？你的想法也太可笑了吧。

泥雪滚恼羞成怒地吼了一声，做出跃跃欲扑的姿势来。

阿灿霞也不示弱，龇牙咧嘴摆开一副搏杀的架势来。它刚刚吃下一只雪兔，有力气打架，对方是只饿公豹，谁怕谁呀。就算打不过也可以拔腿逃跑，对方饥饿乏力，绝对追撵不上的。

奇怪的是，泥雪滚的目光在阿灿霞身上转了两圈，恼怒居然像阳光下的薄雾一样，很快就消散殆尽，又变得含情脉脉起来。它柔柔地吼了两声，似乎在说：你真淘气，哦，男不跟女斗，雄不跟雌斗，我不跟你计较啦。随即，泥雪滚就收敛起扑咬架势。

阿灿霞是只美丽的雌豹，美丽的雌性就意味着会得到更多的宽容、迁就、垂怜和溺爱。

既然对方主动休战，阿灿霞当然乐意和平解决纷争。白吃一只雪兔，也不用打架，何乐而不为呢。它也收起龇牙咧嘴的愤慨表情，扭头朝那棵千年老杉树小跑而去。它刚吞进雪兔，分泌出乳汁，现在急着回家给小宝宝喂奶。

让它感觉不舒服的是，泥雪滚兴致勃勃地一路跟在它后面,可笑极了,好像它发出了让这个窝囊废到家里做客的邀请。呦欧，阿灿霞很不高兴地朝躲躲闪闪、跟在自己身后的泥雪滚发出呵斥：我讨厌你跟着我，请你从我面前消失！假如对方有点儿绅士风度，有点儿自尊心，便会停止这种很掉身价的偷偷摸摸的跟踪。遗憾的是，泥雪滚不是绅士，好像也没什么自尊心，仍盯梢似的跟在它后面。

走到半路，来到一个C字形山弯，阿灿霞闪进一块巨石背后，等了一两分钟，当泥雪滚贼头贼脑沿着它的足迹来到巨石旁时，阿灿霞突然气势汹汹地跳将出来，发出猛烈的咆哮：我不欢迎你去我家做客，你快滚吧，滚得越远越好，不然我就对你不客气了！泥雪滚吓了一跳，立马转身跑掉了。这绝对是世界上最严厉的逐客令，阿灿霞想，再不识趣的客人也会灰溜溜地打消来做客的念头的。遗憾的是，泥雪滚的脸皮似乎比猪皮还厚，走了一段路后它回头一瞅，啧啧，这个讨厌的公雪豹又跟上来了啊。阿灿霞干脆跳到一条石坎上，气沉丹田，压粗喉咙，朝鬼头鬼脑跟在它身后的泥雪滚发出一连串低沉的吼叫：不要脸的东西，你还是只雄豹吗？我看你是癞皮狗投胎，活脱脱一只癞皮豹啊！老实告诉你，天底下所有的雄豹都死绝了，我也不会对你动心的，像你这样的无赖，只配找只母野猪做新娘！这咒骂算厉害了吧，稍有点儿血性的雄豹肯定忍受不了如此奇耻大辱，早就拂袖而去了啊。可让阿灿霞晕倒的是，泥雪滚不愠不怒，好像特别能容忍来自异性的侮辱，仍死心塌地地追随着它。真是个标准无赖，无耻无聊无德无能无药可救！阿灿霞气得七窍冒烟，蹿下石坎朝泥雪滚扑过去，试图用武力来断绝泥雪滚的非分之想，但没等它赶到，泥雪滚就拔腿逃跑了。这只窝囊废公豹别的本事没有，逃起来倒挺快的，一溜烟就逃得无影无踪。可等阿灿霞转身往千年老杉树跑去时，泥雪滚又像影子似的粘到它尾巴后面来了。讨厌、讨厌、真讨厌！阿灿霞又蹿跃上去扑咬，结果跟上次一样，没能追到泥雪滚；可一旦它停止追赶，泥雪滚又像幽灵似的缠在它身后了。更可气的是，泥雪滚好像还挺喜欢这样的追追赶赶，不时发出欢快的吼叫，好像在说：我很高兴和你玩这样的捉迷藏，你想捉就来捉我好了，爱情就是捉捉藏藏，你甩不掉我，我最终会俘获你的芳心。

咒骂当补药吃，真让阿灿霞哭笑不得。

阿灿霞当然不会有兴趣跟泥雪滚玩捉迷藏，它无奈地回到千年老杉树，钻进树根下的扇形树洞给三只豹崽喂奶。透过洞口枝蔓间的缝隙，它看见泥雪滚就在千年老杉树对面的小山包上，不知从哪里弄了块牛排来，正趴在石窝里津津有味地啃骨头，瞧那副架势，好像要安营扎寨来个持久战了。要真是这样的话,天天一出门就看到这个窝囊废,那不叫养眼,那叫扎眼，必须想个法子把泥雪滚撵走。

三个小家伙拼命往它怀里拱，抢夺右侧那只最饱满的乳房，你挤我我推你闹得不亦乐乎。它用豹尾将最调皮的花老三勾拉出来，以维持和平的吃奶秩序。突然，它想出了驱赶泥雪滚的好办法。哈，何不利用雄豹惧怕当后爸的心理，让泥雪滚断绝邪念呢？三只豹崽曾让多只雄豹避之唯恐不及，相信也一定能在泥雪滚身上取得预期效果。主意既定，立刻行动。它将三只豹崽衔到树洞外的一块平地上，哦，宝贝，洗个日光浴吧。它伸出舌头悉心为三只豹崽梳理体毛。这无疑是一种展览，对面小山包上的泥雪滚当然会看得清清楚楚。

呦——对面传来泥雪滚惊讶的叫声。嚯，吃惊了是吗？接下去你就会发出上当受骗式的怒吼，再接下去你就会悻悻然拂袖而去。

阿灿霞等了一会儿，预料中的怒吼迟迟不来。一定是自己没有发出招婿入赘的邀请，它想，所以对方也就燃烧不起上当受骗的怒火。那就补上这一课吧！

它优雅地甩动那根美丽的豹尾，嘴里呦呦发出深情的呼唤：我的心上豹啊，我的夫君狠心地撇下我们到另一个世界去了，我的膝下有三只嗷嗷待哺的小豹崽，我是只苦命的寡妇豹，孤独、寂寞和贫困折磨得我心力交瘁，我多么想有个结实的肩膀可以依靠，勇敢、善良、多情的雄豹哥哥，请你走过来、走过来，走进我风雨飘摇的生活，用你伟岸的身躯、智慧的头脑、忠诚的品格和无私的爱，帮助我抚养三只小豹崽，和我共同支撑这个支离破碎的家。

它乜斜眼睛注意观察泥雪滚的反应，这个窝囊废本来是趴在地上啃牛排的，此时站了起来，抖抖身上的毛，抬头望望天，举步欲走，却又显得有些迟疑。走吧，走吧，其他雄豹也都是在这个节骨眼儿上脚底抹油溜之大吉的。这没有什么不好意思的，别的雄豹走得，你也走得的，你不过是步了它们的后尘。雄性嘛，就是只求索取不讲奉献的自私鬼，你也是雄性，本质上是一样的。

哦，泥雪滚准备走了，这办法果然灵验啊，阿灿霞总算松了口气，看来，泥雪滚确实是倒霉蛋加自私鬼。可很快，它就觉得事情似乎有点儿不大对劲，泥雪滚是在迈步走，却不是往外离开，而是往千年老杉树走来。啧啧，莫不是它被气昏了头，迷失了方向？呦欧，你要离开，请向后转，别走错方向啊！阿灿霞善意地提醒。可是，这个笨蛋还直直地往千年老杉树走来。向后转，你听见没有，你耳朵聋啦，拜托了，向后转呀！它焦急地吼叫。可指令无效，泥雪滚仍义无

反顾地朝千年老杉树走来，脸上的表情有点儿怪异，似乎像嚼了一枚苦胆，整张脸苦涩地皱了起来，可目光却坚定执着地凝视着它和三只小豹崽，嘴角绷得紧紧的，还透出几分庄严，整个表情给它的感觉是既苦涩又神圣，别扭极了。这家伙一面走还一面发出短促有力的轻吼，无疑是在表决心：我来了，我决心与你同甘共苦，挑起养育幼崽这副生活重担，请你相信我吧！

阿灿霞真的要晕倒了。它想要的伴侣缺少忠诚品行，不想要的伴侣却忠诚得无法甩掉，老天可真会恶作剧啊。

——你这个傻瓜，请你睁大眼睛看清楚了，我膝下有三只小豹崽，把它们养大可不是件轻松愉快的事，要累脱你七层皮，日子过得比黄连还苦，其他雄豹都退避三舍，你也应当知难而退啊。

遗憾的是，泥雪滚偏偏发扬了一往无前的大无畏精神。

——你晓不晓得，母豹在育幼期是不可能有兴趣谈情说爱的，你至少要等待两年，在这段漫长的时间里，只有沉重的劳役和无休止的付出，你图个啥呀？其他雄豹都在这道障碍面前当了逃兵，你也应该跟在它们后面当逃兵的。放心好了，没谁会因此而指责你的。

泥雪滚无怨无悔，继续向千年老杉树靠拢。

——你的脑袋难道是榆木疙瘩做的，怎么一点儿也不开窍呀！你知道吗？你费尽心力养大的豹崽，不是你的亲骨肉，和你一点儿血缘关系都没有，耗尽心血到头来却在为他人做嫁衣裳，替别的雄豹传承血脉，你冤不冤哪？憋屈不憋屈哪？

不撞南墙不回头，不到黄河不死心，不见棺材不落泪，泥雪滚顽固得让阿灿霞哭笑不得。

很快，泥雪滚便来到千年老杉树下，温柔地摇动尾巴，用慈爱的目光打量三只小豹崽，想要走马上任做它们的后爸了。阿灿霞忍无可忍，龇牙咧嘴咆哮，朝泥雪滚凶猛地扑咬。泥雪滚满脸惊愕地跳闪开去，“呦——呦——”发出委屈的低吼，那是在用豹式语言责问：明明是你邀请我跟你共同抚养三只小豹崽的，我来了，你却突然翻脸不认豹要赶我走，这是为什么呀？

阿灿霞用高亢嘹亮的吼声回答：我就是只不讲理的母豹，我拒绝解释为什么反复无常，我就是不想看见你，你滚吧，滚得越远越好！

阿灿霞虽然渴望能有一只雄豹来替它分担养育幼豹的重任，可它却不会将雄豹中的次品和废品列入选择范围。泥雪滚这样的倒霉蛋和窝囊废，它从来都是不屑一顾的，丑陋的外表看着就令人厌恶，萎靡的神情看着就想生气，怎么在一起生活呀？它宁肯自己苦死累死，也要将泥雪滚拒之门外。

阿灿霞希望泥雪滚在吃了闭门羹后能头脑清醒过来，知难而退，停止徒劳的追逐与纠缠，从它的视线里消失。可恼的是，这家伙比菟丝子更会纠缠，仿佛天生就有一股牛皮糖精神，它在附近找了个石洞栖身，像个幽灵似的总在老杉树周围出现、与阿灿霞不期而遇。每一次相遇，泥雪滚都会昂首挺胸，豹尾竖得笔直，神情庄严得就像在表忠心，它总是发出一串宣誓式的叫声：我晓得你是在考验我的忠诚，是在考验我是否真心诚意帮你养育幼豹，你放心，我一定会经受住严峻的考验，用耐心、真诚和博爱，交上一份让你满意的考卷。

把肉麻当有趣，阿灿霞觉得再这样下去，自己肯定会被逼疯的。它唯一可以放心的是，泥雪滚不是那种凶恶狡诈的雄豹，对它似乎也有起码的尊重，在它外出狩猎时，从未擅自越过它在老杉树前用尿液和残毛布置的气味警戒线，钻进它的巢穴来。

泥雪滚表现出来的耐心令阿灿霞觉得不可思议。半个月过去了，泥雪滚还不肯死心，还在千年老杉树附近转悠，似乎决心要用罕见的真诚来感染、感化和感动阿灿霞。阿灿霞并不欣赏泥雪滚的忠诚，它认为，这家伙之所以与众不同地愿意接受继父豹这个角色，甚至低三下四乞求得到幼豹后爸这个职位，并不是因为它真的比其他雄豹有更多的爱心和更高尚的品格，而是一种无奈的生存策略。这家伙自身条件太差，如果走正常路子按常规方式，这辈子也得不到雌豹的青睐，组建不了家庭，只有走非正常路子按非常规方式，或许还有可能实现自己的理想、完成生命的终极目标。买不到现货，只好委曲求全买期货，耐心等两年，等到期货变成现货，或许也算是一种投资吧。抚养两年幼豹是必须付出的成本，好好经营，让资产增值，到时候赚取丰厚的利润回报。

这么一想，泥雪滚所表现出来的忠诚便一钱不值了。

这只窝囊废公豹天天在自己眼前晃来晃去，还不知趣地每次都要表忠心，阿灿霞心里别提有多别扭了。它有时甚至会这么想，要是有一只独眼、塌鼻、缺耳、身患体癣的丑八怪雌豹出现就好了，困难户碰到困难户，歪锅配歪灶，把泥雪滚的心牵走就好了，至少泥雪滚不会再对它想入非非。遗憾的是，始终没出现愿意多看泥雪滚一眼的雌豹。阿灿霞又想，要是这家伙在捕猎时追逐一头善跑的马鹿，跑出日曲卡雪山，跑出尕玛尔草原，跑到天涯海角，迷失方向，再也找不到回来的路就好了，可是，这家伙虽然智商不高，倒也不会迷路。阿灿霞又想，要是这家伙与力大无穷的狗熊争食，被熊掌狠狠掴中脑袋，患上失忆症、丧失了全部记忆就好了，可惜啊，这种愿望是不切实际的幻想。阿灿霞甚至恶毒地想，这家伙要是撞上滚烫的猎枪子弹，踩中猎人的捕兽铁夹，倒也不失为一种解决问题的好办法，但是，现实与愿望总是背离的，泥雪滚仍时时在它眼前晃动。

都是那只雪兔惹的祸。唉，要是早知道吃了那只雪兔会带来这么大的麻烦，它就算饿死也不会去吃的啊。

天下没有免费的午餐，天上只会掉有毒的馅饼。

第八章　勇斗狼獾

阿灿霞叼着半只从雪狐嘴里抢来的松雉，刚回到日曲卡雪山山腰，便隐约听到激烈的打斗声，中间夹杂着雪豹愤怒的吼声，还有一种十分难听的号叫，时而嘶哑粗鄙，时而尖锐刺耳，像鬼哭狼嚎，一听就知道是狼獾在发威。侧耳细听，打斗声和号叫声居然来自千年老杉树方向。阿灿霞立刻丢下松雉，以百米冲刺的速度向千年老杉树狂奔而去。

当它气喘吁吁地赶到家门口时，一场血腥的断杀仍在继续。两只壮硕的狼獾正左右夹攻泥雪滚，可怜的泥雪滚脸被抓破了，腿部也被咬出血，退缩在千年老杉树的扇形树洞口，左撕右咬，勉强抵挡狼獾的进攻。

狼獾是一种雪域猛兽，虽然带个狼字，却与狼没有任何血缘关系，而是典型的高山獾类，凶悍勇猛，神出鬼没。狼獾个头与狼狗相似，四肢短，躯体粗壮，颈部肌肉发达，獠牙尖锐，门齿锋利，能从野牛身上活活咬下肉来。狼獾最显著的特点是不怕死，有高山雪域“拼命三郎”的称号，即使遭遇虎豹豺狼，也绝不会落荒而逃，而是坚决与对手拼个你死我活。狼獾颈部和背部有厚厚的肌肉保护，连老虎也无法一口咬断狼獾的脖颈，相反，狼獾一旦被咬住脖子，就会凭借短而有力的腿，拼命往对手腹部钻，攻击对手的软裆。曾经有一只公熊与一只狼獾搏斗，公熊撕烂了狼獾的屁股，而狼獾钻进公熊腹部咬掉了公熊的生殖器，造就了一只太监熊。更让人头疼的是，狼獾属于高智商动物，会将诱饵吃掉而让捕兽夹失灵，会从地下掘洞捕捉羊圈里的羊羔，甚至会咬住马的肚皮吊在马腹下将奔腾的马赶进荒山野岭然后宰马充饥……因此，日曲卡雪山一带的山民将狼獾称作“山妖”。

狼獾非狼，却比狼更凶残狡诈。

正在围攻泥雪滚的两只狼獾，是一对狼獾夫妻。公狼獾尖尖的嘴吻间长着一颗血色肉瘤，也许可起名叫血瘤，母狼獾黑黑的脊背上有许多白点儿，好像落了一层霜，那就叫背霜吧。

阿灿霞发现，这对狼獾夫妻虽然嚎声不断，一副穷凶极恶的样子，但并未认真而有效地扭住泥雪滚厮杀。恫吓多于实战，雷声大、雨点儿小，虚张声势的迹象很明显。尤其是母狼獾背霜，朝前跃跃欲扑而不扑，张嘴噬咬而不咬，当泥雪滚身体向前蹿动时，背霜立刻往旁边跳闪，故意让出一条逃生通道来。这无疑是在暗示泥雪滚：如果你害怕丢掉性命，就夹起尾巴逃跑好了，别看你是有高山霸主之称的雪豹，你是打不过两只狼獾的，与其白白送死，不如逃之夭夭，逃吧，现在逃还来得及，你放心，我们不会穷追不舍的！公狼獾血瘤也退让一步，摆出网开一面的架势。

阿灿霞当然明白这对狼獾夫妻的用意，它们的狩猎目标不是泥雪滚，而是泥雪滚身后树洞里的那三只小豹崽。对狼獾来讲，细皮嫩肉的小豹崽肯定比泥雪滚好吃多了。更重要的是，雪豹毕竟是雪域霸主，身躯比狼獾魁梧得多，狼獾再凶残狡诈也不是雪豹的对手，假如雪豹与狼獾单打独斗，狼獾必输无疑。通常说来，一只雪豹与两只狼獾的力量基本持平。泥雪滚虽然是雪豹中的次品，与两只狼獾对峙占下风，但也不是随便就可以摆平的。狼獾想要在二对一的搏杀中取胜，很难不付出血的代价。所以，对这对狼獾夫妻来讲，最好的选择就是将泥雪滚吓唬走，这样，它们就可以不冒任何风险地获得美味佳肴了。

对食肉兽来讲，不战而屈人之兵，不用搏斗就获得猎物，是上上策。

泥雪滚对两只狼獾的劝降和劝退置若罔闻，用自己的身体将树洞口堵得严严实实。

狼獾夫妻似乎有点儿恼羞成怒了，互相使了个眼色，母狼獾背霜突然站立起来，好像要跳到泥雪滚头上去啃豹耳朵，而公狼獾血瘤则在另一个方向勾起四肢紧贴地面，瞄准泥雪滚的腹部做好突袭准备。这对狼獾夫妻配合得非常默契，玩的是声东击西的伎俩，只要泥雪滚仰起头张大嘴应对母狼獾背霜来自上方的噬咬，身体底下露出破绽，公狼獾血瘤就会吱溜钻进泥雪滚腹部，闪电般的袭击泥雪滚身上最薄弱的部分——生殖器，制造一只太监豹。这种流氓咬法，也是造成狼獾名声不好的原因之一。

泥雪滚不知是计，果真仰起头张大嘴……

阿灿霞怒吼一声冲了上去，照准公狼獾血瘤的屁股就狠狠撕了一爪，公狼獾血瘤被迫放弃流氓咬法，惨叫一声斜蹿出去。豹爪犀利，公狼獾血瘤的屁股上绽开一朵血花。母狼獾背霜见势不妙，也从扇形树洞前退却下来。

现在是两只成年雪豹与两只狼獾对峙，力量发生了逆转，雪豹明显占了上风。但狼獾毕竟是以凶悍著称的恶兽，并没有仓皇逃窜，双方唇枪舌剑互相号叫。阿灿霞和泥雪滚都没

有要尝尝狼獾肉的想法——捕杀狼獾，风险太大，最好的办法就是将狼獾从自己的领地赶走，所以君子动口少动手，威胁吼叫，步步紧逼，挤牙膏似的将狼獾挤走就足够了。狼獾夫妻明白大势已去，不可能突破两只成年雪豹的防线去攻击树洞里的小豹崽，这场狩猎只能无功而返了，于是也且战且退。

终于，狼獾夫妻退到山腰的一片灌木丛后，从阿灿霞的视线里消失了。

危险过去了，阿灿霞飞快地跑回巢穴，谢天谢地，三只小豹崽只是受了点儿惊吓而已，并没受到什么伤害。再看站立在树洞外的泥雪滚，身上有五六个地方在流血，所幸都不是什么致命伤。不用问，它也能猜出事情的经过。就在它外出觅食时，这对该死的狼獾夫妻东游西逛来到这一带寻找猎物，狼獾嗅觉灵敏，无意中闻到小豹崽的气味，便循着气味找到这棵千年老杉树，刚想钻进扇形树洞行凶，就被正在附近徘徊的泥雪滚发现，于是双方展开了一场激战。

三只小豹崽可以说是死里逃生。

阿灿霞躺卧在树洞中央给三只小豹崽喂奶，柔软的舌尖轻轻舔吻小家伙的额头和身体。对受了惊吓的小豹崽来说，这是最好的安抚和慰藉。突然，它感到树洞口晃动着一个熟悉的身影，哦，是泥雪滚。泥雪滚探头探脑地想钻进树洞来，却又有些犹豫，胆怯地望着阿灿霞，试探性地跨进一只前爪，随即害怕地缩了回去。迟疑了许久，又战战兢兢地钻进半个身体来。阿灿霞当然清楚泥雪滚钻进树洞来的目的，说心里话，它并不乐意让泥雪滚跨进家门，恩情不等于爱情，感激不代表喜欢，它想用严厉而粗暴的吼叫阻止泥雪滚进门，它确实想吼，却叫不出声。人心是肉长的，豹心也是肉长的，泥雪滚为了三只小豹崽免遭祸殃，只身与狼獾夫妻恶斗，身上几处负伤也不退却，它怎么好意思再将泥雪滚拒之门外呢？今天要没有泥雪滚，三只小豹崽早就进了狼獾夫妻的肚子了，对母雪豹来讲，有了小豹崽才算有了家，失去了小豹崽也就失去了家，从这个意义上说，泥雪滚身上流血的伤口，就是它踏进家门最有效并且永不作废的通行证。它不会敞开心扉欢迎泥雪滚，但它必须敞开家门欢迎泥雪滚。

泥雪滚试探性地钻进半个身体，见阿灿霞默不作声，便理所当然地认为是一种默许，喜滋滋地整个身体都钻了进来。本来挺宽敞的树洞，顿时显得有点儿拥挤了。泥雪滚也用舌尖舔吻三只小豹崽。既然你那么喜欢做它们的后爸，那就来试试吧，阿灿霞想。它确实没有能力也缺乏信心独自将三只小豹崽抚养长大。雪域荒野，随时都有食肉兽闯进巢穴叼食小豹崽的危险，它要外出觅食，不可能天天守护在小宝贝身边，假如不找个可靠的帮手，三只小豹崽的安全就没有保障。泥雪滚虽然质量差些，但好歹也是只成年公豹，看家护院、助威呐喊什么的总能胜任。罢罢罢，就让泥雪滚留下来当小豹崽的后爸吧，有总比没有好，聊胜于无嘛。

也许，达不到理想状态才是生活的真实、生命的常态。

也不知是有意还是无意，泥雪滚在舔吻花老三时，舌头一拐弯，舔到阿灿霞的腿上来了，阿灿霞就像被马蜂蜇了一下似的立刻跳闪开去。拜托了，请你保持点儿距离好不好。泥雪滚还算知趣，立刻退后一步，让彼此的身体脱离接触。唉，生理上有如此严重的厌恶感，将来怎么在一起生活哟！

先度过育幼的难关再说吧，到时候反悔也许还来得及。

第九章　一个好继父

阿灿霞惊讶地发现，泥雪滚称得上是个尽心尽职的后爸，尽一只公豹所能帮助它抚养三只幼豹。

每当阿灿霞外出狩猎，泥雪滚便寸步不离地守护在千年老杉树前，从不会扔下幼豹不管，自己跑到外面玩耍。阿灿霞外出狩猎时间再长，也不用担心留在巢穴里的三只幼豹。有时候阿灿霞累了，不想出去觅食，泥雪滚便担当起狩猎的重任，四处奔波找寻食物。虽然泥雪滚能力有限，每次带回来的不是老鼠就是别的食肉兽吃剩的残骸或腐肉，但只要带回食物来，必定先让阿灿霞吃，等阿灿霞吃剩了才轮到它自已吃。雪夜寒冷，泥雪滚总是睡在树洞口，就好像一扇遮风挡雪的门，给阿灿霞和三只幼豹带来温暖。天气晴朗的白天，阿灿霞将三只幼豹叼到树洞外洗日光浴，泥雪滚便主动承担警卫任务，不停地在千年老杉树四周巡逻。

最让阿灿霞满意的是，泥雪滚性格温和，对幼豹似乎有一种天然的父爱。幼豹长到一个多月时，显现出活泼好动的天性，十分淘气，爱玩爱闹，经常会爬到泥雪滚的身上去，抠泥雪滚的耳朵，拔泥雪滚的胡须，咬泥雪滚的尾巴，把泥雪滚从睡梦中闹醒，泥雪滚也从来不生气。有一次，银老二爬到泥雪滚脸上玩耍，也不知是玩得太高兴了还是存心恶作剧，突然就撒起尿来，刚巧对着泥雪滚的鼻吻，热腾腾的尿液流经鼻吻灌进嘴巴。幼豹的尿肯定咸涩腥臊、味道不怎么样，泥雪滚大皱眉头，却并没立刻跳起来，而是继续以原姿势趴在地上，等银老二畅快淋漓地把一泡尿撒完，这才小心翼翼地将银老二抖落下去，噗噗噗将满嘴的豹尿吐出来。如此好脾气，在雪豹社会真是打着灯笼也难找。

泥雪滚还有一个优点也让阿灿霞颇为欣赏，那就是细心和细致。通常来说，雄雪豹做事粗心大意、粗枝大叶。曾经发生过这样的事：雄雪豹半夜睡觉，翻身时糊里糊涂地将小豹崽压在身体底下，导致小豹崽窒息而死。但泥雪滚却与众不同，心比雌豹还细，简直可以用心细如发来形容。不仅从来没发生过压着或挤伤幼豹的事，晚上睡觉，泥雪滚还特别警惕，稍有风吹草动便会立刻醒来。有一次，也不知从哪里钻出一条半尺长的蜈蚣，朝蜷缩在树叶里睡觉的白老大爬去，蜈蚣有剧毒，白老大要真被蜈蚣咬一口的话，后果不堪设想。当时已是子夜，阿灿霞和三只幼豹睡得正香，谁也没觉察到危险的临近。泥雪滚也睡了，可它竟然就听见了蜈蚣爬行时窸窸窣窣的轻微声响，一下惊醒过来，把阿灿霞也唤醒了，借着树洞外洒进来的月光，费了好大周折将大蜈蚣踢出巢去。

小家伙两个月大时，食物由婴儿期的全流质进化到幼儿期的半流质，就是说由全部吃奶变为乳汁与肉糜混合喂养。肉糜是由成年豹将肉块嚼碎咬烂后吐给小豹崽吃的，这个工作通常是由母豹来做，但每次阿灿霞吐出肉糜，泥雪滚都会用舌尖在肉糜间翻找骨头，把所有可能会梗破幼豹喉咙的碎骨头都剔除干净，这才让幼豹来吃。

转眼半年过去了，泥雪滚与三只幼豹相处得十分融洽。小豹年幼无知，当然不知道天天悉心照顾它们的泥雪滚其实是与它们没有血缘关系的后爸，它们完全把泥雪滚当作亲生父亲了。

按照雪豹特有的生长规律，半岁龄的幼豹已由婴幼儿豹成长为少年豹了。长到少年豹，主要有两大变化：一是完全停止吃奶，吃由亲豹提供的肉食，并由吃亲豹嚼碎的肉糜逐渐过渡到直接啃食猎物身上的肉；二是亲豹外出觅食时，如果天气晴朗，会携带少年豹一同前往，进到猎场后，将幼豹安置在一个既隐秘又便于观察的地方，就像人类家长将孩子送进学校一样，让幼豹从小耳濡目染如何追捕、扑击、噬咬、宰割猎物，学习狩猎技艺，经风雨，见世面，锻炼意志胆魄。这是幼豹成长过程中最为关键的阶段，就像人类孩子从小不读书长大就不会有出息一样，幼豹在模仿能力最强的半岁至一岁龄时，如果错过了观摩成年豹捕猎的最佳学习机会，将对身心发育极为不利，以后再怎么弥补也无济于事，会造成终身狩猎技艺低下，生存能力偏弱，带来严重的负面影响。因此，所有的母豹在宝贝满半岁后，都会带着它们一起外出觅食。实践出真知，在狩猎中学习狩猎。

但这个对幼豹来说十分重要的发育环节，却又是隐含着巨大风险的危险阶段。跨出千年老杉树隐秘的扇形树洞，失去巢穴的依托，本身就很危险。更大的危险在于，成年豹捕捉猎物时会远离幼豹，而已经长成少年豹的小家伙不可能一声不吭地老老实实藏匿在草丛里，出于活泼好动的天性，受打猎的紧张气氛的刺激和感染，小家伙会激动地欢呼雀跃，甚至追随成年豹的捕猎路线胡乱奔跑。它们虽然已长大了些，却还是没有任何自我防卫能力的未成年豹，暴露在雪域荒原，其凶险程度可想而知。在雪豹社会，类似于“螳螂捕蝉，黄雀在后”这样的悲剧时有发生。一只名叫白燕子的母雪豹，好不容易将一对小宝贝养到七个月大，有一天带它们到日曲卡雪山南麓去打猎，发现前面草丛里有一只香獐，便将一对宝贝藏进灌木丛后，自己飞身去追捕猎物，等它叼着香獐回到灌木丛，千呼万唤，却怎么也找不到两个小家伙了，灌木丛四周的地上只留下许多凌乱的狼的脚印……还有一对雪豹夫妻，将三只幼豹安置在一座小山岗上，夫妻俩奋力追赶一群藏羚羊，等到它们凯旋归来，一只幼豹从山顶摔下去摔死了，另一只幼豹被凶猛的金雕抓走了，只剩下一只幼豹躲在石旮旯里哀哀号叫。

唉，生存不易，有着雪域霸主美誉的雪豹也不例外啊。

毫无疑问，在少年豹的观摩狩猎阶段，夫妻豹面对的风险比单身母豹面对的风险要小得多。通常情况下，夫妻豹会采取一远一近的队形进行捕猎，也就是说，发现猎物后，夫妻豹中有一个担任前锋，冲在前头担当主攻，另一个担任后卫，跟在后头担当副攻。这个后卫，与人类足球场上的后卫性质有点儿类同，需要离幼豹的藏匿点不太远，狩猎和护幼两头兼顾，灵活机动，猎场上需要帮忙便冲上去帮忙，幼豹藏匿点有险情便撤回来保护幼豹。正常的豹家庭，一般都由雄豹担任前锋，雌豹担任后卫。阿灿霞开始也想按传统模式进行分工，遗憾的是，泥雪滚的狩猎技艺实在不敢恭维，明明已快咬着马鹿的尾巴了，却还是让马鹿逃之夭夭；明明已扑到野猪背上了，却还是让野猪豹口逃生。试了几次，效果不佳，不得已只好转换角色，由它担任前锋，由泥雪滚担任后卫。没想到，一个极不合格的前锋，却是一个很称职的后卫。

一个阳春三月的早晨，它们到尕玛尔草原捕捉藏羚羊，将三只幼豹安顿在一棵大树下后，阿灿霞和泥雪滚借着草丛的掩护，一前一后悄悄向一群正在臭水塘喝盐碱水的藏羚羊摸去。雪豹属于猫科动物，猫科动物的特点就是利用地形地貌尽可能地接近猎物，然后出其不意突然发起袭击。在走出那棵大树约 200 米时，泥雪滚突然吼叫一声急急忙忙往大树奔去，受惊的藏羚羊刹那间逃得无影无踪，阿灿霞不晓得发生了什么事，但既然猎物已经逃走，也就只好放弃这场狩猎，跑回大树下。不看不知道，一看魂吓掉。一条酒盅粗、两米长的剧毒五步蛇，正愤怒地昂头弓颈、吞吐着鲜红的蛇芯子；三只幼豹根本不晓得毒蛇的厉害，因无知而无畏，正围着五步蛇呦呦号叫，跃跃欲扑。阿灿霞急忙制止幼豹的胡闹并把它们从五步蛇身边引开，泥雪滚则连续不断地吼叫，把五步蛇吓跑。好险哪，要是它们迟回来一步，三只幼豹中的一只极有可能会遭到五步蛇的攻击。五步蛇，光听这名字就够恐怖的了，被咬一口走不到五步就会倒毙。阿灿霞心里当然明白，这次能成功化解血光之灾，全靠泥雪滚的尽心尽责。当时它全神贯注地盯着那群藏羚羊，根本没听到大树底下的异常动静。要是没有泥雪滚，它又要经受一次丧子的悲痛了。

还有一次化险为夷的经历，也是一个春光明媚的早晨，它们到日曲卡雪山山脚那片茂密的森林去觅食。春风荡漾，百鸟啁啾，晨岚袅绕，景色宜人也宜豹。钻进树林没多久，阿灿霞突然发现前面有晃动的马鹿的身影，便将三只幼豹安置在还没开花的杜鹃树丛里，朝目标匍匐前进。在离猎物约50米时，它和泥雪滚从左右两个方向迂回过去，试图包抄夹击那只头顶长着大角架的公鹿。追撵开始了，眼瞅着马鹿两面受敌走投无路就要束手就擒了，突然，泥雪滚停止追撵，扭头朝三只幼豹藏身的杜鹃树丛瞥了一眼，就心急火燎地往回奔。本来是左右夹击的，现在变成单向追击，马鹿身强力壮奔跑速度很快，有“雪地飞影”的美称，单单一只雪豹是很难成功擒获一只成年马鹿的，泥雪滚的撤退等于给身陷绝境的猎物放了一条生路。阿灿霞很懊丧也很无奈，只得放弃这场狩猎，跟着泥雪滚跑回杜鹃树丛。到了三只幼豹面前，它这才明白，放弃已陷入合围的马鹿是多么明智、多么必要的选择——一头足有一米八高的黑熊，正瞪着两只不怀好意的小眼睛，气势汹汹地朝三只幼豹奔来。黑熊是一种杂食性动物，荤的素的都吃，春天的黑熊刚刚从冬眠中醒来，身上的脂肪已差不多消耗殆尽，急于补充营养，这个时候的黑熊性情尤为凶猛，是名副其实的饿鬼，遇到什么就想吃什么。最可怕的是，黑熊非常贪婪，面对三只幼豹，必欲斩尽杀绝，最常见的方式是举起厚实的熊掌，一掌劈断一只幼豹的腰椎，张开尖利的牙齿，一口咬断另一只幼豹的脖子，再用磨盘似的屁股，碾碎最后一只幼豹的五脏六腑。好险哪，假如泥雪滚当时没中止这场狩猎，继续合围马鹿的话，等到它们将马鹿扑倒咬杀，黑熊也早就把三只幼豹给做掉了。

看来，自己招赘泥雪滚做幼豹的后爸，还不算是笔赔本的买卖。

第十章　幼豹负伤

没过多久，阿灿霞的生活就被那对狼獾夫妻搞乱了。

无法考证那只名叫血瘤的公狼獾和那只名叫背霜的母狼獾是什么时候、从什么地方迁居到日曲卡雪山来的，唯一可以肯定的是，这对狼獾夫妻现在就居住在一条与阿灿霞的巢穴仅相隔五六百米的小山沟里。阿灿霞当然不喜欢这家强行搬来的邻居。自然界有这样一条规律：不同种类的动物之间，习性越相近，彼此的紧张度就越高。雪豹与狼獾虽然属于两种完全不同的动物，但行为和习性却有许多相似之处。它们都属于高山雪域的食肉类猛兽，凡雪豹感兴趣的猎物，无论羊鹿兔鼠，狼獾也很喜欢吃；它们都是具有领地意识的动物，把以巢穴为中心、方圆二三十公里都视为自己的势力范围，不允许其他食肉兽出现；它们还都有将对方置于死地的尖牙利爪，如果条件允许，都很乐意把对方当作食物吃掉。

阿灿霞从小就生活在千年老杉树的扇形树洞里，日曲卡雪山就是生它养它的故乡。卧榻之侧岂容他人酣睡？神圣领地岂容别的食肉猛兽侵犯？

更让阿灿霞无法容忍的是，这对狂妄自大的狼獾夫妻，竟然把贪婪凶残的目光瞄准了它的三只幼豹。半年前，这对可恶的狼獾就企图趁它外出觅食之际猎食三只小豹崽，此后，它们更像幽灵一样，飘荡在千年老杉树四周。有好几次，半夜三更，树洞外突然响起狼獾粗俗的号叫，阿灿霞冲出去一看，漆黑的树林里，有四粒绿莹莹的光点儿像萤火虫一样静静闪动，毫无疑问，那是狼獾夫妻饥饿的目光，它吼叫一声冲进树林，但狡猾的狼獾早就消失得无影无踪了。

毫不夸张地说，自从跟这对狼獾夫妻做了邻居，阿灿霞就惴惴不安，不敢跑到太远的地方狩猎，连夜里睡觉都要睁着一只眼睛，唯恐让这对狼獾夫妻钻了空子。好不容易熬到幼豹半岁龄，它可以带着三个小宝贝一起外出觅食了，但这对狼獾夫妻构成的生存威胁却依然没有解除。

两天前，它和泥雪滚带着三只幼豹到尕玛尔草原去猎食，走到开满杜鹃花的小山坡时，银老二发现路边有一只五彩缤纷的太阳鸟正在用细长的嘴喙吸食杜鹃花蜜。正值春末夏初季节，杜鹃花开得如云如霞。好天气催生好心情，银老二兴致勃勃地追逐太阳鸟。太阳鸟是一种飞行技巧特别高超的鸟类，翅膀振动频率每分钟可达150多次，能像蜻蜓一样在空中随意停留。淘气的太阳鸟在低空飞飞停停，拐过树丛，越过土沟，银老二也跑出队伍跟着太阳鸟隐没在杜鹃花丛里。银老二脱离阿灿霞的视线还不到一分钟，杜鹃花丛里突然爆发出凄厉的号叫，阿灿霞一听就知道，银老二出事了！它蹿进茂密的杜鹃花丛，眼前的情景令它心惊肉跳：两只狼獾，正各叼住银老二的一条后腿，像在举行拔河比赛一样，狠命往两个方向拉扯。银老二虽然已经半岁多了，个头与成年狼獾不相上下，但毕竟是幼豹，面对两只穷凶极恶的狼獾，银老二毫无还手之力，只能发出凄惨的呼叫。阿灿霞以最快的速度扑跃上去，狠狠撕咬母狼獾背霜，随后赶来的泥雪滚也抓住公狼獾血瘤扭打起来。两只狼獾不得不放掉银老二，转身对付阿灿霞和泥雪滚。狼獾虽然厉害，但毕竟不是成年雪豹的对手，几个回合下来便处于下风，不得不且战且退，逃之夭夭。

咬走了狼獾夫妻，阿灿霞急忙奔到银老二身旁察看伤势，小家伙两条后腿上各有五六个齿洞，渗出滴滴血珠，右大腿与腹部交汇处已被撕裂，两三寸长的伤口鲜血淋漓。好险哪，假如它迟到半分钟，小家伙绝对会被两只狼獾活活撕成两半。银老二显然受到了强烈的惊吓，眼神惊悸恐惧，呦呦哀号着，拼命往阿灿霞怀里钻，身体抖得比寒风中的秋叶还厉害。阿灿霞将银老二拥在怀里，喉咙里发出咕噜咕噜的柔和声响，它用舌尖舔吻着小宝贝的额头和脊背，进行豹式抚慰。足足安抚了十多分钟后，小家伙仍然浑身抖个不停。唉，唯一值得庆幸的是，小家伙受的是皮肉伤，没伤着筋骨。

阿灿霞将银老二拥在怀里长达半个多小时，小家伙也无法完全恢复平静。它想让银老二走回巢穴，可是，小家伙虽然能勉强站立起来，却无法行走，一走动，大腿内侧那条被撕裂的伤口就滴滴答答漫出一长串血珠。且不说小家伙受了伤无力翻山越岭，即便能走回千年老杉树去，好几公里的路程也会让它血流殆尽的。

倘若它阿灿霞此时仍是个单独抚养幼豹的母豹，遭遇这场突然变故，它唯一的选择就是忍痛放弃，听天由命。银老二已经是七八个月龄的幼豹了，少说也有几十斤重，它不可能像对待刚出生的豹崽那样将银老二叼回家去；小家伙伤得不轻，瞧这伤势，绝非三五天就能痊愈的，它也不可能就这样待在这片杜鹃花丛里，日夜守候在银老二身边。它要外出觅食，还要抚养另两只幼豹，是不可能全身心地照顾受伤的银老二的；这里无遮无拦，银老二伤口散发出来的血腥味很容易招来饥肠辘辘的不速之客，即使侥幸没有食肉兽光临，日晒雨淋，风雨侵袭，银老二也难逃一劫。所以，尽管银老二所受的并非致命伤，但如果仅靠阿灿霞一只成年豹的力量，如此伤势也必死无疑。

幸亏有了泥雪滚这个后爸。

两只成年豹很快达成默契，阿灿霞带着白老大和花老三仍回那棵千年老杉树的扇形树洞居住，泥雪滚就留在日曲卡山脚那片杜鹃花丛边，陪伴受伤无法行走的银老二。这是一段特别艰难的日子，泥雪滚必须寸步不离地守着银老二，确保小家伙的安全。

阿灿霞既要照顾白老大和花老三，还要勤奋狩猎，每天往杜鹃花丛给泥雪滚和银老二送食物。一只带崽的母豹，要养活包括自己在内的大小五只雪豹，绝非易事，它累得筋疲力尽，也只能饥一顿饱一顿，勉强糊口而已。

第三天夜里，阿灿霞正在树洞里睡得迷迷糊糊，猛然间，洞外传来噼噼啪啪的声音。它起来一看，哦，下雨了。此时正值春夏交替的季节，也是雨水旺盛的季节。雨越下越大，不时传来隆隆雷声。阿灿霞心里开始担忧，银老二待在山脚的杜鹃花丛里，四周没有可遮风避雨的地方，加上它受了伤，身体本来就很虚弱，能经得住狂风骤雨的侵袭吗？它越想越焦急，舔了舔正在熟睡的白老大和花老三，嗖地蹿出树洞，冒雨摸黑朝山脚走去。道路泥泞，几乎是走三步滑一跤，大约走了两个多小时，才来到那片杜鹃花丛。

天黑得像团墨汁，什么也看不见。突然，闪电像条熠熠发亮的大白蛇，从厚厚的云层中钻出来，刹那间把大地照得透亮。阿灿霞清晰地看见，就在左前方十几步远的地方，泥雪滚默默站立着，把银老二护在自己的腹下。泥雪滚瘦削的身体，就像一把忠诚的伞，遮断了密集的雨帘。豆大的雨粒敲打着泥雪滚的脊背，溅起无数美丽的小水花。

闪电过后是天崩地裂般的一串炸雷。雷声似乎就在这片杜鹃花的上空，震得大地微微颤抖，震得杜鹃花枝摇叶落。但阿灿霞发现，泥雪滚并不结实的身体就像岩石一样屹立不动，仍像把伞一样罩在银老二身上。哦，即使是亲生父豹，也不过如此啊。

阿灿霞一阵感动，紧走几步靠到泥雪滚身边，伸出舌头在泥雪滚的脸颊上舔吻了一下，以示感激和嘉奖。泥雪滚被冷雨浇得有点儿感冒了，阿嚏阿嚏一连打了好几个喷嚏。它用额头抵住阿灿霞的耳根，用力把它往千年老杉树方向推搡，意思很明显，是在用肢体语言告诉阿灿霞：这里有我呢，你不用担心，我决不会让暴雨淋坏这只可怜的幼豹的，你赶快回杉树洞去吧，家里还有两只幼豹，这么可怕的雷雨，没有

成年豹陪伴，小家伙会吓坏的啊！

阿灿霞突然有这么一种感觉：同意让泥雪滚做三只幼豹的后爸，或许是它一生中最明智、最正确的选择。

此后，足足拖了半个月，银老二的伤口才逐渐愈合，重新回到千年老杉树的扇形树洞来。虽说小家伙并未落下什么残疾，但由于流血过多，明显消瘦了，原先圆滚滚胖嘟嘟的身体变得瘦骨如柴，看起来比花老三还瘦小半圈。泥雪滚也因为在旷野上日夜守护受伤的银老二，风餐露宿，而愈发显得苍老憔悴，病怏怏了很长时间。

让阿灿霞更为担忧的是，不知道这段恐怖的受伤经历，是否会在银老二幼小的心灵上留下无法抹去的阴影和难以治愈的病灶？是否会给银老二的心理发育和性格养成带来负面影响？

都是那对狼獾夫妻给害的，如此坏邻居、恶邻居、狗屎邻居、魔鬼邻居，当然应该坚决予以驱逐！

第十一章　驱赶坏邻居

阿灿霞下定决心要将那对狼獾夫妻从日曲卡雪山驱赶出去。

凭着猫科动物灵敏的嗅觉，阿灿霞很快就找到了狼獾夫妻的巢穴——就在小山沟尽头一片乱石滩背后的土洞里。

凭着雪豹天生善于隐秘潜行的本领，阿灿霞悄悄摸到离狼獾巢穴约两三百米远的灌木丛中，仔细观察。它发现，这对狼獾夫妻外出觅食时，每次都要不厌其烦地从乱石滩衔咬起拳头大的鹅卵石，将洞口封堵住；再看母狼獾背霜，腹部两排乳房饱满得像熟透的浆果。凭这两点就可以推断，母狼獾背霜不久前刚刚做了母亲。换句话说，土洞里有一窝还在吃奶的小狼獾。

仇人相见分外眼红，看见正在用鹅卵石封堵洞口的狼獾，泥雪滚冲动地跃跃欲扑，被阿灿霞坚决制止住了。狼獾是一种以不怕死著称的食肉猛兽，尤其是哺乳期的母狼獾，为了保卫巢穴和巢穴里的孩子，不惜战斗到流尽最后一滴血，凶悍顽强得让所有动物不寒而栗。虽说两只成年雪豹对付一对狼獾夫妻在力量上占了上风，但生死对决，雪豹绝不可能轻松取胜；就算能将这对狼獾夫妻咬翻，自己也难免会受伤挂彩，对雪豹这样靠捕猎活物为生的猛兽来说，任何伤痛都有可能引发灾难性的后果。因此，与狼獾面对面冲突绝对是下策，要想个既能有效驱逐敌人又能避免生死搏杀的办法。一句话，要靠智慧取胜，这才是上策。

狼獾夫妻忙碌了一阵，用鹅卵石封堵住土洞口，又在四周嗅嗅闻闻勘探了一遍，没发现有危险或异常，才沿着山沟弯弯曲曲的河道外出觅食了。等狼獾夫妻走远后，阿灿霞和泥雪滚从灌木丛钻出来，跑到土洞前。泥雪滚迫不及待地想用爪子刨开封堵住洞口的鹅卵石，阿灿霞又制止了它。土洞口非常狭窄，仅容得下一只狼獾进出；雪豹的身体比狼獾大得多，是不可能挤进土洞去的；再者，獾是自然界的掘洞高手，特别善于经营巢穴，可以肯定，土洞一定深不可测，豹爪再厉害也休想将土洞彻底挖开。既然如此，急急忙忙地将封堵洞口的鹅卵石刨开又有何用？反倒会惊动疑心极重的狼獾夫妻，或采取更严密的防范措施，或搬迁到更隐秘的土洞地穴，给驱逐工作带来更大的困难。与其莽撞乱来，倒不如耐心等待，静候机遇。

阿灿霞和泥雪滚重新回到灌木丛隐蔽潜伏。

日头偏西时，山沟外草叶摇晃，传来轻微的脚步声，哦，是狼獾夫妻回来了。阿灿霞趴在茂密的灌木丛里，透过枝叶观望。公狼獾血瘤和母狼獾背霜的肚皮都鼓鼓囊囊的，脸上一副心满意足的表情，不难猜测，这对狼獾夫妻今天运气不错，捕获了足量可口的食物。它们走到土洞前，母狼獾背霜颇为警惕地查验洞口，没有发现异常迹象，这才扒开封堵洞口的鹅卵石，钻进洞去。公狼獾血瘤则像个忠诚的哨兵，蹲在土洞口站岗。阿灿霞晓得，母狼獾背霜是进洞给小狼獾喂奶了，它躲藏在灌木丛里耐心等待，指望母狼獾背霜喂完奶后，会将幼崽叼出洞来晒太阳，这样，它和泥雪滚就有机会实施偷袭了。

此时此刻，夕阳像只硕大的金橘悬挂在树梢，把日曲卡雪山涂抹得金碧辉煌，山川河流被高原强烈的阳光照射了一整天，大地像一枚被阳光熏染腌渍过的葡萄，散发着醇香与温馨。山风凉爽，夕阳暖融，正是让在深深的地穴里蜷缩憋闷了一整天的小狼獾出来活动活动的好时候。

阿灿霞满怀信心地期待着。

约摸过了十多分钟，母狼獾背霜果然从土洞里钻出来，嘴里还叼着一只小狼獾，它来到土洞前一块铺满阳光的草地，将小狼獾摆放到柔软如地毯的青草上。公狼獾血瘤立即跑拢去，像卫兵一样站在小狼獾身边。母狼獾背霜再次钻进土洞，不一会儿又叼出一只小狼獾来，小心翼翼地摆放到草地上。这时，母狼獾背霜不再返回土洞了，而是侧躺在小狼獾身旁，专心看护。公狼獾血瘤则由卫兵变成巡逻兵，小跑着在四周察看动静。

哦，一共是一雌一雄两只小狼獾。看得出来，它们顶多半个月大，身上覆盖着一层细细的绒毛，眼睛也才刚刚睁开，柔弱得还无法站稳，只能瞪着好奇的小眼珠，在草地上蹒跚爬行。

阿灿霞向泥雪滚递了个眼色，泥雪滚蹑手蹑脚、悄无声息地绕到小河沟左侧，那是公狼獾血瘤巡逻路线的必经之地。当公狼獾血瘤鼻子贴着地面嗅嗅闻闻来到灌木丛边缘时，泥雪滚突然咆哮一声蹿跃出去，张牙舞爪地向公狼獾血瘤猛烈扑咬。阿灿霞仍静静地藏在灌木丛里，密切注视事态的发展。

它看见，当泥雪滚咆哮着蹿跃出来的一瞬间，母狼獾背霜倏地从地上弹跳起来，出于一种护犊的本能，立刻张嘴去叼一只小狼獾的颈皮，反应极其灵敏。阿灿霞心里流过一丝遗憾。它现在埋伏的地方离狼獾母子约两百米左右，而母狼獾背霜离土洞只有十多米远，它冲刺得再快再猛，也无法阻止母狼獾背霜将第一只小狼獾送进土洞；就算它运气特别好，能赶在母狼獾背霜返回来前成功咬杀第二只小狼獾（这种可能性并不大，纯粹是一厢情愿），也无法达到驱逐狼獾一家的目的，按照狼獾的生活习性，只要有一只小狼獾还健康地活着，这对狼獾夫妻就会继续留在这块土地上。

就在阿灿霞犹豫着要不要跳出灌木丛冲刺时，情况突然有了改变。母狼獾背霜只是做了个叼小狼獾颈皮的动作，却并未立即将小狼獾叼咬起来，而是乜斜眼睛观看公狼獾血瘤与泥雪滚的搏杀。泥雪滚虽然是只窝囊雪豹，但一对一与公狼獾厮打，倒也占了些上风，将公狼獾血瘤咬得连连后退。阿灿霞注意到，母狼獾背霜的姿势有了微妙的变化，收敛了欲叼小狼獾颈皮的动作，獾尾平举，身体后倾，改为跃跃欲扑的架势了，可它似乎又有所顾忌，扭头警惕地朝四周张望。不难猜测母狼獾背霜的矛盾心理：看清来犯者只是一只并不威风的公雪豹，出于天不怕地不怕的秉性，很想过去帮公狼獾血瘤一把，夫妻联手，绝对能很快把相貌猥琐的公雪豹打得落花流水、狼狈逃窜；可出于母性的谨慎心理，它又觉得先把两只小狼獾搬回洞穴去似乎更为妥当……何去何从，犹豫不决。阿灿霞看透了母狼獾背霜的心思，蹲伏在灌木丛里纹丝不动。一两秒钟后，母狼獾背霜看四周没有值得它警惕的异常动静，确信来犯者仅仅是一只衰老的公雪豹，便不再顾忌什么，号叫着冲了上去，从另一侧夹击泥雪滚。

就在母狼獾背霜跳离小狼獾的一瞬间，阿灿霞迅速而隐蔽地钻出灌木丛，悄无声息地朝小狼獾飞奔而去。

那壁厢，豹吼獾嚎，鏖战正酣。母狼獾背霜一介入，形势立刻发生逆转，狼獾夫妻明显占上风，泥雪滚只有招架之功毫无还手之力。噗，母狼獾背霜从泥雪滚屁股上咬下一口豹毛，带血的豹毛在夕阳下飞舞；呲，公狼獾血瘤在泥雪滚肩胛上撕了一爪，白色的豹皮犁出深深的血痕。泥雪滚且战且退，连连发出气急败坏的吼叫，那是故意制造嘈杂的声音，吸引狼獾夫妻的注意力，以掩护阿灿霞。

对雪豹而言，在劲敌面前夫妻联手，配合默契，才能克敌制胜。

阿灿霞快要扑蹿到那块铺满阳光的草地时，母狼獾背霜才发现身后的异常动静，急忙惊叫一声飞奔过来救援。但已经迟了，阿灿霞已抢先一步跳到两只小狼獾身旁，用门齿叼住雌小狼獾的一条后腿，在膝盖处不轻不重地咬了一口，咔嚓，传来粉碎性骨折的轻微声响，接着是另一条后腿的膝盖，也咬它个筋断骨裂。小狼獾发出撕心裂肺的哀叫。紧接着，阿灿霞又横扫一掌将那只雄小狼獾打翻在地，如法炮制，将它两条后腿的膝盖咬裂。阿灿霞噬咬的力度恰到好处，没有将小狼獾的后肢咬断下来，也没有皮开肉绽的创口，却造成了永久的残疾。

不过，最后时刻还是出了一点儿纰漏——在阿灿霞闷头处理雄小狼獾的第二条后腿时，母狼獾背霜已经扑到了它背上，锐利的牙齿朝它的肩胛狠狠咬下来。此时，它若竖直身子猛烈蹿跳，是可以将母狼獾背霜从自己背上甩下来，从而避免被咬伤的，但有一个前提，那就是要放弃对雄小狼獾的最后一咬。它毫不犹豫选择了继续噬咬雄小狼獾。当它听到雄小狼獾膝盖断裂的声响时，也感觉到背上一阵火辣辣的刺痛。完成了最后一咬，它这才竖起身子蹿跳，但已经迟了，肩胛处连毛带皮被母狼獾背霜咬去一块，空气中弥散开一股刺鼻的血腥味。

也许是血腥味刺激了母狼獾背霜的喋血冲动，也许是护犊的本能使得母狼獾背霜更加凶悍暴躁，它全身獾毛恣张，披头散发活像个疯子，不顾一切地朝阿灿霞冲来，瞧这架势，简直恨不得扭住阿灿霞咬它个你死我活。阿灿霞明智地撒腿就跑。泥雪滚见阿灿霞退却了，也虚咬一口，趁公狼獾血瘤避闪之际，跳出格斗圈，拔腿往山沟外逃窜。狼獾夫妻气势汹汹地在背后追撵。有雪域霸主之称的雪豹被狼獾追得屁滚尿流，这也太丢面子太有失身份了啊。但阿灿霞似乎并不在意丢不丢面子，对处于生存竞争中的野生动物来说，以最小的风险和代价来达到目的，这才是最最重要的。

逃就逃，逃个不亦乐乎，逃个心花怒放。

雪豹奔跑的速度显然比狼獾要快得多，很快，阿灿霞和泥雪滚就摆脱了狼獾夫妻的纠缠，逃回了千年老杉树。

其实，当泥雪滚将母狼獾背霜从两只小狼獾身边引开后，阿灿霞乘虚而入，是很容易将两只毫无防卫能力的小狼獾咬死的，咬死后还可以叼起来带走，也算是顿不错的晚餐。可它却舍易就难，花费相当长的时间将它们的后腿膝盖咬裂，还导致自己被赶回来救援的母狼獾背霜咬伤肩胛。阿灿霞是动了恻隐之心，不忍心杀死还在吃奶的小狼獾吗？非也。雪豹生来就是大自然的职业猎手，早就习惯了杀戮，与敌人生死搏杀，是绝不会手下留情的。它之所以留下两只小狼獾的性命，从根本上说是为了更有效地赶走这对讨厌的狼獾夫妻。从内心讲，它恨不得干净利落地将这窝狼獾来个满门抄斩，以绝后患，可它没有能力保证自己在毫发无损的前提下做到这一点。它只有选择将狼獾夫妻永久驱逐出日曲卡雪山的最佳行动方案。假如它咔嚓两口咬杀两只小狼獾，解恨是解恨了，干脆是干脆了，却也断了狼獾夫妻的后顾之忧，点燃了狼獾夫妻心中的复仇烈焰，它们不仅不会离开日曲卡雪山，还会幽灵似的在千年老杉树四周日夜徘徊，频繁袭击三只幼豹,以报弑子之仇。倘若这样,阿灿霞的家庭将永无宁日，后患无穷。阿灿霞咬断两只小狼獾的后腿，表面看起来似乎放了对方一条生路，其实不然，那是迫使狼獾夫妻迁居他乡的最高明的手段。从外表看,两只小狼獾伤口并没有流多少血，伤得似乎并不严重，实际上却已造成终身残疾，永远也站不起来了。受的并非致命伤，却比致命伤厉害多了，狼獾夫妻爱子心切，绝不会放弃残废的小狼獾，甚至还会幻想有朝一日小狼獾能重新站立起来呢，它们会将所有时间、精力和心血全部耗费在照顾残疾小狼獾上而无暇顾及其他。为了避免小狼獾受到进一步的伤害，它们还会丢弃小山沟里业已暴露的土洞，离开这块让它们伤心的土地。

实践证明，阿灿霞的做法完全正确。三天后的黄昏，阿灿霞狩猎归来途经小山沟时，远远望见那对狼獾夫妻各衔着一只小狼獾，正往山沟外的尕玛尔草原走去。狼獾夫妻面色凝重，步履缓滞，几步一回头，明显带着一种告别故土、弃巢远行的惆怅与凄凉。阿灿霞改变行走路线，避开那对正在搬迁途中的狼獾夫妻，让这家子狼獾不受任何干扰、顺顺当当地离开日曲卡雪山。

别了，狼獾夫妻；别了，作恶多端的坏邻居。

笼罩在三只幼豹头上的死亡阴影终于被成功驱散了。

第十二章　泥雪滚跃入泥潭

幼豹的成长历程不可能一帆风顺，而是处处充满了艰难险阻。

雪豹生活在高山雪域，虽然人迹杳然，避免了人类的侵扰和袭击，但自然环境十分恶劣，常会遭遇意想不到的灾难。幼豹白老大就差点儿成为大自然的牺牲品。

那是金秋的一个艳阳天，阿灿霞和泥雪滚领着三只幼豹到古纳河源头去捞食红鲑鱼。这是生活在日曲卡雪山的雪豹特有的一种觅食方式。尕玛尔草原尽头，就是古纳河的源头。那是一片宽阔的浅滩，融化的雪水潺潺流淌，河水清澈见底。

每年秋天，成千上万条生活在金沙江里的红鲑鱼受生命本能的驱使，千里迢迢游到古纳河上游来产卵。古纳河是金沙江的支流，每到这个季节，古纳河河水瓦蓝，水草碧绿，红艳艳的鲑鱼几乎铺满整个河道，煞是好看。成年红鲑鱼产下卵后，体能便消耗殆尽，走到了生命的尽头。很难考证日曲卡雪山的雪豹是怎么养成金秋季节跑到古纳河源头捞食红鲑鱼的习惯的。或许亘古时代某一只雪豹祖先，在一个秋天因为饥饿而四处游荡觅食，无意间来到古纳河源头，恰巧遇见成千上万红鲑鱼在宽阔的浅滩产卵，完成了繁衍的红鲑鱼奄奄一息，漂浮在水面上，把整个浅滩都染红了，随便用爪子一捞就能捞到还在张嘴呼吸的活红鲑鱼。雪豹祖先不费吹灰之力就饱啖了一顿鲜美的红鲑鱼大餐，如此省心省力省事的觅食方法，有利于物种的生存和发展，当然要教导子孙，奉为秘诀，代代相传。就这样，金秋季节到古纳河源头来捞食红鲑鱼便成了对幼豹的一项传统教育内容。阿灿霞是个有责任心的母豹，当然要让自己的宝贝学会这个重要的生存技巧。

到古纳河源头捞食红鲑鱼虽然省心省力省事，但路途遥远且充满危险。最大的危险是要经过一片方圆五六十里的沼泽地。夏季多雨，在雨水的浸泡下，秋天的沼泽地便成了死亡陷阱。一眼望去，辽阔的沼泽地上开满姹紫嫣红的野花，景色美不胜收，但若不小心走错了路，一个打滑，便有可能陷入深不可测的泥潭，遭受灭顶之灾。遥想当年的雪豹祖先，那些勇敢的开拓者，为了能获得可口的红鲑鱼，前仆后继，勇往直前，用生命作代价，在凶险的沼泽地里踏出了一条安全通道。前往古纳河源头捞食红鲑鱼，必须熟识隐藏在荒草和野花丛中的羊肠小路。

进入沼泽区，阿灿霞带路，泥雪滚殿后，将三只幼豹夹在中间，往古纳河源头进发。一路上，阿灿霞呦呦欧欧不断轻声吼叫，类似于人类的谆谆教导，那是现场向宝贝传授穿越沼泽的经验和诀窍。

——宝贝，眼睛要盯着自己的脚底下，千万要记住，在沼泽地穿行，注意力一定要集中，稍不留神就会一失足成千古恨！

——我的心肝，睁大眼睛瞧瞧清楚，那些紫红色碎花是滇北高原特有的狼毒花，狼毒花喜欢扎根在坚硬的土壤上，踩着狼毒花走，就可避开深不可测的稀泥潭，这是一个在沼泽地行走的诀窍！

——哦，这些五颜六色的美丽花名叫醉蝴蝶，名字虽然好听，模样虽然娇艳，却是危险的妖花，它们像浮萍一样盖在稀泥塘上，若不小心踩上去，就等于跨进了万劫不复的黑暗地狱！

——记住，这棵被闪电烧焦的枯树是个重要路标，到了这里要向左拐。哦，这是最最危险的一段路，狭窄得就像一根细细的羊肠，布满青苔和泥浆，请把你们的指爪从爪鞘里伸出来，像抓猎物一样紧紧抓住草根，千万别打滑啊！

——过了这一关就好了，再走一段路，沼泽就会被我们抛在身后，耸动你们的小鼻子仔细闻闻，空气中有一股甜甜的鱼腥味，胜利在望啦！

乐极生悲，动物界也经常发生诸如此类的事。

或许因为胜利在望，绷紧的心弦松弛了，或许因为最危险的地段已顺利通过，变得麻痹大意，或许出于幼豹活泼好动的天性，想轻松玩耍一下，走着走着，幼豹白老大突然扭头去扑咬身后的花老三。花老三踮起后肢来迎战，两个小家伙竟然在羊肠小路上扭打起来。

危险！别胡闹，你们还没走出沼泽呢！阿灿霞急忙吼叫制止。

但已经迟了，白老大抱着花老三在地上打滚，滚离了羊肠小路，像坐滑梯一样滑进了左侧的烂泥潭。

呦呦，妈妈快救我！白老大急切地呼叫起来。

呦呦，我不行了，我要沉下去了！花老三一面在烂泥间挣扎一面呼救。

沼泽地的泥潭有个特点：不幸陷进去后，不会像掉到水里那样迅速被淹没，而是缓慢地往下沉，稀泥浆没有浮力，越挣扎沉得越快。花老三挣扎得凶，所以沉陷得比白老大快，一眨眼的工夫，离羊肠小路已有约一米远，泥浆淹到脖颈，只露出一个毛茸茸的脑袋。阿灿霞立即掉转身体，趴在路上，屁股对着两只幼豹滚落的烂泥潭，嗖地抡出那根漂亮的豹尾。谢天谢地，豹尾的长度刚好能够着花老三，阿灿霞将自己的尾尖塞进花老三的嘴里。花老三仿佛捞到了救命稻草，死死咬住阿灿霞的尾尖再也不松口，阿灿霞像拔萝卜似的用力一拔，将花老三从烂泥潭里拔了出来。

这时候，泥雪滚也从队伍末尾赶了上来，也想抡出长长的豹尾去救白老大。可是，狭窄的路上空间十分有限，阿灿霞已占据最佳位置，泥雪滚努力了两次，也未能将尾尖塞进白老大嗷嗷呼救的嘴里。等到阿灿霞成功地将花老三从烂泥潭里解救出来，把最佳位置让给泥雪滚时，已错过了援救的最佳时机，泥雪滚抡出去的尾尖已够不着白老大了。

白老大拼命划动四肢，渐滑渐远，很快，它的整个身体都已陷进泥潭，只露出半张惊恐万状的脸，朝阿灿霞发出乞求救命的叫声。在三只幼豹中，阿灿霞最喜欢白老大，白老大聪明伶俐、活泼健康，长相酷似已故的雄豹日食生。此时此刻，自己最宠爱的心肝宝贝命悬一线，阿灿霞心如刀割，像热锅上的蚂蚁急得团团转。它晓得，白老大一只脚已跨进阴曹地府，假如不立即设法营救，最多半分钟后就会被沼泽吞噬，消失得无影无踪。

作为亲生母豹，它很想跳进泥潭，用脑袋顶着白老大的屁股，将小家伙从死神手里夺回来。这是目前情形下能拯救小宝贝的唯一办法了。可这个念头在它脑海里稍纵即逝，它不敢冒这个险。它绝非因为怕死而不敢跳进烂泥潭去，假如它的死一定能换来小宝贝的生，它宁愿自己死一千回。问题是，如果它被沼泽吞没了，三只幼豹失去它的庇护，不是活活饿死，就是被其他食肉兽吃掉，没有活下去的可能。在这块神秘莫测的沼泽地里，曾经发生过母亡子殉的连环惨案。

那是两年前的事了，一只名叫青果果的母豹带着四只八月龄的幼豹前往古纳河源头捞食红鲑鱼。途经沼泽地时，有一只幼豹失足掉进泥潭，青果果是一只性情中豹，母爱特别浓烈，不假思索便跳进泥潭去救援，它也确实把那只闯祸的幼豹从泥潭中托举上岸了，但自己却陷入无底深渊，被凶恶的沼泽吞噬了。可怜的青果果，在泥浆漫到眼睛时，一双铜铃大眼仍睁得溜圆，死死盯着四只幼豹，舍不得告别心肝宝贝。四只可怜的幼豹在青果果沉没的地方千呼万唤，嗓子都叫哑了，也未能将娘亲从泥潭深处叫出来。它们饿了，便战战兢兢地去找食，可由于不具备觅食能力，加上这里地形复杂，处处是陷阱，忙活了两天，却连一只老鼠也没捉到。第四天黄昏，或许是饿得头昏眼花脑子里产生了幻觉，或许是寒夜里思念妈妈温暖的怀抱，四只幼豹排好队一只接一只地跳入了青果果殉难的那个烂泥潭……前车之覆，后车之鉴，阿灿霞不得不放弃跳下烂泥潭救援的念头。

可是，作为母亲，它又怎能眼睁睁地看着自己的心肝宝贝渐渐沉没而无动于衷呢？它欲哭无泪，肝肠寸断，差不多快被逼疯了。

泥浆无情地漫过白老大的下巴，黑色的泥水一点点侵入白老大的嘴唇和鼻翼，白老大凫水似的拼命划动四肢，但泥潭深处仿佛藏着一个黑色妖魔，将白老大往下拽拉。

一层泥浆灌入白老大的嘴巴，小家伙闭紧嘴唇，竭力将头抬高，改用鼻子呼吸，但这种努力肯定是徒劳的，它的身体又往下沉了一点儿，可恶的泥浆开始往小家伙的鼻翼里灌，小家伙的生命进入了倒计时。

呦欧——阿灿霞发出呼天抢地的哀嚎。

欧欧——泥雪滚也发出悲怆的吼叫。

阿灿霞猛然惊醒，这才意识到身边还有泥雪滚。刚才它所有的注意力都集中在白老大身上，竟然忘了泥雪滚的存在。它的视线在泥雪滚和白老大之间飞快地跳了两个来回，突然萌生了一个念头：让泥雪滚跳下烂泥潭救白老大！这个念头随即变成一份坚定的决心。它没有时间去仔细考虑这样做是否合适，它只受一个强烈的意念支配：不惜一切代价救出白老大！当然，有个前提，那就是不能牺牲银老二和花老三。从这一点考虑，让泥雪滚跳下去是拯救白老大唯一可行的办法了。

它朝泥雪滚短促地轻吼一声，那是恳求对方跳下去救白老大。

泥雪滚像突然遭到雷击似的浑身颤抖，缩紧脑袋，耷落尾巴，退后一步，像条丧家犬似的连连哀嚎。

——我可不想去送死，我可不想葬身泥潭！

动物都有求生的本能，好死不如赖活，泥雪滚当然也爱惜自己的生命。

——你志愿来做三只幼豹的父亲，继父也是父亲，后爸也是爸爸，既然你是父豹，小家伙遭遇危难陷入绝境，你就不能袖手旁观，你有义务和责任出手相救！

阿灿霞不断催促吼叫。

——我是愿意帮你共同抚养三只幼豹，但只是帮忙而已，我还没伟大到要牺牲自己的程度，我还不具备舍己救人的好品质。我死了，什么也得不到，我好像还没傻到这个分上吧！

泥雪滚不肯轻易就范。

——谁说你一定会死？这或许是一个不太深的泥潭，能淹没幼豹，却淹没不了你，你把白老大托举上岸后，自己也能顺顺当当跳离险境的。

阿灿霞这么说，倒并非完全是在诓骗泥雪滚。沼泽地的泥潭深深浅浅，并非每一个泥潭都是深不可测的死亡深渊。确实存在两种可能：或者是个深不见底的泥潭，无论幼豹还是成年雪豹，掉进去都是必死无疑；或者是个不足两米深的浅型泥潭，足以淹没幼豹，对成年雪豹却构不成致命威胁。当然，深泥潭的概率要比浅泥潭的概率高得多。

泥雪滚仍畏缩不前。

时间比金子还宝贵，泥浆已灌进白老大的鼻孔，小家伙似乎已经绝望了，停止了挣动，至多还有几秒钟，就会被沼泽吞噬掉。

突然间，阿灿霞咬牙切齿地冲着泥雪滚咆哮起来：你是个孬种、胆小鬼、窝囊废，见死不救，你算什么后爸呀，枉披了一张豹皮！我现在正式宣布，我们的契约提前终止了，你不配做三只幼豹的父亲，你滚，现在就滚，立刻就滚，滚得越远越好！你是个缺乏责任心的无赖！

也许是辱骂激起了雄性的自尊，也许是经过一段时间的共同生活对幼豹确实产生了父爱，只见泥雪滚英雄就义般的长吼一声，倏地往前蹿跃，哗啦跳进烂泥潭。沼泽上绽开一朵硕大的泥花，犹如一朵墨菊。

这时，泥浆已漫过白老大的嘴唇、鼻孔和额头，水面只露出两只豹耳，小小的豹耳微微颤动，那是生命最后的征兆。

泥雪滚在泥浆里奋力划动四肢，来到白老大身后，脑袋钻进泥浆，用嘴吻抵住小家伙的屁股，刹那间将白老大托出泥潭。阿灿霞早有准备，一口叼住小家伙的颈皮，将白老大拉上岸来。

可怜的白老大，浑身粘满稀泥，活像只泥豹。不幸中的万幸，它还有一口气，四肢还在动弹。阿灿霞用舌头不断为白老大清洗脸上的泥浆，小家伙噗噗从鼻孔和嘴巴里喷出一大摊黑色泥浆，哆哆嗦嗦地站了起来。

总算捡回了一条小命，阿灿霞长长地舒了口气。

“欧——欧——”烂泥潭里传来凄凉的豹吼。阿灿霞回头一看，哦，是泥雪滚在呼叫。不好意思，它差点儿把泥雪滚给忘了。泥浆已漫到泥雪滚的脊梁，泥雪滚拼命想爬上岸来，搅得泥浆四溅，但越挣扎身体被黏稠的泥浆氽得离岸越远，并一点儿一点儿地往下沉落。看来，眼前这个泥潭不是那种不足两米深的浅型泥潭，而是那种无论幼豹还是成年雪豹一旦掉进去都会遭到灭顶之灾的、深不可测的死亡深渊。

泥雪滚大呼小叫，除了恐惧，当然更希望得到援助。阿灿霞转过身来，朝泥雪滚抡出自己的尾巴。这是雪豹唯一能使用的救援工具了。虽说将一只成年豹从泥浆里拔出来，免不了会弄伤这根漂亮的豹尾，但阿灿霞也在所不惜了，不管怎么说泥雪滚是为了救白老大而跳入泥潭的，它作出点儿牺

牲也是应该的啊。遗憾的是，尾尖离泥雪滚的嘴巴还差一大截呢。唯一的工具失效，阿灿霞也无能为力了。

泥浆淹没了泥雪滚的脖子，水面上只露出一只斑斓的豹头，泥雪滚惊骇的双眼直勾勾地盯着岸上的阿灿霞，嘴里发出含混着埋怨、后悔、乞求、愤懑等多重含义的号叫。阿灿霞明白泥雪滚是想要它跳下去相救。从道义上讲，泥雪滚不顾自己的安危跳下泥潭救了它阿灿霞的心肝宝贝，现在泥雪滚身陷绝境，知恩图报也罢，等价交换也罢，它似乎都应该出手相救。可阿灿霞却定定地站在岸上，只是用一双忧伤的眼睛深情地注视着正在痛苦挣扎的泥雪滚，对它进行精神支援和心灵抚慰。

现在基本可以断定，眼前是个深不可测的死亡泥潭，它即使跳下去也救不了泥雪滚，无非是陪葬而已。退一万步讲，就算它跳下去能把泥雪滚救出来，它也不会去冒这个险。它是只带崽的母豹，必须确保自己活着；只有它活着，三只幼豹才能生存下去。在它心里的天平中，三只幼豹的分量毫无疑问比泥雪滚重得多。

哦，请原谅，我没法救你。阿灿霞发出温柔的哀叫。

泥雪滚还在继续往下沉，黑色的泥浆漫过豹嘴，泥雪滚一张嘴就灌入一大口泥浆，它不得不停止吼叫，呼吸也已变得十分困难，眼看生命已到了最后时刻。很快，泥浆漫过了泥雪滚的鼻翼，水面上只露出一双惊恐的豹眼，还铜铃般瞪得溜圆。哦，泥雪滚留恋生命，死不瞑目，舍不得告别这个世界啊。

阿灿霞明白，再有几秒钟，至多还有半分钟，泥浆就会没过泥雪滚的头顶。它肃立岸上，默默注视着即将被沼泽吞噬的泥雪滚，眼光深情而哀伤。说心里话，望着在泥潭里痛苦挣扎的泥雪滚，它虽然没有锥心刺骨般的悲恸，却也感到若有所失的惆怅。不管怎么说，泥雪滚与它和三只幼豹共同生活了半年多，帮它支撑起这个雪豹家庭，没有功劳也有苦劳，没有苦劳也有疲劳，不不，公平地说，泥雪滚对这个家庭是有功劳的，要是没有泥雪滚，银老二即使不被狼獾夫妻肢解，也一定因负伤而暴毙荒野了，要是没有泥雪滚，现在被沼泽吞噬的就是白老大了……说句良心话，泥雪滚是只称职的继父豹。可惜，就要命丧泥潭了。

三只幼豹也意识到即将失去泥雪滚，在岸边一字排开，朝半年多来尽心尽力照顾它们、疼爱它们的泥雪滚发出凄凉的号叫，也算是一种哀悼吧。

泥浆漫到泥雪滚的眼眶下沿，泥雪滚的眼睛还睁着，它一定看到三只幼豹悲痛的表情了，对做了半年多后爸的泥雪滚来说，这或许也是一份温暖和慰藉，阿灿霞想。

终于，大限之时到了，泥浆漫过了泥雪滚的眼睛，又淹没了它的耳廓和头顶，泥雪滚从水面上消失了，泥潭深处缓慢地升上来一串气泡……

一切都渐渐归于平静。

突然，令阿灿霞惊诧万分的事发生了。渐渐平静的泥潭里骤然间暗波涌动，泥浪翻滚，像爆开一朵硕大的泥花，泥潭里蹿出一个巨大的泥块，跃出水面，訇然落在岸边。那泥块瑟瑟抖动，泥浆四溅，赫然露出雪豹的身形。哦，是泥雪滚从泥潭里跳出来了！

原来，这是一个约两米深的泥潭，泥雪滚沉落下去几十厘米，后肢便触到了坚硬的地面，出于一种求生的本能，它屈蹲后肢竭尽全力往上蹿跳，雪豹与生俱来的高超蹿跳能力帮了它的大忙，它跳出了泥潭，跳出了险境。

劫后余生，泥雪滚像坨稀泥一样软绵绵地瘫倒在羊肠小路上，阿灿霞和三只幼豹围着泥雪滚，热情地为它清除身上的污泥。

化险为夷，雪豹一家子沉浸在团圆的喜悦中。

太阳落山时，它们平安到达古纳河源头，捞食了一大堆鲜活的红鲑鱼，美美地享用了一顿鲑鱼大餐。

第十三章　中了人类的奸计

秋天，很多哺乳类动物都喜欢跑到臭水塘饮盐碱水，这是补充体内盐分的最佳季节。对食肉猛兽来说，也是捕捉猎物的好机会。

阿灿霞昨天狩猎不太顺利，辛苦了一天仍一无所获。今天一大早，它就跟泥雪滚一起，带着三只幼豹前往臭水塘觅食。运气不错，还没走到臭水塘就闻到一股羊膻味。阿灿霞将三只幼豹安顿在一棵两围粗的香樟树下，便与泥雪滚一起从左右两侧向气味源包抄过去。按照猫科动物的狩猎习惯，阿灿霞和泥雪滚蹑手蹑脚、小心翼翼地一步步向目标逼近。

渐渐地，透过衰草和灌木，阿灿霞隐约看见前面小树丛里有一只小羊的身影。奇怪的是，这只出生最多一个月的羊羔却没有母羊陪伴，孤零零地待在荒野。阿灿霞比泥雪滚先到猎物身边。出于猎手的谨慎，它用眼睛和鼻子四面观察，没发现任何可疑的迹象和值得警觉的陌生气味。晶莹剔透的露珠静静躺卧在碧绿的叶子上，没有任何人脚兽足践踏过的痕迹。它轻轻走拢去，走到离羊羔只有两三米远的地方，羊眼和豹眼四目相对，阿灿霞试探性地朝羊羔轻吼一声，羊羔立刻浑身觳觫，泪眼汪汪。羊落豹口，这是正常反应，但让它颇感意外的是，羊羔只是发出凄厉的哀咩，却并没有逃跑。再细看羊羔站立的位置，四面都是碗口粗的木桩，把羊羔团团围住了。其实，这是一只很大的木笼子，羊羔就蜷缩在笼子底端。虽然阿灿霞是只聪慧的雪豹,但脑子里也没有“笼子”的概念，父豹母豹也从没给它传授过这方面的经验，因此对人类制造的“笼子”一无所知。它只觉得分外惊喜，哈，不费吹灰之力就可以白捡一只鲜活的羊羔，太棒了！木桩排得很密，羊羔钻不出来，成年雪豹当然更钻不进去。阿灿霞用力扳动木桩,想弄开一个口子好把羊羔取出来,可木桩很结实,根本扳不动。它绕着笼子找寻可以取到羊羔的进口。这也不费什么工夫，转了半个圈，便发现有一端无遮无拦，露出一个足够成年雪豹自由出入的大口子。这时，羊羔惊恐万状地想窜逃，可羊腿似乎被什么东西绊住了，无法活动，只是在原地拼命蹦跶。待宰的羔羊那无助、绝望、凄凉的眼神，最容易引发食肉兽的杀戮欲望；阿灿霞已经一整天没吃到东西了，肚子正饿得咕咕叫，三只幼豹也饥肠辘辘，眼巴巴地等着它去喂食，它根本没想到会有什么潜在的危险，兴奋得豹眼放光，嗖地从敞开的口子蹿了进去。它当然不知道，这敞开的口子其实是笼子的门。阿灿霞一个箭步就蹿到木笼底端，狭小的木笼里羊羔无处躲闪，阿灿霞极方便地攫抓住羊羔的脊背，张开血盆大口咬住羊羔的脖子，就想将已经到手的猎物拖拽出木笼去。就在这时，忽听得身后哐啷一声响，寂静的山野中，这声音特别刺耳，阿灿霞急忙扭头去看，一扇用碗口粗的木桩做成的木门，从上面訇然落下，封住了出口。木门砸地，爆起一团蘑菇状尘埃。

泥雪滚跟在阿灿霞身后，半个脑袋刚刚伸进木笼，算它幸运，算它命大，算它机灵，在沉重的木门砸下来的一瞬间，及时将脑袋缩了回去。

一扇木门，像一道生死界线，将它们隔在两个世界。

阿灿霞这才明白自己中了人类的奸计。在这个地球上，只有诡计多端的人类才想得出如此巧妙毒辣的捕捉方法。那只看起来可怜巴巴的羊羔，原来是人类设置的诱饵，只要拽动羊羔，便会触动机关，沉重的木门随即砸落。可惜现在醒悟，为时晚矣。

阿灿霞扑到木门上，撕扯啃咬，泥雪滚也在木门的外侧扑抓撞击。遗憾的是，木门十分结实，撼山易，撼木门难。两只成年雪豹折腾了半天，爪也磨破了，牙也咬出了血，都无法将木门打开，一个在笼内一个在笼外，陀螺似的转了无数圈，也没有找到其他可以钻出木笼的办法。

笼中兽，插翅难逃。

日头偏西，斜阳将地上的树影渐渐拉长。阿灿霞气喘吁吁，筋疲力尽，瘫倒在木笼里。突然，它想到了待在香樟树下的三只幼豹，急切地朝泥雪滚叫了几声，泥雪滚立即向香樟树方向跑去。

山野静悄悄的，不时传来几声清脆的鸟鸣。突然，木笼里响起轻微而又细弱的叫声。阿灿霞扭头望去，哦，那只羊羔虽然被咬伤了脖子，却还没死，蜷缩在角落里呻吟。阿灿霞气不打一处来，都是这只羊羔害得它身陷囹圄，千刀万剐也难解它的心头之恨。在它看来，这只羊羔做人类的诱饵，就是人类的帮凶、爪牙，与人类同样可恶。这当然很不公平，羊羔也是受害者啊，可阿灿霞是雪豹，雪豹是食肉兽，食肉兽都是蛮不讲理的，它才不管羊羔是不是受害者呢，它就是要把满腔愤怒发泄到羊羔身上。它扑过去咬开羊羔的颈脉，啃食鲜嫩的羊肉，就是死也要做个饱死鬼。

当然，阿灿霞最恨的是两足行走的人类，如果有可能，它很乐意像对付羊羔一样来对付人类。可惜，它做不到这一点。在人类面前，任何野生动物都是弱者。面对在地球称王称霸的人类，野生动物唯一的应对策略就是惹不起躲得起。可悲的是，很多时候想躲也躲不掉啊。

阿灿霞把半只羊羔吞进肚去时，泥雪滚已将三只幼豹从香樟树下带了过来。隔着木笼，母子相见，犹如探监，令豹唏嘘。三只幼豹当然希望将妈妈从木笼里拯救出来，它们用稚嫩的爪和牙，发疯般的撕抓啃咬木笼，结果当然也是徒劳无功。阿灿霞在木笼里将剩下的半只羊羔咬碎了，从木桩间的缝隙塞出来，喂给三只幼豹。作为母豹，这或许是它最后一次与心肝宝贝共进晚餐了。它心如刀绞，却又无可奈何。大小五只雪豹把整只羊羔吞食干净，天渐渐黑了，因为不甘心就这样束手就擒，它们又拼命撕抓木桩，企图把阿灿霞从木笼里解救出来，结果当然是白费了力气。

这是一个无眠的长夜，笼里笼外一片悲愤，三只幼豹在寒风中瑟瑟发抖，隔着笼子朝阿灿霞发出揪心的哀嚎，阿灿霞从两根木桩间的缝隙里伸出一只前爪，触摸三只幼豹的额头，表达对心肝宝贝的眷恋与挚爱。

宝石蓝的夜空中，明月高照。月亮慢慢落下，启明星升起来了。天边泛起一抹水红，太阳像只燃烧的大火球，轻轻

跳跃着，从风雪垭口那道弯弯的弧线背后升起来了。

凄凉的长夜终于过去，生离死别的白天来临了。

火红的太阳刚刚爬上日曲卡山峰，远处便依稀传来狗的吠叫声。狗吠声越来越近，还夹杂着人的说话声。这一带荒无人烟，只有贪婪的狩猎者才会光顾此地。从狗吠声的方位判断,这伙猎人和猎狗正沿着小路往木笼方向走来。毫无疑问，他们是来查看这个设置了诱饵并安装了机关的木笼是否捕捉到了猎物。

危险正一步步逼近。

泥雪滚全身豹毛恣张，藏在树丛后面，龇牙咧嘴做出扑咬状；三只幼豹也依样画葫芦在木笼旁埋伏起来，摆出与猎人猎狗誓死抗争到底的架势。

“轰隆，呜呼——轰隆，呜呼——”阿灿霞拼命用脑壳撞击木笼，喉咙深处发出严厉而急切的低吼。

——你们发神经了呀，跟猎人猎狗斗，那是蚍蜉撼大树、鸡蛋碰石头，别说幼豹还小，即使是四只成年雪豹，也绝非一伙猎人的对手！猎人手里有会喷火会闪电的猎枪，有比任何兽牙都锋利的弩箭和长刀，还有忠心耿耿的猎狗，别说区区几只雪豹了，就是庞大的狼群，一旦与猎人发生冲突，也绝对是飞蛾扑火、自取灭亡！

——欧呜，我不准你们白白送死，快离开这里！

泥雪滚回头望望笼子里的阿灿霞，狠狠甩了一下尾巴，固执地摆出扑击姿势，那是用形体语言告诉阿灿霞：我决不会抛下你不管的，我们是一家子，要死就死在一起！

欧！欧！你浑蛋，你愚蠢透顶，你是个超级白痴！阿灿霞压低声音吼叫。要不是害怕被渐渐逼近的猎人和猎狗听见，它真想扯开嗓子朝泥雪滚大声咆哮。你想找死我没意见，可你要我的三个心肝宝贝陪你一起死，在我眼里，你就是猎人的帮凶，我做了鬼也不会放过你！

泥雪滚硬得像棍子似的豹尾软绵绵地耷落下来，它无奈地抖了抖脑壳，放弃了袭击猎人的可笑企图，将三只幼豹招拢到身边，想带它们离开木笼。

诀别的时刻到了，但三只幼豹出于对阿灿霞的依恋，黏在木笼边迟迟不愿离去。狗吠声越来越近了，隔着臭水塘，树枝摇曳，人影晃动。去，快走！阿灿霞心急如焚，朝三个小家伙脸上呼呼喷气，一个劲催促它们快走。小家伙对迫在眉睫的危险半懂不懂，仍舍不得离开。花老三是只雌豹，出生时间最晚，最依恋阿灿霞，不但舍不得离去，还将小脸挤在两根木桩间试图强行钻进木笼来。唉，不懂事的小笨蛋，钻进木笼就等于钻进牢笼啊。突然，臭水塘对岸的几条猎狗狺狺狂吠起来，紧接着又传来扑通扑通水花四溅和哗啦哗啦踩水的声响。虽然有树木遮挡看不清人与狗的确切动静，但从声音可以判断，猎狗一定是闻到了可疑气味或听到了可疑声音，神经变得高度兴奋，一条接一条跳进臭水塘，泅水往木笼这儿来呢。

已到了火烧眉毛的时刻，不懂事的花老三还黏在木笼边不肯离去，可恼可恶可怜可恨！阿灿霞伸出豹爪，朝夹在两根木桩间的花老三重重掴了一掌。当然，它早已将尖利的指爪缩回爪鞘里，用柔软的爪掌朝小家伙击打，尽管如此，小家伙也被打得往后仰倒，发出委屈的呜咽声。这一招果然起到杀一儆百的作用，白老大和银老二害怕地朝后退缩，退到泥雪滚身边。阿灿霞横眉立目龇牙咧嘴满面怒容做出一副凶神恶煞状，喉咙深处发出一串刻毒的诅咒：三个讨厌的小家伙听好了，谁再敢靠近木笼，我就把谁的脸抓得皮开肉绽，让它变成个破相的丑八怪！滚，快给我滚开，滚得越远越好！它的吓唬起了作用，三只幼豹委屈地呦呦哀嚎着，跟着泥雪滚连滚带爬地钻进茂密的树林。

望着三个心肝宝贝渐渐远去的身影，阿灿霞长长地松了口气。现在，它没了后顾之忧，可以专心对付猎人和猎狗了。

狗吠声愈发响亮，猎狗似乎已近在咫尺了。自己即将成为猎人和猎狗的囊中之物，已是不可改变的事实。阿灿霞紧张思考着，该用哪种态度来面对这些可恶的猎人和猎狗？它不是乖巧听话的猫，它不能听凭命运摆布，它不能安安静静、不吵不闹地迎接猎人和猎狗的到来。它想，它应该在木笼里暴跳如雷，大声咆哮，充分展示雪域霸主的强者风采，让猎人胆寒心惊，让猎狗闻风丧胆。这样做当然很爽，能尽情发泄郁积在心里的怒火，淋漓尽致地表达猛兽不妥协、不合作、不投降、宁死不屈的秉性，用野性高歌一曲生命的礼赞。但问题是，它是笼中兽，扑咬再凶猛，吼叫再响亮，也无法伤及猎人和猎狗的一根毫毛，除了得到一点儿的所谓猛兽尊严，于事无补，根本改变不了被囚禁、做俘虏、任宰割的悲惨结局，反而会引起猎人的高度警觉，增强防范和戒备，使它逃跑的可能性大幅缩小。这种得不偿失的事，它当然不应该做。

它无论采用何种态度来面对即将出现的猎人和猎狗，最终的目的只有一个，那就是伺机逃跑。

它是母亲，它太想回到三只幼豹身边去了。

也许，它可以想个办法来迷惑猎人和猎狗，创造逃出木笼的机会。哦，有了，它何不用装死的办法来迷惑猎人和猎狗呢？

它曾经用装死的办法擒获过一只雪狐。那是七八个月前的事，那时泥雪滚还未成为幼豹的后爸，它独自带着三只还在吃奶的豹崽，日子过得十分艰难，吃了上顿愁下顿。那次它两天没抓到猎物，肚皮饿得贴到脊梁骨，恨不得咬下自己的尾巴来充饥。在山野转了半天，还是一无所获，正发愁呢，突然看见一只雪狐顺着雪坡蹦蹦跳跳地跑过来。雪狐肉有股难闻的臊臭味，远不如羚羊肉好吃，假如眼前有羚羊可捉，它是不会去打雪狐的主意的。但此刻，它的肚子实在饿极了，饥不择食，雪狐肉也就成了珍馐佳肴。但捕捉雪狐谈何容易，雪狐奔跑速度不亚于雪豹，耐力却比雪豹强得多，善于长途疾奔；而雪豹爆发力强，善于短跑而不善于长跑，如果正常追捕的话，雪豹十有八九会无功而返。更让雪豹郁闷的是，雪狐是一种高智商动物，灵巧善谋、机警聪明，熟悉附近的地缝洞穴，可能它吭哧吭哧追半天，眼瞅着快要抓住了，狐狸却突然一甩尾巴，哧溜钻进一个深不可测的地洞，雪豹的希望就顿时化为泡影。

也说不清是什么给了阿灿霞灵感，它突然就想到用诈死的办法来对付慢慢朝这儿走来的雪狐。趁雪狐还没发现它，它赶紧在雪地上打了个滚，然后仰躺在地上，四条豹腿僵直地伸向天空。天空阴沉沉的，雪花凄迷飘落。不一会儿，雪狐来到阿灿霞身边。

这是一只年轻的雌狐，肚子瘪瘪的正处于饥饿状态，当然对白捡的美餐垂涎三尺。但雪狐毕竟是雪狐，天性多疑，它在离阿灿霞三四米远的地方停了下来，瞪起一双写满问号的媚眼，仔细打量这具雪豹“僵尸”。阿灿霞凝神屏息，一动不动，完全像具已经死透的尸体。过了几分钟，雪狐突然惊嚎一声，拔腿仓皇逃窜。雪狐慌乱的表情和惊讶的叫声表明，它已经发现阿灿霞诈死了。阿灿霞顿时对自己的表演很是失望，不就是演一具尸体嘛，没想到自己演技这么差，这么快就让雪狐给识破了。既然计谋流产，再继续演下去也是白搭，阿灿霞准备“醒”过来算了。可它转念一想，自己并没露出什么破绽，雪狐再聪明也不是神仙，怎么可能一下就识破它的计谋呢？这会不会是雪狐的试探策略呢？它决定沉住气等一等再说。山野寂静，空谷鸟鸣，雪狐似乎已逃得无影无踪。过了十多分钟，阿灿霞灵敏的耳朵捕捉到沙沙沙的轻微的脚步声，哈，是雪狐踅回来了，它判断得没错，雪狐惊叫逃窜是一种试探策略。它增强了捕捉雪狐的信心。

雪狐回到离阿灿霞三四米远的地方，仍用狐疑的眼光打量看起来已变成僵尸的雪豹，以阿灿霞为圆心，慢吞吞地绕着圈子。雪花纷飞，很快，阿灿霞身上盖起厚厚一层积雪，从外面看起来就像一座雪坟。长时间一动不动摆出一种姿势，它累极了，四肢僵硬，浑身冰凉，实在快受不了了。可狡猾的雪狐还是没打消顾虑和疑心，还在观察和等待。真是的，“醒”过来算了，不跟这只可恶的雪狐玩了，阿灿霞想。可是，只要它一动弹，就意味着前功尽弃，雪狐就会一溜烟逃得无影无踪。不仅一顿美餐泡汤了，对它的自信心也是沉重的打击。它不能半途而废，它必须咬牙坚持，接受命运的考验。

这真是一场耐心和意志的较量，阿灿霞记不清自己装尸体究竟装了多长时间，好像长得没有尽头。天渐渐擦黑了，阿灿霞的身体都快冻僵了，意识也处于半模糊半清醒状态，假如再这样下去，很有可能弄假成真，变成一只任雪狐宰割的冰冻豹。这只杀千刀的雪狐，既不离去又不挨近，好像知道它在诈死，等着看它的笑话呢。它的耐心已到达极限，它不得不“醒”过来了，可悲就可悲，总比活活冻死要好啊。就在它想翻身爬起来时，突然，那只雪狐小心翼翼地朝它走了过来。好啊，经过长时间反复考证，雪狐终于相信它阿灿霞是一堆没有危险的可餐之肉了。它一阵兴奋，麻木的身体也奇迹般恢复了知觉。雪狐朝它的大腿咬来，它眯起眼睛瞅个正着，骤然翻身跃起，将雪狐搂在怀里……

成功的经验值得重复，诈死的伎俩理应再试。想到这里，阿灿霞迅速在木笼里侧躺下来，木然不动，为了增强效果，它张嘴龇牙，做出一副临死前的狰狞恐怖状。

阿灿霞刚摆好诈死姿态，两白两黑四条猎狗已经赶到，扑在木笼上，气势汹汹地狂叫乱吠。阿灿霞才不在乎这些猎狗的恫吓呢，继续它的“装死”表演。你们尽管吠叫，我只当是免费听一场狗的大合唱，即使你们叫哑了嗓子，我也不会动弹的。

过了一阵，四个荷枪实弹的猎人也气喘吁吁地赶到了。

一个戴毡帽的猎人朝木笼瞅了一眼，兴奋地大声叫了起来："快来看哪，多漂亮的雪豹，我们要发财啦！"一个缠黑头帕的猎人扒在木笼上仔细观察了一阵，不无惋惜地说："可惜，这只雪豹已经饿死了。""那就赶快拖出来剥豹皮呀，冬季雪豹皮也蛮值钱的。"另一个满脸青春痘的年轻猎手着急地说，"不赶快剥皮，时间长了，皮肉腐烂，就卖不出好价钱了啊。"戴毡帽的猎人跳到木笼顶，和缠黑头帕的猎人一起动手去开木笼门。阿灿霞暗自高兴，哈，没想到两足行走的人比雪狐笨多了，这么好骗。它是头朝木笼门躺在地上的，只要木门开启，它就会诈尸般的跳起来，以迅雷不及掩耳之势蹿出笼去，在猎人惊愕的目光和猎狗惊悸的号叫中逃之夭夭。它很快就能和三个小宝贝团聚了，对此它充满信心。

嘎咚，头顶传来撬动木门的声响。缠黑头帕的猎人叫青春痘猎手来帮忙，两人用力往上抬木门，沉重的木门吱扭吱扭发出扣人心弦的声响，慢慢往上开启了一条缝。那缝隙逐渐扩大，10 厘米、15 厘米、30 厘米……阿灿霞心花怒放，暗中憋足了劲，只要木门再抬高 15 厘米，它就能压低身体蹿出去——它打猎时经常以匍匐的姿势悄悄靠近猎物，压低身体蹿行是它的拿手好戏。木门咯吱咯吱叫着一点儿一点儿往上开启，眼瞅着就要达到阿灿霞所期待的高度了，就在这节骨眼儿上，一位脸上长满榆树皮皱纹的老猎人突然挥了一下手喝道："停！"正在开启的木门戛然而止。戴毡帽、黑头帕和青春痘齐刷刷地向榆树皮投去征询的目光。

榆树皮是这伙猎人的头儿，在当地叫猎王，很有威信。"我们是五天前安置的木笼，用一只羊羔做诱饵，现在羊羔已经不见了，只剩一地羊毛和几根羊骨，看来是被这只雪豹吞吃了。"榆树皮皱着眉头说道，"你们想想，它吞下一只羊羔，顶多也就三五天时间，哪有这么容易就饿死的呀。雪豹机灵得很，我们可要小心，别中了它装死的圈套。"榆树皮话音刚落，訇的一声，已开启三四十厘米的木门又砸落下来。阿灿霞恨得牙痒痒爪痒痒，要是它现在没被困在木笼里，它真想扑到榆树皮身上，豹嘴对人嘴给他一个热烈而血腥的吻——咬烂你的臭嘴，看你还敢胡说八道！遗憾的是，它身陷囹圄，无法做到这一点。它唯一能做的就是装死到底，耐心等待，伺机而动。

四个猎人都扒在木笼上，从前后左右四个方向认真观察。

阿灿霞凝神屏息，纹丝不动，把"装死"表演进行到底。

"我看不像是装死，它半天都没动一动，人也不可能有这么好的表演功夫啊。"青春痘说。

"我来试试它是真死还是假死。"戴毡帽说着从地上捡起一根两米来长的棍子，用匕首将棍子一头削成尖矛状，隔着木笼用棍矛猛戳阿灿霞的肚皮。虽说是木头做的矛，却也挺锋利。噗，噗噗，肚皮连续被戳了几下，伴着皮肉被割裂的声响，阿灿霞感觉到难以忍受的疼痛。好痛啊，就像大黄蜂在叮蜇，四肢忍不住想踢蹬。它咬紧牙关一动不动，它明白，自己只要稍一动弹，立马就会露馅儿，再也休想骗开木门，这辈子恐怕再也见不到三只可爱的幼豹了。为了能与自己的心肝宝贝重逢，别说拿木棍戳它肚皮，就是用尖刀剜它胸膛，它也不会动一下的。

并非只有人类才有所谓的坚强意志和钢铁意志，在特定情境下，动物的意志不输给人类。

“死啦，死透啦，死绝啦。”戴毡帽用木棍连戳了五六下，很肯定地说。

榆树皮眉宇间仍有深深的疑虑。

“我让狗试一试，狗的鼻子灵、耳朵尖、眼睛毒，这家伙要是真的在装死，是瞒不过狗的。”黑头帕说着，朝猎狗吹了声口哨。

四条猎狗围着木笼大呼小叫，卖力地替主人试探阿灿霞是否在诈死。阿灿霞一动不动。这时，一条瘦黑狗突然看见阿灿霞长长的豹尾——尾尖离木笼边缘只有一米之遥。或许是想卖弄自己的机灵，或许是想创造一个别出心裁的试探办法，瘦黑狗把爪子从两根木桩间伸进去，想捞阿灿霞的尾巴。它几乎把半张脸都挤进木笼来了，脏兮兮的狗爪竭力前伸，竟然触碰到了阿灿霞的尾尖。阿灿霞明白自己犯了个小小的错误，在侧躺装死时，它应该将长长的豹尾压在自己身体底下的。可惜它太大意了，尾巴自然耷拉在身后，给了瘦黑狗可乘之机。瘦黑狗撑开尖尖的指爪，勾住阿灿霞的尾尖往木笼外拖拽。这个时候，阿灿霞只要轻轻收缩臀部肌肉，就能轻松而迅速地将尾巴从狗爪下挣脱出来。可它知道，四个猎人八只眼睛都在盯着它看，只要它的尾巴稍一动弹，哪怕仅仅像蚯蚓似的蠕动一下，他们就会立刻看穿它的诈死伎俩。它只能像具真正的尸体一样，听凭肮脏的狗爪虐待自己的尾巴。

不幸中的万幸，豹尾被拉直后，刚好就在木桩前，长度还不够伸出木笼去。瘦黑狗拼命将尖尖的嘴吻伸进木笼来，狗牙刚好咬住尾尖上那撮墨菊似的豹毛。呜呜，瘦黑狗嘴里发出胜利的欢呼，继续用力往笼外拔。活拔豹毛，也算得上一种酷刑了。嗞，尾尖上的豹毛被生生撕下来，疼得阿灿霞暗暗倒吸一口冷气。瘦黑狗满嘴豹毛，汪汪汪兴奋得狂吠乱叫。哼，要是它能骗开木门蹿出木笼，一定要咬断瘦黑狗的脖子，把这活拔豹毛的坏家伙带回千年老杉树，让三只幼豹尝尝狗肉的滋味！阿灿霞发狠地想。可事情还没了结呢，也不知是尾骨本来就有伸缩功能，还是其他什么原因，豹尾被拔掉一撮黑毛后，竟然如橡皮筋一样被拉长了一点儿。虽然只是一点点，最多也不会超过半厘米，却让整根豹尾达到了一个让瘦黑狗癫狂、让阿灿霞心寒的长度——尾尖刚好能被狗牙叼住。这比活拔豹毛厉害多了，瘦黑狗像参加拔河比赛似的紧紧咬住尾骨，用力往木笼外拔。一阵钻心锥骨的疼痛从尾尖传到阿灿霞的每一根神经，更可怕的是，豹尾绷得像弓弦一样紧，令它产生了一种难以忍受的想要排泄的感觉。它竭力忍住，可直肠里的屎却想喷薄而出。它当然不能排泄，没有哪具尸体会拉屎的。这真是一种新式刑罚，阿灿霞难受得想用头撞木笼，没想到装死还这么难啊。

也许是想咬下一截豹尾到主人面前邀功请赏，也许是想在同伴面前炫耀自己出类拔萃的本领，瘦黑狗突然用力在阿灿霞尾尖啃咬起来。咔咔咔，身后传来被狗牙噬咬的声响。火烧火燎般的剧痛瞬间袭来，阿灿霞几乎咬碎了自己的舌头，才勉强将痛苦的呻吟咽进肚去。为了能回到三只幼豹的身边，它豁出去了，牺牲一小截尾尖也在所不惜。

阿灿霞尾骨快要断裂了，疼痛似乎都变得有点儿麻木。

“停！”黑头帕猎人朝瘦黑狗大喝一声，朝另三位猎人解释道，“断尾豹皮卖不出好价钱。这么折腾，就算是人在装死，也一定被折腾得露出马脚了。这只雪豹应该是真死了，不会有问题的。”

瘦黑狗还不愿放弃叼咬豹尾这个千载难逢的表现机会，竟然还在阿灿霞尾尖狠命啃咬。黑头帕飞起一脚踢在狗屁股上，瘦黑狗哀嚎一声，不得不松开狗嘴夹着尾巴逃跑了。

剧烈的疼痛顿时消失，阿灿霞一阵轻松。

“行啦，赶快打开木门把它拖出来剥豹皮吧。”青春痘说，接着就跳到木笼顶动手开启木笼。

阿灿霞心头一阵狂喜，它经受住了严峻的考验，它用坚强的意志战胜了狡诈的猎人和邪恶的猎狗。是母爱给了它无穷的力量。它很快就能从木笼逃脱出来，它就要成功了。

木门咯吱咯吱又开启了一条缝。榆树皮默不作声，多疑的眼神紧紧盯着木笼，随后搔搔脑壳，从地上拣了几根一米来长的狗尾巴草，伸进木笼，用草尖在阿灿霞的眼睛、鼻翼、耳朵、嘴唇和胡须间逗弄搔挠。脸是雪豹整个身体中最敏感的部位，虽说只是草叶在豹脸上游走，阿灿霞却感觉有千百只蚂蚁在脸上爬，痒得难受。它没想到诡计多端的老猎人会想出用挠痒的办法来试探猎物是否诈死。这办法看起来挺文明挺温柔，其实却比用木棍戳、放狗咬厉害多了，它痒得心里直打哆嗦。木门啊，快点儿开开吧，它快坚持不住了。

沉重的木门咯吱咯吱缓慢地开启，差不多抬起 30 厘米高了。那几根狗尾巴草仍在阿灿霞的鼻孔下撩拨逗弄。假如是根硬木棍，那就算捅得它鼻孔流血，它也能凭意志忍住不动；但柔软的草叶轻轻拂弄却让它无法忍受。痒比痛要难受多了。突然，有一根草尖钻进它的鼻孔，慢撩轻捻，鼻黏膜受到强烈的刺激，从鼻孔一直痒到心里。它突然有一种坚冰被烈日融化的感觉，特别想打喷嚏，霎时间，它的鼻翼猛烈抽搐，不以豹的意志为转移，吭哧，吭哧，打了两个响亮的喷嚏。诈死的计谋在最后一分钟可悲地流产了。前功尽弃，功亏一篑。不是它无能，是人类太狡猾了。它打完喷嚏后立即弹跳起来，向已开启 30 厘米的木门扑出，争取最后一点儿蹿出去的希望。可猎人的反应比它还快，轰隆一声，木门抢在它前头砸了下来。通往自由的门关闭了。

猎狗们围着木笼龇牙咧嘴狂吠起来。

“啧啧，好狡猾的雪豹，差点儿上它的当！”青春痘惭愧地说。

“再狡猾的野兽也斗不过好猎手。”黑头帕佩服地朝榆树皮伸出大拇指。

阿灿霞悲愤地长嚎起来，它失去了自由，无法主宰自己的命运了。

第十四章　动了恻隐之心

自打阿灿霞误中了猎人的圈套被囚禁在木笼后，泥雪滚明显感觉到，这个雪豹家庭就像没了顶梁柱，有一种大厦将倾的混乱与悲惨。三只幼豹整天愁眉不展，呜咽哀嚎，弄得泥雪滚也心烦意乱，日子过得一片苦涩。最大的问题是食物严重匮乏。三只幼豹刚满周岁，还不会打猎，完全要依赖泥雪滚提供食物，加上它们正在身体发育阶段，食量大得出奇，一顿能吞下一只成年斑羚。而泥雪滚本来就是一只打猎本领十分有限的公雪豹，做单身汉时，一豹吃饱全家不饿，尚能勉强糊口；做了阿灿霞的候补夫婿后，都是以阿灿霞为主捕捉猎物，它通常是担当副手或助理的角色，无非是协助或配合阿灿霞来喂饱三只幼豹；现在，抚养三只幼豹的重担突然全部落到它的肩上，怎么受得了啊。从阿灿霞被关进木笼的第二天起，饥荒就降临到雪豹一家。扪心自问，泥雪滚已经是尽了全力去觅食，每天早出晚归，天天跑到尕玛尔草原打猎，无奈它狩猎技艺平平，运气也不佳，找不到足够的食物来喂养三只幼豹。有时一连几天它都空手而归，三只幼豹饿得嗷嗷直叫。开头几天，三只幼豹还有力气跟随它一起外出狩猎，后来，它们就饿得连爬山的力气都没有了，泥雪滚只好将它们留在千年老杉树扇形树洞里，自己单独外出觅食。

望着三只日益消瘦的幼豹，泥雪滚萌生出一走了之的想法。它并非这三只幼豹的亲生父豹，后爸者，非亲爸爸也。在雪豹社会，即使是亲生父豹，在母雪豹遭遇意外时，也极少有愿意独自养育后代的，它一只继父豹，更有理由与三只嗷嗷待哺的幼豹说拜拜。它想，阿灿霞被关进人类的木笼，或者被剥皮剔骨，或者被囚禁在动物园，无论哪种结局，都是凶多吉少，再回到这里的可能性微乎其微，它又何苦继续待在这里扮演后爸的角色呢？动物都是自私的，它们只有两种感情纽带：婚配和血缘，除此以外，动物界是极少发生利他主义行为的。现在，它与阿灿霞的婚配已变成无法实现的梦想，它与三只幼豹也没有任何血缘关系，维系它与三只幼豹的感情纽带都不存在了，它没有责任、没有义务也没有必要再耗费精力、时间和心血去养活三只幼豹了。对不起了，阿灿霞，我要离开你的三个小宝贝了，泥雪滚在心里说，我独木难支，快要被沉重的负担压垮了，我真的想走了。

一桩突发事件，促使泥雪滚下决心离开三只幼豹。

那是阿灿霞被关进人类木笼的第五个黄昏，泥雪滚在荒原雪域奔波了一天，连一块腐肉都没能找到。它刚垂头丧气地回到千年老杉树，三只幼豹就立即围上来乞食。它自己都饿得肚皮贴到脊梁骨了，哪有食物喂它们，它避开三只幼豹哀怨的目光，躲进树洞底端的旮旯闭目养神。或许是三只幼豹实在饿极了饿疯了，或许是它的躲避引起了它们的误解，以为它是存心拒绝喂养它们，三个小家伙突然眼睛发绿，喉咙深处发出呜噜呜噜凶狠的低嚎，张牙舞爪地朝它扑过来拼命撕咬。三只幼豹虽然还不会打猎，但身体已有大半个成年雪豹那么大，撕咬起来还是相当厉害的。它没防备，肚皮上被撕出好几道血痕，背上还被咬掉了好几撮豹毛。它跳起来，左右开弓，将三只幼豹打翻在地。三只幼豹不依不饶，爬起来后，仍龇牙咧嘴朝泥雪滚发出刻毒的低嚎：你几天不带食物回来，是存心要把我们活活饿死！你与其让我们做饿死鬼，还不如现在就咬死我们！你是个坏爸爸，低能的爸爸，弱智的爸爸，缺乏爱心的爸爸，没有责任心的爸爸，根本就不配做爸爸！

泥雪滚在尕玛尔草原奔波劳累了一天，又饥又乏，本来心情就沮丧到了极点，现在又无端遭到三只幼豹的攻击谩骂，郁结在心中的怨恨和愤懑终于如火山般爆发了。它牙齿咬得咯咯响，冲着三只幼豹发疯般咆哮，大有要将三个小浑蛋撕碎咬烂的架势。三只幼豹毕竟年龄还小，立刻被吓住了，停止了低嚎，趴在地上，把脑袋枕在臂弯里，发出低低的呜咽声。

泥雪滚的愤懑并未发泄尽，它恨恨地跺跺脚，蹿出树洞，头也不回地朝日曲卡雪山小跑而去。它如此辛苦，却得不到半点儿理解、得不到半点儿同情、得不到半点儿安慰，何苦还要继续留在这里呢？它不欠它们的，它为它们白白付出了近一年的心血，已经很对得起它们了。做了快一年后爸，它什么也没得到，它吃亏吃大了，不该再继续亏下去了。它本来就有一走了之的想法，一直没能狠下心来，这倒好，三个小浑蛋竟然用武力向它索食，坏事变成了好事，它终于找到了离开它们的理由。只要离开这三只讨债鬼，不不，三只幼豹比讨债鬼厉害多了，是标准的索命鬼，只要离开这三只索命鬼，它就得到了解脱，一切苦难自动结束，它又会变成潇洒的单身汉，一豹吃饱全家不饿，再也不用为食物问题犯愁了，岂不快哉！

泥雪滚一口气跑到日曲卡雪山西麓，找了条蚯蚓状岩缝，当作自己临时的窝巢。这里离千年老杉树的直线距离约五公里，中间有一片白桦树林，空气再洁净能见度再高，它也望不见它们的身影，这叫眼不见心不烦；三只幼豹嗓门儿再大，它也听不到它们的叫声，这叫耳不闻心不烦；这么远的距离，三只幼豹身上的气味不可能飘飞过来，这叫鼻不嗅心不烦。

虽说是深秋季节，但这条蚯蚓状岩缝有十来米深，里头还是挺暖和的。泥雪滚躺卧在岩缝深处，惬意地伸了个豹式懒腰，想好好睡上一觉。自从阿灿霞出事后，它就没睡过一个囫囵觉，三只幼豹的食物与安全问题像块沉甸甸的石头，时时刻刻压在它心上，它怎能睡得安稳啊。现在好了，身上的重担已经卸得一干二净，它虽然肚子有点儿饿，但精神负担已经消除，可以轻轻松松地睡个安稳觉了。奇怪的是，它辗转反侧，怎么也睡不着，一闭上眼睛脑子里就浮现出三只幼豹的身影。它已同它们没有任何关系，不该再去牵挂它们的，它在心里告诫自己，应当快速将它们遗忘干净！可理智似乎很难控制感情，好不容易将心静下来，闭眼打盹儿，恍惚间三只幼豹又跳到它的脑子里来了。这样折腾了大半夜，启明星升起后它才勉强睡着，迷迷糊糊中却听见三只幼豹惊慌失措的叫声——不好，一只耳朵上长有一撮尖毛的银灰色猞猁正贼头贼脑地往千年老杉树的扇形洞口里窥探，三只幼豹命悬一线，它号叫一声朝猞猁扑了过去……它猛地惊醒了，原来是自己做了一场噩梦。

翌日清晨，泥雪滚睡醒后钻出岩缝，一眼就瞅见对面山坡洁白的雪地里，竖着一根黑乎乎的棍状东西，特别显眼。出于好奇，它爬到对面山坡看个究竟，没想到，竖在雪地里的竟然是一只羚羊腿！它扒开积雪一看，哈，天上掉馅饼，积雪下正躺着一只被冻死的小羚羊！它饥肠辘辘，立刻趴在小羚羊身上享用起老天爷恩赐的美食，一口气吃掉了半只羚羊后，才停了下来，打算躺在岩石上晒晒太阳，歇口气养养精神，然后再接着吃。谁知刚闭上眼睛，它脑子里又跳出三只幼豹的身影。三个小家伙已经三四天没吃到东西了，还有力气站起来吗？它们现在在做什么？会不会站在树洞外翘首盼望它带食物回家呢？它不该去想它们的，泥雪滚在心里对自己说，它们是死是活跟自己没有任何关系，它没必要瞎操心的。可是……可是……它们年纪尚幼，离开了它，它们是没法儿活的。从时间上推算，三个小家伙至多只能再坚持一两天时间，也许是今天，也许是明天，在饥饿的催逼下，它们会冒险走出千年老杉树到外面觅食，结局不外乎有两种：要么成为别的食肉猛兽的食物，要么成为雪地一具饿殍。

它真的忍心看着它们灭亡吗？不管怎么说，它做了它们近一年的后爸，看着它们从还在吃奶的小乳豹长成现在的青少年豹，它们的生命中有它一份功劳和苦劳，也凝聚着它的汗水和心血，从某种意义上说，它们是它用生命协助阿灿霞培育出来的优秀作品，它真的舍得抛弃它们、让它们自生自灭吗？不仅如此，它也曾得到过它们的亲情和爱戴，得到过让它身心愉悦的天伦之乐。它永远也不会忘记，小家伙们蹒跚学步时，笨拙地爬到它的身上，用柔嫩的爪子掏它的耳朵，用柔软的小嘴咬它的尾巴，淘气的银老二还爬到它头上撒了泡热腾腾的尿……这些点点滴滴的温馨，要是发生在普通的雄雪豹身上或许不算什么，但对泥雪滚这样从小饱受欺凌、渴望家庭温暖的公雪豹来说，却弥足珍贵，难以忘怀也难以割舍。它与三只幼豹之间，绝不是没有任何瓜葛的陌生豹，而是共同生活了将近一年的一家子，虽然没有血缘关系，却有着浓浓的亲情，不是亲生胜似亲生，它能在它们最需要它的时候一走了之吗？

突然，它脑海里浮现出阿灿霞被关在木笼里的情形。黎明时分，猎人和猎狗已经逼近，它带着三只幼豹就要从木笼边撤离，阿灿霞的目光与它的目光最后一次交汇——猎人猎狗近在咫尺，为避免暴露目标，它与阿灿霞已不能用叫声来联络，只能用目光来交流了——阿灿霞目光如炬如电，焦灼不安，蓄满了深深的忧虑，闪动着期待与渴盼，透露着嘱托与叮咛。它与阿灿霞在一个树洞里生活了近一年，完全能读懂阿灿霞想要表达的心声：我把三个宝贝托付给你，求你看在我俩共同生活近一年的情分上，答应我，别离开它们，别抛弃它们，别饿着它们！它一面退离木笼，一面用坚毅的目光凝视着阿灿霞。眼睛是心灵的门窗，它相信阿灿霞透过它的目光也能读懂它发自内心的誓言：它们是你的宝贝，也是我的宝贝；有我吃的，就绝不会饿着它们；只要我活着，它们就一定活着！

想到这里，泥雪滚顿感羞愧。阿灿霞才走了几天，它竟然就将庄重的承诺抛在脑后，实在太说不过去了啊。此时此刻，它吞下了半只小羚羊，惬意地趴在岩石上晒太阳，而三只幼豹却饿得想咬下自己的尾巴来充饥，它这么做，怎么对得起阿灿霞当初的收留和接纳之恩啊。是的，它无法回避这样的事实，阿灿霞确实对它有收留和接纳之恩。它有自知之明，它知道爹妈没给它好身材，像它这副尊容，像它这样拙劣的狩猎技艺，没有哪只雌雪豹会抛给它爱情的红绣球，它命中注定娶不到妻子，一辈子与婚姻无缘，也一辈子享受不到家庭的温暖；活着是落魄潦倒的流浪汉，死了是没谁会哭丧的孤魂野鬼。是阿灿霞赐予了它家的幸福。无论如何，它也不能辜负阿灿霞的嘱托！

至于三只幼豹气势汹汹地用武力向它索食，也算不得什么犯上作乱的忤逆行为；对动物来说，悠悠万事，食物为大，肚子饿极了，发点儿小脾气，犯点儿小错误，也不是什么不可饶恕的罪行。

想到这里，泥雪滚跳下岩石，叼起吃剩的半只小羚羊，心急火燎地往千年老杉树疾奔而去。

离巢穴还有五六百米，泥雪滚就听见幼豹悲凉的叫声。它赶过去一看，三只幼豹趴躺在千年老杉树前，目光凄楚，神情哀戚，翘首盼望，不时发出一两声叫唤。一见到它的身影，三只幼豹脸上立刻浮现出惊喜的表情，黯淡的眼神变得流光溢彩，嘴里发出柔和的呜咽声，站起来争先恐后地跑到泥雪滚身边。

哦，我知道，你们是看到了我叼回来半只小羚羊，急着想吃了是吗？那就拿去吃好了。泥雪滚轻轻甩了甩脑壳，将半只小羚羊抛到三只幼豹面前去。出乎它的意料，三只幼豹并没有急不可耐地扑到羚羊身上撕咬，而是围住它，白老大殷勤地舔理泥雪滚腿上的泥土和草屑，嘴里呜呜有声，似乎在说：你怎么一夜未归啊，我们以为你不要我们了，可把我们吓坏了！银老二用爪子替它清扫粘在尾巴上的枯叶，嘴里呜呜有声，似乎在说：我们一夜不敢合眼，分分秒秒都在盼着你回来！花老三的脑袋在它身上撒娇蹭动，嘴里呜呜有声，似乎在说：妈妈不在了，你再不管我们，那我们真成了苦命的孤儿了！突然间，一股暖流在泥雪滚胸中激荡，三个小家伙没有急不可耐地扑向半只小羚羊，而是先围在它身边嘘寒

问暖，足以证明它在它们心中的分量，它们需要它，它们离不开它，它们把它视为这个世界上唯一能保护它们并为它们提供食物的父豹！为了对得起这份沉甸甸的信任和依赖，它也要忠诚地守护在它们身边，咬紧牙齿渡过难关，把它们抚养长大。

终于，三只幼豹开始撕食小羚羊，它们一面贪婪地啃吃一面从嘴角发出呦呦哝哝的叫唤，那是在向泥雪滚表达赞美和感激。

泥雪滚暗暗向苍天祈祷，希望自己从此以后能天天交上好运，一出门就捡到冻死的羚羊或马鹿，给三只幼豹提供丰盛的食物，把它们养得壮壮实实。

第十五章　失去自由的笼中豹

一辆拖拉机喷吐着浓浓黑烟开进树林，几个强壮的汉子将木笼抬上车厢。拖拉机在崎岖的山道上艰难行驶了一个多小时后，在山外一个村寨里停了下来，几个人将阿灿霞连同木笼抬进一个四合院里。

很多人围着木笼指指点点看稀罕，几条狗也在木笼前耀武扬威地吠叫。阿灿霞明白，自己落到猎人手里绝对不会有什么好结果，或者被无情宰杀，剥皮剔骨，豹皮被做成人类御寒的裘皮大衣，豹肉被做成人类果腹的美味佳肴，豹骨被做成人类强身的滋补药酒；或者被送到动物园去，就像判无期徒刑一样，一辈子被囚禁在铁丝笼里，供人类参观取乐。它日夜思念三只幼豹，总幻想着有朝一日能与心肝宝贝重新团聚，但它很快发现，想要从木笼脱逃的可能性几乎是零。再用诈死的办法骗开木门，那是痴心妄想，人类不可能第二次犯同样的错误；加上有了上次的教训，猎人变得格外谨慎，在本来已经很牢固的木笼上又捆绑了三圈粗铁丝，别说雪豹了，就是大象也休想冲破；还在木门上加了大铁锁，投食都是从两根木桩间的缝隙里塞进来，从不轻易打开木门。阿灿霞看清了一个残酷的现实，自己想要与三只幼豹团聚的梦想已经彻彻底底破灭了。既然脱逃无望，苟活下去又有什么意义呢？它决定用绝食来抗议猎人的暴行，表明自己永不屈服的心志。

阿灿霞连续两天拒绝进食。塞进木笼来的猪排和牛肉，全都腐烂变质了，散发出阵阵恶臭，引来无数绿头苍蝇在木笼内外嘤嘤嗡嗡飞舞。

“雪豹耐饿，三五天不吃也饿不死。它是在作秀。”青春痘用不屑的眼神打量阿灿霞，满不在乎地说，“等它饿极了，看它吃不吃。没听说过守着食物却把自己饿死的豹子。”

“说不定又是一种骗术，想用这个办法逃走哩。”黑头帕猎人说，“这是只特别狡猾的雪豹，我们要小心提防。”

“他妈的，还跟老子玩绝食把戏。想做饿死鬼，好啊，我成全你。”戴毡帽猎人发狠地说，不再往木笼里投食。

木笼里没了腐烂的肉食，绿头苍蝇都飞走了，倒也清静。阿灿霞静静卧在木笼里，偶尔喝几口清水，耐心等待死神来临。

又过了两天，戴毡帽猎人割了一长条新鲜牛肉，来到木笼前，讪笑着说："饿坏了吧，嘿嘿，我知道，你现在恨不得咬下自己的爪子啃几口。啧啧，人为财死，鸟为食亡，这是千古不变的道理，谅你也不会是个例外。”说着，他爬上木笼，将长条牛肉从两根木桩间的缝隙里塞下来，悬吊在阿灿霞面前。鲜红的牛肉在阿灿霞鼻吻前晃动，散发出甜美的气息，撩拨得它的胃囊一阵阵痉挛。它已经四天没有进食了，早已饿得肚皮贴到脊梁骨，突然间鲜美的食物送到嘴边，忍不住淌下了口水。

“吃吧，吃吧，别不好意思啦。”在一旁看热闹的青春痘调侃道，“今朝有酒今朝醉，现在有肉现在饱，这没什么可害羞的啦。”

阿灿霞用舌尖舔舔嘴唇，把汹涌而出的口水咽进肚去。它已决心绝食，决不会为区区一条牛肉而动摇。意志能战胜饥饿感。它把脸扭向一边去。

“雪豹也有自尊心哩，我看，它是不好意思当着我们的面吃东西。只要我们一离开，它就会扑过来抢着吃的。”黑头帕自作聪明地说。

戴毡帽用麻绳将牛肉吊在木笼顶端的木桩上，几位猎人暧昧地笑着，从木笼旁退了下去。

虽然讨厌的猎人离开了，但阿灿霞仍不去碰那条牛肉。不自由，毋宁死。它不愿做永远关在笼子里的囚徒，无法回到它日思夜想的三只幼豹身边，那滋味比死难受多了。它挪动位置，卧到木笼另一端的角落里，远离食物的诱惑。

翌日晨，几位猎人来到木笼边一看，那条牛肉还原封不动地悬吊着，经过一天一夜的晾晒，牛肉表面已由鲜红变成紫红，叮满了绿头苍蝇。

戴毡帽勃然大怒，到屋里取出一杆乌黑锃亮的猎枪，把长长的枪管伸进木笼，对准阿灿霞的耳根，跺脚大骂："发猪瘟的，你以为你绝食我们就奈何不了你吗？我一枪送你上西天，你死了也是个饿死鬼！"

阿灿霞望着黑洞洞的枪口，既不躲闪，也没露出任何恐惧的表情。它既然下决心以死抗争，那就让死亡来得痛快些、干脆些好了。关在木笼里饱受精神折磨，那是生不如死。

"别开枪！"黑头帕将戴毡帽手中的猎枪夺了下来，"金翔贸易公司再过五天就要来验货拉货了，你把它一枪打死了，解气倒是解气，可我们怎么向金翔贸易公司交代呀？"

"它已经五天没吃东西了，等不到金翔贸易公司来它就会饿死的。"戴毡帽说，"饿死的雪豹会掉毛，现在剥皮，这张豹皮还可以卖一万元，要是等它饿死了再剥皮，顶多就值三千块了。”

“可我们跟金翔贸易公司说好了呀，一只活雪豹他们出价十万,一手交钱一手交货，你把它打死了，这不是在跟钱怄气吗？”青春痘说，“我们应该再想想办法，引诱它放弃绝食。”

三个猎人在木笼边苦思冥想。

“有了，”黑头帕眉飞色舞地叫起来，“我们弄只活羊羔来，我就不信吊不起它进食的胃口。”

不一会儿，木门开启一条缝，一只羊羔被强行塞了进来。

阿灿霞一眼扫去，这是一只约两月大的羊羔，浑身雪白，长着一双琥珀色的秀丽的羊眼，还在哺乳期，身上散发出一股羊奶特有的芳香。小羊羔刚被塞进木笼时，由于笼内笼外的光线差异，一时不明白发生了什么事，瞪起稚嫩的眼睛，懵然无知地四下打量。当羊眼落到阿灿霞身上时，出于一种本能的恐惧，小羊羔咩地发出一声惊叫，急忙奔到木笼边，试图从两根木桩间的缝隙里钻出去。木桩间的缝隙很窄，羊羔的脑袋和脖子伸出去了，身体却被卡在笼子里，它拼命踢蹬羊腿，凄凉地咩咩叫着，竭力想把自己的身体也挤出去，却始终无法如愿。它只好将脑袋和脖子缩回来，急急忙忙地跑到另两根木桩间拼命往外钻。它在木笼里不停地奔跑，不停地哀咩，不停地试探寻找可以逃生的缝隙。

阿灿霞倏地站了起来，收腹耸背，磨牙砺爪，做出一副扑咬状。

对阿灿霞来说，这完全是一种本能的反应。雪豹这样的食肉猛兽，生来就带有嗜血的冲动。见到活的猎物，豹眼就会兴奋得发光，有一种抑制不住地想要扑上去撕咬的冲动；猎物越是害怕得发抖，越是凄惨哀叫，越是拼命奔逃，它想要扑捉噬咬的冲动就越强烈。倘若塞进木笼里的是只死羊，阿灿霞是不会有扑杀欲望的。但此时此刻，小羊羔恐惧的眼神、颤抖的哀咩、无助的表情和慌乱奔逃的脚步，强烈拨动了阿灿霞追逐与杀戮的心弦，刺激了它食肉猛兽的神经，就像一柄魔扇，刹那间扇旺了它茹毛饮血的欲火。一瞬间，它忘了自己是在绝食，哦，猎物就在眼前，它不能错过这个猎杀机会。那是它最爱吃的羊，是在雪豹食谱中位列首席的肥嫩的小羊羔啊。它根本来不及思索自己的行为是否妥当，只觉得一股热血涌上脑门儿，只受一个念头支配，那就是迅猛扑上去，咬断小羊羔的喉管！

狭窄的木笼里，阿灿霞根本不用费什么力气，甚至无须跳跃，走过去豹爪一挥就把小羊羔打翻在地，然后跨上一步，身体像罩子一样罩在小羊羔身上，尖利的豹牙向脆弱的喉管咬下去……

“嘻嘻，狗改不了吃屎，豹改不了杀生，什么绝食，分明就是在作秀啊。”青春痘高兴地说。

“哈哈，咬吧，咬吧，你爱吃羊羔明儿再给你弄一只来，你的命金贵，值十万哪，可以买一千只羊羔啦。”黑头帕笑眯眯地说。

阿灿霞已经叼住了小羊羔的脖子，只消再用点儿力，活蹦乱跳的小羊羔就变成一堆任豹宰割的羊肉了。在这节骨眼儿上，猎人的说笑声钻进了它的耳朵，它虽然听不懂人类的语言，但从猎人讥诮的眼神、不屑的表情和轻佻的笑声中已猜出他们说笑的大致内容。突然间，它混沌的脑袋清醒过来，理智开始占据上风。毫无疑问，塞进来一只小羊羔，就是要瓦解它与命运抗争的意志，挫败它绝食到底的决心。从这个意义上说，这只小羊羔是引诱它上钩的毒饵。这么一想，食肉兽杀戮的本能受到抑制，理性得到恢复。它松开嘴，回到木笼底端重新躺卧下来。豹口余生的小羊羔瞪着惊骇而又疑惑的眼睛，咩咩叫着，又开始在木笼里东奔西跑找寻可以逃出豹笼的缝隙。眼不见为净，耳不听心不烦，阿灿霞索性将脑袋埋进臂弯，抵御诱惑。

三位猎人没办法，只得将木门重开一条缝，把羊羔牵出豹笼。

“这是只魔鬼投胎的雪豹。”戴毡帽咬牙切齿地说。

“我还是头一次看到这么顽固的雪豹。”黑头帕无奈地摇着头。

“我看，我们还是请戈乐农大伯来想想办法吧，他是老猎人，和野兽打了一辈子交道，或许能想出个好办法来。”青春痘提议道。

阿灿霞当然不晓得，他们所说的那位戈乐农大伯，就是曾经用狗尾巴草在它鼻孔里搔痒的榆树皮老猎人。

日出日落，又一天过去了。阿灿霞已整整六天没有进食了，本来丰腴的身体变得消瘦，面容憔悴，神情恍惚，饥饿感早已麻木，生命之火正在慢慢熄灭。就在这时，那伙猎人又来到木笼旁。让阿灿霞微微感觉惊讶的是，前几天都是戴毡帽、黑头帕和青春痘三个猎人在折腾它，今天又多了一个猎人，它认出来了，就是那个曾经用狗尾巴草捅它鼻孔的榆树皮。它领教过他的厉害，这回又见到他，不由陡然提高了警觉。它不清楚这位榆树皮会想出什么新的阴招来对付它，可它想,自己已经抱有死的决心,无论榆树皮想出什么新花招，它也不用害怕的。他们在木笼顶端悬吊新鲜牛肉，又塞进一只活蹦乱跳的小羊羔都没能让它就范，它觉得他们已经黔驴技穷，不可能再想出什么更有效的办法来逼它进食了。既然横竖是死，不管他们扔进什么食物来，它不吃就是了，他们还能把它怎么样？莫非要扳开它的嘴硬往它肚子里塞食物？那就来试试好了，它会毫不犹豫地一口咬断他们的手指！豹牙可不是吃素的，它谅他们也没胆量来扳它的嘴。

榆树皮站在木笼前端详阿灿霞，数分钟后，与另三位猎人耳语了几句。戴毡帽连连点头，跑出四合院去。过了一会儿，戴毡帽抱来了一只小羊羔。小羊羔浑身雪白，长着一双琥珀色的秀丽的羊眼，不就是昨天塞进木笼里的那只还在吃奶的羊羔吗？青春痘跳上木笼，将木门开启一条缝。阿灿霞鄙夷地打了个响鼻，它还以为榆树皮会有什么毒辣的新招，结果弄了半天，还是要塞进一只活羊羔来。昨天它已经受了考验，今天就更不会轻易上当了。尽管把羊羔塞进来好了，不管羊羔怎么咩叫怎么奔跑，它会一概视而不见充耳不闻，连站也不会站起来的。来吧，结果只能是昨天的翻版。

奇怪的是，几位猎手并未立刻将小羊羔塞进木笼里，而是四个人一起动手——青春痘捏住小羊羔的嘴巴，戴毡帽和黑头帕抓住四条羊腿，榆树皮从腰间抽出一把雪亮的匕首，麻利地在羊羔四只脚腕各划了一圈，又在羊羔肚皮上划了一刀，然后像脱衣服一样动作娴熟地将整张羊皮给剥了下来。然后，四个人将小羊羔从笼门的缝隙里强行塞了进来。

小羊羔刚才被捏住了嘴巴和四肢，无法叫唤和动弹，塞进木笼后，羊嘴和羊腿都自由了，刹那间爆发出一阵惨烈的咩叫，因为剧痛难忍，它狂颠乱跳，木笼里散发出一股浓烈的血腥味和羊膻味。霎时间，阿灿霞压抑了好几天的野性被彻底激活了，豹眼闪闪发亮，热血直冲脑门儿，饥饿感猛烈爆发，绝食的念头土崩瓦解，心底涌动起强烈的杀戮冲动。这种扑杀冲动，属于食肉猛兽一种与生俱来的原始本能，完全不受理智支配。阿灿霞纵身起跳，扑到小羊羔身上，它已绝食六天，早已饿得饥肠辘辘，连撕带咬很快将羊羔吞进肚去，只剩下几根森森白骨。肚子似乎还没有完全填饱，它贪婪的眼光在木笼外的四位猎人身上扫视，嘴里发出急切的号叫，意思很明白，是在对他们说：我还想吃，请再扔只羊羔进来！

四位猎手乐呵呵地站在木笼旁，笑得很开心、很得意、很自豪。

在猎人的笑声中，阿灿霞迷乱的心智逐渐清醒过来。它明白，自己再次中了猎人的圈套，它绝食的企图可悲地终结了，它不自由毋宁死的意志被猎人的诡计击破了。从此以后，它只能屈尊做一只笼中豹，就像人类豢养的家禽家畜一样，接受人类的嗟来之食，供人类役使或取乐，听凭命运的摆布，毫无自尊地苟活下去。它很羞愧，但后悔也晚了。

人类真的是所有动物中最狡猾的一种，它阿灿霞再聪明也是斗不过猎人的。唉……

第十六章　九死一生扑杀幼豺

泥雪滚盯着在骷髅岩前玩耍的那窝幼豺，心里忐忑不安，甚至有一种即将赴汤蹈火的恐怖感觉。不错，两个月大的幼豺细皮嫩肉，味道肯定鲜美，但此刻要是能捡到一条腐烂发臭的死蛇，它也会明智地放弃捕捉幼豺的想法的。

人类有句成语叫“与虎谋皮”，意思是打老虎身上虎皮的主意是何等冒险，套用到野生动物世界，或许可以修改为“与豺谋食”，意思是把豺当作食物是何等的愚蠢。

豺又名豺狗，模样像狗也有点儿像狼，体型比狐大较狼小，长着一身褐红的体毛，故当地山民又称其为“红狼”。豺生性凶悍，对疼痛不敏感，群内争斗时即使耳朵被咬下来，也依然号叫着奋勇扑咬，在狩猎场上更是无所畏惧。豺属于群居性动物，豺群少则几只，多则几十只，个个都像敢死队员，将猎物团团围在中间，从四面八方不要命地朝猎物猛冲猛扑。最可怕的是，豺有掏猎物肠子的绝招，数只豺从正面或侧面向猎物佯攻，一只出类拔萃的大公豺则悄悄绕到猎物后面，一口叼住猎物的尾巴，前爪使劲从猎物的肛门捅进去，弯钩状指爪毫不费力就将猎物肠子给掏了出来，任你是力大无穷的野牦牛还是威震山林的獠牙公野猪，立马就失去了反抗能力，成为任豺宰割的一堆肉。

日曲卡雪山曾经发生过这样的事：一只年事已高的孟加拉虎，因为无法捕捉到羚羊和马鹿，便铤而走险闯进豺窝想叼食幼豺，结果遭到豺群围攻，孟加拉虎虽然咬翻了三只豺，自己却也让豺给掏出了虎肠，虎落平阳被豺欺，百兽之王悲惨地葬身豺腹。毫不夸张地说，试图从豺群中猎食幼豺，就好比火中取栗、饮鸩止渴，是一种几乎可以与自杀画等号的冒险行为。无论虎、豹、熊、狼哪一种猛兽，都尽量避免与豺群发生正面冲突，远远望见豺群都会明智地拐弯避让，谁不害怕被豺爪掏肠啊。

然而，此时此刻，泥雪滚却瞄上了正在骷髅岩下玩耍的那窝幼豺。离骷髅岩几十米远的荒草丛里，还散落着三四十只成年豺，这是一个豺丁兴旺的大型豺群，在秋天枯黄的衰草的衬托下，像一团团跳动的火焰，闪动着一片刺眼的红色恐怖。

不到万不得已，就是再借给泥雪滚一只豹子胆，它也不敢去招惹豺群打幼豺主意的。

泥雪滚确实已到了山穷水尽的地步。整整一个星期，它天天早出晚归，却连一只雪兔也没逮到，千年老杉树又笼罩在饥寒交迫的死亡阴影中。三只幼豹倒是学乖了，连续五六天没有吃到东西，也没恶声恶气地朝泥雪滚咆哮发泄，更没龇牙咧嘴用武力向它索要食物，它们静静卧在千年老杉树的扇形树洞里，当泥雪滚外出狩猎归来时，它们会钻出树洞满怀希望地迎接泥雪滚；当看清泥雪滚爪牙间空空如也一无所获时，它们闪耀着希望的眼睛就顿时黯淡下来，难过地垂下头，闷声不响地钻回树洞睡觉。得不到充饥的食物，它们只能一天到晚睡觉，最大限度地降低体能消耗。没有走动，没有嬉闹，没有吼叫，千年老杉树的扇形树洞里一片死寂，只在半夜万籁俱寂时，偶尔能听到一两声深沉的叹息。

越是这样，泥雪滚心里越疼得慌。假如小家伙们发出刻毒的低嚎，或者大声嚷嚷发出责难，或者群起而攻之用武力向它索食，它或许心里还好受些。如今，它们默默忍受饥饿，不埋怨也不指责，更让泥雪滚感到无比心酸，恨不得咬下自己的腿来给小家伙们充饥。

昨天傍晚，当泥雪滚带着一身疲惫和沮丧回到千年老杉树时，与以往不同的是，钻出树洞迎接它的只有白老大和银老二,少了花老三。泥雪滚心头陡地一紧,有一种不祥的预感,它赶紧钻进树洞去看：花老三软绵绵地躺在树洞里，吃力地抬起眼皮看了泥雪滚一眼，目光散乱无神，想站起来，但试了几次都没成功。泥雪滚用舌头舔吻花老三的身体，花老三身上凉冰冰的，冒着一股寒气。它明白，花老三排行老三，又是雌性,身体相对弱小,连续饿了五六天,已饿得快虚脱了。瞧花老三这副模样，顶多还能支撑一天就要被饥饿夺去生命。生命就像火炉，没有柴火添进去，火焰就会熄灭。泥雪滚心里很清楚，要救花老三其实不难，只要提供食物，就像往火炉里扔进柴火，花老三生命的火焰就会重新燃烧起来。可它到哪里去弄食物啊。

这天晚上，它守护在花老三身旁，几乎一夜无眠。阿灿霞将三个小家伙托付给它，它却只能眼睁睁地看着花老三饿死，它确实是个没尽到责任的低能爸爸。不不，它绝不能无所作为，它一定要设法将花老三从死神手中夺回来!

翌日黎明，花老三的生命体征更微弱了，身体软得像坨稀泥巴，连摇动尾巴的力气也没有了。假如再弄不到食物，花老三是熬不到天黑的。

于是，泥雪滚做出了一个它一生中最勇敢也最冒险的决定：到豺群去捕捉幼豺！

这是解决燃眉之急、拯救花老三最好的办法，却也是生死难料的高风险行为。为了做一只合格的父豹，它豁出去了，无论如何也要为花老三弄到救命的食物。

寻找豺群并不困难，古纳河畔的骷髅岩就是豺群的大本营。天还没亮，泥雪滚就动身了，沿着弯弯曲曲的古纳河往北走。走了约一半时，它闻到河边枯萎的芦苇丛里散发出一股臭味，它扒开芦苇叶钻进去一看，原来是一条约二三十斤重的死鱼。这是一条古纳河里常见的黑鲩，也许是产子后自然死亡，也许是退潮时不慎搁浅在岸上干死的，起码死了有十天半个月，已高度腐烂。鱼肚皮里有许多蠕动的蛆，只有头、尾和脊背还留有少许的肉，但也已经变成了草绿色，散发出一股令豹作呕的恶臭。

泥雪滚注意到，死鱼旁有新鲜的熊掌印，也就是说，不久前曾有一只饿熊光临此地，但黑鲩尸体上并没有翻动或啃咬的痕迹，也就是说，路过此地的黑熊虽然饥肠辘辘，却也没有兴趣吃这条死鱼充饥。泥雪滚当然也没兴趣吃这条鱼——腐烂得太厉害了，除了苍蝇，恐怕没有其他动物会对这条死鱼感兴趣的。熊是杂食性动物，是丛林有名的饕餮鬼，胃口大得惊人，从不挑食，荤的素的甜的咸的新鲜的变质的，遇到什么吃什么。但在这条死鱼面前，连饕餮鬼都转身离去了，可见这条死鱼腐败变质得有多厉害。泥雪滚皱皱眉头想转身离去。雪豹属于口味比较挑的食肉猛兽，对食物很挑剔，不到万不得已很少去捡食腐尸，更不会去吃已经生蛆、恶臭难闻的食物。高度腐败变质的死鱼不但味道不佳，吃下去还有可能会生病，理应弃之不食。但泥雪滚走了两步，忍不住停下来回头望了一眼。它已经连续好几天没吃到东西了，天天在山上奔波觅食，只有消耗没有补充，身体明显虚弱；此次前去骷髅岩捕捉幼豺，极有可能会与豺群发生冲突，饿着肚子去鏖战，是有可能吃大亏的啊；这条死鱼虽然高度腐烂，却还有不少可食之肉，虽然味道不佳，但聊胜于无，总比饿着肚子要好。想到这里，它回到死鱼旁，用爪子清理掉会卡喉咙的鱼刺，忍着恶臭用粗糙的豹舌将腐肉舔食干净。味道确实很差，苦麻酸涩，难以下咽，但泥雪滚饿得虚脱的感觉却得到了缓解，四肢似乎也比刚才有劲得多了。

再差的食物也比没食物好。

太阳攀上日曲卡雪山峰顶时，泥雪滚来到了骷髅岩。它测定了风向，选定一条逆风的路线，蹑手蹑脚地埋伏在骷髅岩外侧一块巨石背后。

骷髅岩是个地名，顾名思义，这一带多为奇形怪状狰狞恐怖的岩石，地形颇为复杂。

泥雪滚在心里拟定了一个捕猎方案：豺群通常是早晨外出狩猎，还在吃奶的幼豺不会跟随豺群外出，而是留在大本营里，由几只老母豺集中照看，类似于人类社会的幼儿园。它要等豺群外出狩猎后再伺机出击，即使遭到豺群围攻，对付几只老母豺也比对付整个豺群要容易得多。

此时，有几只大公豺跳到高高的巉岩上，朝骷髅岩四周东张西望，那是在观察巢穴附近有没有值得警惕的异常动静；几只年轻的母豺侧躺在地上，为自己的幼豺喂奶。忙乱了好一阵，红艳艳的阳光洒满大地，在一只颈毛特别浓密的长颈毛豺王的率领下，豺群顺着弯弯曲曲的羊肠小道浩浩荡荡地往尕玛尔草原去了。喧嚣的骷髅岩安静下来。泥雪滚仔细观察，豺的大本营里共有十几只还在吃奶的幼豺，由六只老母豺照看。六只老母豺分成两组，南面有三只老母豺把守，北面有三只老母豺把守，将十几只幼豺拱围在两侧皆为峭壁的石沟内，形成一个严密的保护圈。闯进去硬抢肯定是不行的，即使它长着三头六臂也抵挡不住六只母豺的围攻啊。看来必须智取。雪豹属于猫科动物，猫科动物最擅长的就是伏击。十几只幼豺在离它四五十米远的沙砾地里嬉闹打斗。幼豺的生长速度比幼豹快得多，两个月大的幼豺已经差不多有成年豺的二分之一大了，已会奔跑玩耍。四五十米的距离，对爆发力很强的著名短跑选手雪豹来说，是一段很短的距离，奋力蹿出去，顶多四五秒就可扑倒目标。但泥雪滚却迟迟不敢行动，原因很简单，有三只老母豺就蹲坐在离它约 30 米远的一块磐石下，刚好夹在它与那些幼豺之间，等于布下了一道封锁线。它是不可能顺利穿越这道封锁线的，只有继续耐心等待机会。

太阳渐渐升高，按照豺的生活习性，两个月大的幼豺早上吃完奶后，会在巢外活动半个多小时，玩累了就会钻进洞穴去睡觉，这一觉起码要睡三四个小时，直到豺群狩猎归来，幼豺才会再钻出洞穴吃奶玩耍。泥雪滚发现，有几只幼豺已经在伸懒腰打哈欠，面露倦意，随时会钻进洞穴去睡觉。一旦让幼豺钻进洞穴，六只老母豺就会像忠诚的哨兵一样蹲坐在岩洞口，须臾不会离开，它精心策划的这场捕猎就会流产。

留给泥雪滚的时间不多了，它心急如焚。

就在这时候，一只白耳朵幼豺追逐着蹦蹦跳跳的蚂蚱，朝泥雪滚埋伏的方向走了过来。当白耳朵幼豺来到三只母豺蹲守的地方时，其中一只黑鼻梁母豺拦在白耳朵幼豺面前，呦呦啸叫，意思是让白耳朵幼豺向后转，别越过它们组成的警戒线。或许这是只特别淘气的幼豺，或许这只幼豺的母亲在豺群地位很高，因血统高贵而天生桀骜不驯，反正白耳朵幼豺根本不听黑鼻梁母豺的劝告，撞开黑鼻梁母豺，仍兴趣盎然地追逐蹦跳的蚂蚱。泥雪滚暗自高兴，屈腿弓腰，在岩石后面做好扑咬准备。只要白耳朵幼豺走到泥雪滚埋伏的岩石前，泥雪滚便会以迅雷不及掩耳之势扑蹿上去，一口咬断白耳朵幼豺的脖颈，不等老母豺们反应过来是怎么回事，立刻撒腿往山谷外逃窜。它相信，这套突然袭击的战术是能获得成功的。当然，前提是白耳朵幼豺能乖乖地走到它埋伏的岩石前来。可爱的蚂蚱,请帮帮我的忙,蚂蚱你大胆地往前走，别回头，莫停留，把白耳朵幼豺逗引到我面前来。泥雪滚在心里暗自念叨。

然而，情况刚好相反。刚才还在沙砾上蹦跳的蚂蚱倏地从白耳朵幼豺的视线里消失了。白耳朵幼豺满脸懊丧，悻悻地打了个响鼻，就打算转身返回。泥雪滚差点儿急晕过去，此时此刻，白耳朵幼豺离它还有 20 多米，虽然三蹿两跳就能扑到目标身上,但三只老母豺离白耳朵幼豺也只有大约 20 米，三蹿两跳也能赶到救援。明争硬抢，成功的希望非常渺茫。怎么办？或许是急中生智，它突然想出一个逗引白耳朵幼豺走过来的好办法。它抡起长长的豹尾，将一截尾尖从岩石背后伸出去，弹跳抖动——雪豹尾巴蓬松而艳丽，尤其是那截尾尖，黑白金三色，犹如一只羽毛艳丽的雀鸟。这一招果然灵验，白耳朵幼豺的视线被泥雪滚活蹦乱跳的尾尖牢牢吸引住了，它好奇地张望，认真地端详。白耳朵幼豺出生仅两个月，从未见过雪豹，当然也没见过雪豹尾巴，无从得知岩石背后状如雀鸟的东西竟然是致命诱饵。对泥雪滚更为有利的是，由于角度关系，担任警戒的三只老母豺看不见它当作诱骗道具的尾尖。白耳朵幼豺出于好奇，眼睛盯着泥雪滚的尾尖，颠颠跑了过来。一切比预想的还要顺利，泥雪滚将捕捉方案迅速作了调整，当白耳朵幼豺终于上钩，来到岩石前试探性地用爪子抓它尾尖时，它要用长长的豹尾突然勾住白耳朵幼豺的腰，在同一瞬间，轻旋豹腰罩子似的罩在目标身上，一口将白耳朵幼豺的脑袋囫囵咬进嘴里——雪豹的血盆大口是能将两个月大的幼豺脑袋整个吞进嘴里的——这样，幼豺就叫不出声，就不会惊动担任警戒的老母豺，它或许就能神不知鬼不觉地白捡到一只幼豺。

能做梁上君子就不做剪径强盗。

白耳朵幼豺又往前走了几步，离泥雪滚只有五六米远了，照这个速度计算，顶多还有半分钟，白耳朵幼豺就会走到泥雪滚身边。此刻，白耳朵幼豺的小眼珠子正盯着泥雪滚雀鸟似的尾尖看，满脸兴奋，可以断定，它已经被弹跳跃动的尾尖逗得心痒眼馋；可以料定，到了跟前，它一定会抑制不住食肉兽天生对移动物体的冲动和兴奋来扑捉尾尖的。成功即将来临，希望就在眼前，泥雪滚凝神屏息地等待着。

要命的是，就在这节骨眼儿上，它突然感到腹部一阵绞痛，有一种控制不住想排泄的感觉。它晓得，自己刚才在古纳河畔吃了高度腐烂的死鱼，虽然抑制了饥饿感，却把肚子吃坏了。它很想立即撅起尾巴痛痛快快地排泄出来，可这样一来，捕捉幼豺的计划就要落空了。它必须忍住，必须咬紧牙关将排泄的念头克制住，等待白耳朵幼豺落入它的圈套。

真可谓好事多磨，当白耳朵幼豺又往前走了两步时，突然，黑鼻梁母豺欭欭发出急促的啸叫，毫无疑问，那是在警告白耳朵幼豺别再跑远了，赶快回到由六只老母豺看守的保护圈来！小浑蛋，快回来，再敢淘气，看我不咬掉你的耳朵！黑鼻梁母豺继续大声呵斥。对黑鼻梁母豺来说，看护幼豺责任重大，决不允许幼豺跑出自己的视界外。白耳朵幼豺毕竟年幼，对成年豺粗声粗气的呵斥还是有所畏惧，识相地停了下来，不情愿地转过身去，想回到黑鼻梁母豺的身边。

假如让白耳朵幼豺就这么走了的话，它今天的抓捕计划就会流产，更可怕的是，花老三就要活活饿死！

泥雪滚来不及多想，嗖地从岩石背后蹿出来，对准白耳朵幼豺的后颈窝咬下去，想一口咬断白耳朵幼豺的颈椎。遗憾的是，白耳朵幼豺反应特别迅速，一见泥雪滚闪出岩石，立即拔腿逃窜。泥雪滚一口下去，没咬中白耳朵幼豺的后颈窝，却咬住了白耳朵幼豺的一条后腿。白耳朵幼豺立刻哭爹喊娘地哀叫起来，担任警戒的几只老母豺号叫着火速奔过来救援。泥雪滚须臾不敢停顿，立即叼起白耳朵幼豺朝骷髅岩外逃去。老母豺们在后面紧追不舍。

倘若雪豹与豺赛跑的话，雪豹爆发力强，短跑肯定是雪豹赢，但雪豹耐力差，若比长跑，雪豹必输无疑。

开始时，泥雪滚一路猛跑，很快就将老母豺们甩在后面，但跑了约一公里后，彼此的距离就渐渐缩短。影响泥雪滚速度的不仅仅是耐力。豺天生就是丛林杀手，顽强求生的意志远远超出了人们的想象，白耳朵幼豺虽然一条腿已落入豹口，离鬼门关仅有半步之遥了，却仍不肯束手就擒乖乖被吃，不停地挣扎反抗。先是倒悬着咬泥雪滚的前腿，虽然两月龄的幼豺牙还不太锐利，但也咬掉好几撮豹毛，生生地疼；后来不知怎么搞的，白耳朵幼豺的身体倒卷上来，就像人类的小孩翻单杠一样，爬到泥雪滚的脸上来了，两只前爪胡乱抓挠，虽然两月龄的幼豺爪子还稚嫩，却也抓得泥雪滚满脸血痕，心神不宁,万分难受,当然影响了奔逃速度。它很想松开豹嘴，将可恶的白耳朵幼豺吐在地上，照准豺脖子狠狠咬一口，肯定能送白耳朵幼豺上西天，它叼一具幼豺尸体肯定比现在要跑得快；另外，那些老母豺现在之所以紧追不舍，很大一部分原因是看到白耳朵幼豺还活着、还在殊死反抗，救子心切、救子有望所以才会一追到底，倘若啊呜一口将白耳朵幼豺送上西天，老母豺们或许也就失去了追撵的兴趣。但困难的是，身后的老母豺越追越紧，尤其是那只黑鼻梁母豺，离泥雪滚越来越近，几乎就是衔尾而追了，泥雪滚担心一旦松开豹嘴，将白耳朵幼豺吐在地上，会不会弄巧成拙，被老母豺们将已经到手的猎物又抢了回去？它一面跑一面朝后瞄了一眼，有五只老母豺在后面追赶，敌众我寡，豺又是诡计多端的高智商动物，若让老母豺们纠缠住的话，泥雪滚实在没把握能保住嘴里的猎物。没办法，只有继续不停地奔逃。

逃出怪石嶙峋的骷髅岩，泥雪滚沿着陡峭的山坡奋力往雪线攀登。雪豹带有个“雪”字，毫无疑问，是一种习惯在雪地里活动的动物。雪豹的爪掌较一般山豹要宽大得多，爪掌面积大，有利于在雪地行走，宽大的爪掌踩在松软的积雪上不会陷得太深，当然跑起来也就更轻松省力。而豺就不一样了，豺腿细长有利于长途奔跑，但豺爪相对较小，不利于在雪地行走，细小的豺爪踩在松软的积雪上会深深陷进去，每走一步都要在积雪里拔进拔出，当然费力又耗时，比在无雪的山地行走要慢得多了。泥雪滚希望发挥自己的特长以摆脱老母豺们的纠缠。

深秋季节，日曲卡雪山的雪线正在迅速往山腰下降，泥雪滚很快就跃过雪线，踏进洁白的雪坡。果然如它所料，一进入雪坡，老母豺们追撵的速度就明显慢了下来，它的胜利大逃亡就要实现了。就在这时，突然，泥雪滚觉得有什么东西朝它眼睛刺来，它本能地躲闪，眼皮还是一阵刺痛，原来是白耳朵幼豺用两只前爪抓它的眼睛。小亡命徒，只要还有一口气就不会放弃反抗。泥雪滚用力拧动具有强大嚼咬功能的颌骨，豹牙深深嵌进豺腿，传来咔嚓咔嚓腿骨碎裂的声响。它希望白耳朵幼豺立刻痛死，或者因剧痛而昏厥，但豺的顽强超出了它的想象，白耳朵幼豺仍竭尽全力来抓它的眼珠。它的眼皮被抓破，漫着血，看出去连白雪都变成了红色。它不愿意变成一只瞎眼豹，于是不得不松开豹嘴。白耳朵幼豺掉在雪地上，泥雪滚照准豺头咬下去，白耳朵幼豺在雪地上打滚儿躲避。或许是心急慌忙的缘故，或许是眼皮被抓破影响了扑咬的精准度，泥雪滚连咬两口都咬空了。它调整姿势，准备跳起来用自己的身体压住白耳朵幼豺，这样就有绝对的把握一口咬断豺脖子了。可就在这时，它感觉有什么东西落在了自己屁股上，似乎尾巴也被什么东西夹住了，不用回头它也知道，由于自己连续两口咬空耽误了时间，黑鼻梁母豺赶到了，跳到它的屁股上，正准备实施豺对付大型猎物最拿手的战术——肛门掏肠。

泥雪滚惊出一身冷汗，它若就地打滚儿，或仰躺在地，是能化解被活掏豹肠的危机的，但却要放弃去扑杀在地上打滚儿的白耳朵幼豺。另四只老母豺正火速赶过来，它稍一迟疑，就有可能竹篮打水一场空，失去了扑杀白耳朵幼豺的机会。当务之急，是要获得能拯救花老三性命的食物。白耳朵幼豺的一条腿已被它咬断，雪地上一片鲜红的血迹，扑杀白耳朵幼豺并不复杂，它已经做好了起跳准备，只要几秒钟时间，它就可以完成起跳、扑压和噬咬等一连串动作，或许还来得及回头对付趴在它屁股上的黑鼻梁母豺。泥雪滚想到这里，立刻驮着黑鼻梁母豺强行起跳，它确实达到了目的，压在猎物身上，一口结果了白耳朵幼豺的性命。可就在它拧断白耳朵幼豺脖颈的同时，它清晰地感觉到，有一根棍子一样的东西刺进了它的肛门，它当然明白，那是该死的黑鼻梁母豺正在实施掏肠战术，要阻止对方已经来不及了，豺爪一旦捅进猎物肛门，弯钩似的指爪便可在极短的瞬间将肠子掏挖出来，猎物越挣扎，肠子流出得越快，如果试图逃跑，那肠子就会像被捏住了线头的线团一样，越扯越长。泥雪滚心凉了半截，有一种失足摔下深渊的恐惧。豺爪继续往肛门深处捅，完全是一种下意识的反应，泥雪滚突然有了强烈的排泄欲望，刚才躲在岩石后面时拼命克制住的排泄感觉刹那间爆发出来，一股秽污喷薄而出，压力大得就像开启了香槟酒瓶，噗的一声将黑鼻梁母豺的爪子从肛门里推了出来，不仅如此，稀薄如泥浆的豹屎还猛烈地喷在了黑鼻梁母豺的脸上。雪豹属于食肉动物，食肉动物拉的屎比食草动物拉的屎臭许多倍，加上泥雪滚是吃了高度腐烂的死鱼而闹肚子拉稀，屎的质量可想而知，臭气熏天。或许是豹屎糊了个大花脸而被恶臭熏倒，或许是被排泄的强大冲力冲倒，总之，黑鼻梁母豺跌倒在地摇头甩脸呦呦急叫。这个时候，另四只老母豺也恰巧赶到，左右各两只，对泥雪滚形成钳形攻势。此时不逃，更待何时？泥雪滚叼起白耳朵幼豺拼命朝雪山攀逃。

真该感谢那条高度腐烂的死鱼，在它肚子里制造了一泡威力巨大的稀屎，要不然的话，现在它的肠子肯定已被豺从肛门里拉出来了。泥雪滚边跑边这么想，五只老母豺则狺狺狂嚎衔尾猛追。

第十七章　遇到了救星

山下的寨子里。

早晨，一辆蓝色轻型卡车开进山寨。榆树皮接过来人递过的十扎花花绿绿的钞票，笑眯眯地挥挥手，好几位山民一起动手，将木笼连同阿灿霞搬上卡车车厢，然后用厚厚的帆布将整个车厢蒙了起来。不一会儿，伴随着引擎的轰鸣，卡车驶离了山寨。

帆布把车厢遮得严严实实，一点儿光线也透不进来。阿灿霞待在漆黑一片的车厢里，根本不知道卡车在往哪个方向开。但有一点它很清楚，卡车跑得比野马还快，正带着它远离日曲卡雪山。

开始时，路况很差，路面上坑坑洼洼，卡车像在跳狐步舞，忽高忽低，颠簸起伏，晃得它头昏脑涨。约摸两个小时后，路况突然变好，路面平整而光滑，卡车平稳地向前疾驶。

秋天的滇北高原，昼夜温差很大，白天艳阳高照，夜晚寒风瑟瑟。正值中午时分，热辣辣的阳光射在帆布上，不停地往车厢灌注热量。最要命的是，蒙着帆布的车厢密不透风，就像一只正在加热的蒸笼。阿灿霞又闷又热，难受得要命。它是一只雪豹，雪豹顾名思义，就是生活在高山雪域的豹子，耐得住寒，却耐不住热。闷热使它焦躁不安，它不停地在狭窄的木笼里踱来踱去，越这样越热得难受。它想喝水，可除了自己的眼泪，车厢里连一滴水也找不到。车子开了好几个小时了，也没人给它喂一口水。它口干舌燥，嗓子快要冒烟了。

就在这时，蓝色卡车突然停了下来，外面传来人的对话声：

“我们是交警，对您的车进行例行检查，请配合。”

“是，是。我这是才买了两个月的新车，车况挺好，没问题的。”

“请您下车。有没有问题等我们检查后再下结论。”

前面传来试发动机、试刹车、试车灯等杂乱的声音。过了一会儿，又响起人的说话声：“哦，确实是辆新车，没什么问题。谢谢您的配合。您可以走了。”

司机登上驾驶位，准备发动引擎了。就在这时，呦欧，呦欧，阿灿霞发出两声嘶哑的吼叫。你一定想不到，阿灿霞在节骨眼儿上发出吼叫，绝非有意识向交警求救。它是只普通雪豹，对人类复杂的社会结构一无所知，脑子里根本没有交通警察这样的概念。它此时发出吼叫，纯属一种偶然。原因很简单，车接受检查的地方旁边恰巧有一条小河，发动机熄火后，山野一派宁静，小河潺潺的流水声透过厚厚的帆布钻进阿灿霞的耳膜。它正渴得嗓子冒烟，便吼叫起来，希望有人来喂它水喝。它做梦也想不到，就是这几声嘶哑的豹吼，改变了它的命运。

蓝色卡车的引擎响起来了，突然，外面传来交警严厉的呵斥声：“不许开车！”引擎声戛然而止。

“是什么在叫？你们拉的什么货？”“是……是一头牛。”“我从小就放牛，没听过牛会这么叫。”“哦，是一头病牛，跟正常牛叫的不一样，拉到县兽医站去打针。”响起冷冰冰的声音：“把车篷打开，我们要检查！”响起可怜兮兮的哀求声：“同志哥，车厢里是一头瘟牛，打开车篷会传染瘟疫的，你们就行个好，放我们过去吧。”响起斩钉截铁的喝令：“别啰唆，打开车篷！”响起谄媚而虚假的笑声：“嘿嘿，这点儿小意思，给同志哥买两包烟抽。”响起如雷的吼声：“收起你这一套，你涉嫌行贿罪和妨碍公务罪，再不服从，就要拘留你了！”

……

厚厚的帆布被掀开了，明亮的阳光照进车厢，一位穿警服的人朝木笼看了一眼，忍不住赞叹道：“好漂亮的一只雪豹啊！”另一位穿警服的人威严地对押车的男子说：“你们涉嫌走私国家保护的野生动物，我们要依法扣留车辆。”

原来，金翔贸易公司受境外一家贸易公司的委托，想将阿灿霞偷运到境外去，不料途中遇到交警例行检查车辆，由于阿灿霞干渴难忍发出吼叫，被机警的交警看出破绽，逮住了这伙胆大妄为、非法贩卖野生动物的坏人。

阿灿霞糊里糊涂地落到交警手里，又糊里糊涂地被送到梅里雪山下一个野生动物救助站。这个由联合国教科文组织资助的野生动物救助站，主要任务就是帮助受伤或落难的野生动物，帮它们恢复在野外独立生存的能力，最终将它们放归大自然。阿灿霞本来就是一只野生豹，既没受伤，也不存在需要恢复生存能力的问题，经过兽医一系列的检查后，很快就进入放归大自然的程序。

这是一个风和日丽的中午，阿灿霞饱餐一顿鸡肉后，被关在一只结构精巧的铝合金笼子里，抬上一辆轻型卡车。卡车在盘山公路上开了好几个小时，来到一片茂密的山林间，几位穿制服的壮汉将铝合金笼舍抬进离公路约百米远的树丛，然后啪的一声打开笼门，飞也似的跑到公路上去。阿灿霞根本闹不清是怎么回事，它无法理解两足直立行走的人里还分好人和坏人。笼门开启时金属撞击的声响吓了它一跳，它倏地跳到笼底，警觉地张望，只见笼门洞开，四周却无人看守。啧啧，这些比狐狸还狡猾一百倍的人，葫芦里究竟卖的什么药啊。它小心翼翼地走到笼口，试探着将脑袋伸出笼门。笼门确实洞开，可以自由出入。它又把脑袋缩回笼内。人是一种无比精明也无比贪婪的动物，怎么可能轻易将它放出牢笼呢？会不会又是一种阴谋、一种陷阱、一种它想象不出的诡计？比如说，在它蹿向笼外的一瞬间，金属笼门啪地落下来，卡住它的脖子，让它求生无望求死不能。它等了一两分钟，什么异常动静也没有，它又用爪子抓抓笼门，似乎也没有暗算它的机关。它陡然兴奋起来，管它三七二十一，既然笼门开了，那就逃出去再说，大不了再中一次圈套，最坏的结果也就是一死而已，没什么了不起的。它这么想着，弓起腰，四条豹腿暗中使劲，骤然发力，身体嗖地弹射出去。啊哈，它成功地蹿出金属笼子了！可让它感到奇怪的是，高悬的笼门并没有砸落下来。它不敢耽搁，立即撒腿往树林深处奔逃。

背后传来人们响亮的鼓掌声。

我都逃走了，你们还鼓什么掌呀，真是莫名其妙！

第十八章　背水一战

这边泥雪滚闷着头奔逃，慌不择路，竟然逃到鹰山顶上来了。鹰山，顾名思义，就是一座状如老鹰的石山，地势险峻，鹰头似的山顶三面绝壁，只有一条山脊线形成的小路通往日曲卡雪山。泥雪滚发现自己走进了绝路时，已经迟了，五只老母豺封锁了山脊线，堵住了泥雪滚唯一的逃生之路。此时此刻，摆在泥雪滚面前的有两种选择：一是与五只老母豺拼个鱼死网破，二是从悬崖上跳下去。泥雪滚在小小的鹰头似的山顶跑了一圈，东面是笔陡的石崖，有几十米高，跳下去必定粉身碎骨；南面也是悬崖，虽然坡度略平缓些，但底下怪石嶙峋，正是豺的大本营——骷髅岩，跳下去就是自投罗网；西面是陡峭的雪坡，底下是古纳河，万一跳下去滚进波涛汹涌的古纳河的话，那就把自己喂鱼了。思来想去，既然从悬崖往下跳是死路一条，那就只好与五只老母豺拼个你死我活了。泥雪滚龇牙咧嘴，发出刻毒的低嚎，摆出一副困兽犹斗的架势来，希望能吓退老母豺们。可它的如意算盘落空了，老母豺们毫不动摇地扼守在山脊线上，根本就没有退却的意思。

泥雪滚吐出衔在嘴里的白耳朵幼豺，用豹爪踢踢猎物，猎物早就气绝身亡，不会动弹也不会叫唤，泥雪滚这样做，是在用肢体语言告诉面前的五只老母豺：这只短命幼豺已经被我猎杀了，人死不能复生，豺死也不能复生，你们即使把它抢回去，它也不可能重新活过来了；我可不是什么纸糊泥捏的玩具雪豹，我是爪子犀利牙齿尖利有雪域霸主美誉的真雪豹，把我逼急了你们能有好果子吃吗？退一万步说，就算我不幸被你们掏了肠子，起码也能咬翻两三个来给我垫背，豺的生命也只有一次，你们虽然是老母豺，但还没老到棺材镶子的程度，还能享受美好的时光和美好的生活，活着多么好，何苦为了区区一具幼豺尸体而跟一只张牙舞爪的雪豹进行殊死较量呢？你们走吧，最明智的选择就是退却；赶快走吧，我没兴趣追赶你们！泥雪滚朝老母豺们咆哮。

然而，威胁加规劝也没能打动老母豺们的心，它们仍扼守山脊线并向泥雪滚步步进逼。

泥雪滚突然气势汹汹地向老母豺们扑击而去。既然免不了会有一场生死搏杀，那就来个先下手为强。它希望自己的突然袭击能使老母豺们惊慌失措、猝不及防，从而冲开一个缺口，沿着山脊线逃到雪山上去。但老母豺们比它想象的还要狡猾，似乎早就料到它会有这步棋，它刚扑蹿过去，五只老母豺便呼啦围上来，其中四只闷头咬它的四条豹腿，黑鼻梁母豺则绕到它的身后撩拨它的尾巴。它领教过黑鼻梁母豺的厉害，掏肠技艺炉火纯青，它再也没有第二泡威力无比的稀屎可以喷薄而出将黑鼻梁母豺推倒在地了，它唯一的选择就是放弃夺路逃跑的企图，退回到悬崖边去。

双方僵持了几分钟，突然，黑鼻梁母豺呜呜呜发出短促的啸叫，似乎是吹响了战斗号角，五只老母豺平举豺尾弓腰屈腿，做出扑跳姿势，豺眼里燃烧着复仇毒焰，丑陋的豺脸上写满视死如归的坚毅与悲壮。

泥雪滚明白，这五只老母豺马上就会像跳蚤一样叮到它身上来，它们已下定决心与它生死一搏了。假如它叼着白耳朵幼豺不放，那就只能靠爪子撕抓而无法用牙噬咬，在五只老母豺疯狂的进攻面前就失去了还击能力，处于被动挨打的不利局面；它要想正常扑咬还击，就只能吐掉白耳朵幼豺，可这样一来，混乱中已经到口的猎物极有可能会被老母豺们抢回去。对豺来讲，抢回白耳朵幼豺，无非是抢回一具早已气绝身亡的幼豺尸体，毫无实际意义，但对它来说，情况就完全不一样了，如果白耳朵幼豺被抢走，就意味着它九死一生的冒险以失败告终，意味着救活花老三的希望彻底破灭！怎么办？好为难。一只老母豺跳到它背上来了，它扭头用豹头猛撞豺头，总算把老母豺从自己背上撞了下去。但就在它对付背上的老母豺时，黑鼻梁母豺阴森歹毒的眼光再次瞄向了它的屁股……泥雪滚不得不再向悬崖边退却了几步。它已站在悬崖边缘，无路可退了，再退一步的话，就要从悬崖上摔下去了。五只老母豺气焰更加嚣张，竟然冲到泥雪滚跟前——近得豺脸上的胡须都能触碰到豹脸上的胡须——呦呦啸叫。那只黑鼻梁母豺更是胆大妄为，竟然张嘴来咬泥雪滚的鼻子。

你们也太目中无豹了吧！你们也欺豹太甚了吧！你们也太狂妄自大了吧！泥雪滚心中怒火升腾，将嘴里的白耳朵幼豺吐在地上，吹胡子瞪眼，发疯般的号叫，跃跃欲扑。五只老母豺往后退了几步，摆出一个口袋阵，应对泥雪滚的进攻。泥雪滚明白，这是五只生活阅历和格斗经验都很丰富的老母豺，晓得该怎样对付穷途末路的雪豹。它若赌气扑上去，立刻就会遭到前后左右全方位反击。敌众我寡，且对方有特别卑鄙肮脏的掏肠绝技，它取胜的希望十分渺茫。当然，它不会像牦牛羚羊之类的食草动物那样白白被掏出肠子来，它的豹爪和豹牙绝不是吃素的，被掏肠之前，一定能咬翻一两只老母豺，运气好的话，说不定还能咬死三只老母豺，咬死一只够本，咬死两只赚一只，以一命换两三命，也不算亏了。可转念一想，这种算法似乎不科学。雪豹是雪域霸主，豺却是一种很普通的恶兽，生命的质量有明显的差别，以一条雪豹的命换一条豺狗的命，显然雪豹是吃了大亏的；退一万步讲，就算雪豹的命和豺狗的命可以等量齐观，就算它运气特别好能在被掏肠前一口气咬翻三只老母豺，数量上也并不占便宜，因为一旦它被豺掏肠，那千年老杉树扇形树洞里的三只幼豹也必死无疑，这已经不是一命换两三命的问题，而是拿四条雪豹的命去换两三条豺狗的命，岂不是吃了巨亏！

拼拼不得，逃逃不脱，唯一的办法就是从悬崖上跳下去。与其待在山顶被掏肠子，还不如冒险跳悬崖呢，说不定还有死里逃生的可能。动物都熟知两害相遇取其轻的生存策略。泥雪滚刚才观察过地形，东南西三个方向，东南两个方向跳下去都是必死无疑，唯有西面的悬崖，虽然也很陡峭，但形成一个自然斜坡，且斜坡上铺着一层雪，可以起到保护作用，只要能控制好翻滚的惯性，别直接滚进古纳河，或许就能保住性命。打定主意后，它声嘶力竭地狂吼起来，张牙舞爪做出扑咬姿势，这叫虚晃一枪以进为退，趁老母豺们往后退却之际，它叼起白耳朵幼豺往西紧跑几步，在老母豺们的号叫声中，纵身一跃，从悬崖上跳了下去。

虽说雪豹天生具备极佳的空中平衡能力，但坡度实在太陡，跳下二十多米后，它砰地掉在积雪上，爆起一团雪尘。虽然四爪着地，但根本没法儿站稳，身体像皮球似的往下滚。它闭起眼睛，心里只有一个念头，那就是紧紧咬住白耳朵幼豺，死也不松口，耳边传来呼呼风响，脑袋晕得厉害，也不知打了多少个滚，突然，身体重重撞击了一下，停止了滚动。泥雪滚睁开眼一看，自己躺在古纳河旁边，幸好一棵碗口粗的思茅松挡了它一下，不然的话，它极有可能直接滚进古纳河喂鱼了。它站起来，扭扭腰，动动四肢，除了脑袋有点儿晕，好像没受别的伤。这时，它听见头顶传来“砰——砰——”物体砸落的声响，抬头一看，可恶的老母豺竟然也学着它的样，跟着从悬崖上跳下来了。带头跳下的是黑鼻梁母豺，它在陡坡的积雪上砸出一个坑，又像鸟一样飞起来，再次砸在积雪上，迅速滚落。另四只老母豺也学着黑鼻梁母豺的样，奋不顾身地跃下悬崖。

没想到，豺的报复心这么强，即使面临死亡危险也要穷追到底。

泥雪滚不敢耽搁，立马叼着猎物沿古纳河往山谷外奔逃。

它熟悉这一带的地形，只要逃出狭长的山谷，就是白雪皑皑的日曲卡雪山，它就能发挥雪豹擅长在雪地奔驰的优势，摆脱比魔鬼还难缠的老母豺们。

“哗——”身后传来巨大的水花声,伴随着豺凄厉的号叫，它不用回头看也知道，一只老母豺从悬崖上跃下来，运气不佳，直接滚进古纳河去了。啧啧，要是追赶它的五只老母豺统统跌进恶浪翻滚的古纳河里，那该多好啊。当然，它的愿望是无法实现的。背后，老母豺们号叫奔跑的声音越来越近，豺的顽强和韧劲远远超出了它的想象，它们只要还有一口气，就不会放弃追撵咬杀幼豺的凶手。

泥雪滚竭尽全力奔跑，穿过前面那道C形河湾，就能跑出这条狭长的山谷了！就在这时，它突然收敛脚步紧急停了下来，它看见C形河湾灰白色的沙砾上有许多红点儿在跃动。是豺，一大群豺！泥雪滚差点儿没急晕过去。身后传来老母豺们凄厉绵长的啸叫，C形河湾上响起豺群阴森悠长的啸叫，显然，追赶泥雪滚的老母豺们也看见了豺群，并进行了联络和沟通。身后老母豺们的啸叫如泣如诉，前面C形河湾豺群的啸叫如吼如嗥，不用猜泥雪滚也明白，老母豺们向豺群报告了白耳朵幼豺被掳掠的消息，豺群情绪激动、义愤填膺、摩拳擦掌、誓死报仇。果然，半分钟后，几十只土红色的豺就像几十团复仇的火焰，顺着河岸线飞速压了过来。

自己真是倒霉透了，冒着九死一生的危险从悬崖上跳下来，指望能摆脱老母豺们的追杀，没想到却遇到了更大的麻烦，碰到了狩猎归来的豺群。流年不利，命运多舛，天要亡我，天要绝我！泥雪滚悲哀地想。

前有豺群堵住了去路，后有老母豺们堵住了退路，一边是猿猴都难以攀爬的悬崖峭壁，另一边是波浪翻滚的古纳河，泥雪滚陷入绝境。

不一会儿，豺群就来到泥雪滚面前，长颈毛豺王率领七八只大公豺朝泥雪滚逼近，呦呦低嚎着，豺眼里闪烁着复仇的光芒，恨不得把泥雪滚撕咬成碎片。

泥雪滚慌忙向古纳河退却，这是它唯一可以退却的地方。与一大群豺搏杀，它绝无赢的希望。刚才在鹰山上，它就差一点儿让黑鼻梁母豺给掏了肠子，一只上了年纪的老母豺尚且这么厉害，长颈毛豺王的掏肠技艺肯定更加炉火纯青。待会儿长颈毛豺王亲自出马，那将防不胜防啊。避免交锋，扭头逃窜，是它唯一的选择。

很快，泥雪滚退到河边一块高出地面约半米高的大卵石上。大卵石一半在岸上，一半在河里。泥雪滚已经无路可退，再退就退到古纳河里去了。没办法，只有壮起胆子摆开架势拼死一搏了。

豺群的进攻比它想象的还要厉害，在长颈毛豺王的指挥下，大公豺们连续不断地跳到大卵石上朝泥雪滚扑咬。豺不仅个个都是亡命徒，还很有战术头脑，声东击西，旁敲侧击，佯动佯攻，极有章法，就像一架精良的战争机器。泥雪滚刚才与五只老母豺周旋了半天，又吃死鱼又拉稀，又从高高的悬崖滚落下来，又重重地撞在思茅松上，头晕眼花，筋疲力尽，体力严重透支。几个回合下来，它身上多处被豺咬伤，只有招架之功而无还手之力。有一回，一只短尾大公豺跃上大卵石来抢它嘴里的白耳朵幼豺，它忙于应付正面进攻，忽略了来自背后的威胁，一只独眼大公豺从后面跃上大卵石咬住它的尾巴，就像拔萝卜似的拼命拔，差点儿把它从大卵石上拽下去。它心里很清楚，豺多势众，它是坚持不了多久的，或者被许多恶豺你一口我一口凌迟处死，或者被活掏了肠子凄惨而亡。

留在岸上必死无疑，那还不如跳进古纳河去呢，它想，兴许还有一线生机，但当它的眼光落在古纳河时，心里却忍不住打了个寒噤，打消了跳河逃生的念头。古纳河水是日曲卡雪山的积雪融化而成的，冰冷彻骨，加上这一带是山区，地势落差很大，河床里遍布大大小小的卵石，飞泻而下的河水撞击在石头上，发出訇訇如雷的声响。雪豹虽然会泅水，但泳技一般，不能和水獭、浣熊、河马、鸭嘴兽等动物相比，跳进水势如此湍急的河里，根本就没有生还的希望。

跳河等于自杀，不如就在岸上与豺群周旋，或许再坚持一会儿，豺群会失去耐心而撤离呢，泥雪滚想。

就在这时，又有两只大公豺迎面蹿上大卵石，左右夹击，张嘴去咬泥雪滚颈侧的动脉血管。这也是豺捕杀猎物惯用的绝招，锋利的犬牙一旦割开猎物颈侧的动脉血管，猎物便会因失血过多而失去反抗能力。泥雪滚当然不能任豺宰割，它若吐掉口中的白耳朵幼豺，是可以咬得两只大公豺脑袋开花的，可它害怕自己一旦松口，好不容易获得的食物会被大公豺抢了去，便用前爪去撕抓豺脸，以阻挡大公豺的扑咬。两只大公豺仿佛晓得泥雪滚不敢吐掉口中的幼豺，于是更加肆无忌惮，各咬住泥雪滚一条前腿不放。你们竟敢无视能一口咬断羚羊脖子的豹牙，面对面来咬一只成年雄雪豹的前腿，这也太嚣张狂妄目中无豹了吧！泥雪滚决定给这两只大公豺以血的教训，它松动嘴巴，想把口中的白耳朵幼豺吐掉，然后以迅雷不及掩耳之势咬住右边那只大公豺的脖子，这样的话，就算白耳朵幼豺被抢了去，它也猎杀了大公豺，大公豺身上的肉比幼豺身上的肉多，用一只幼豺换一只大公豺，也是一笔很划算的买卖啊。可对豺群来说，用一只身强力壮的大公豺换一只早已气绝身亡的幼豺，显然是一笔亏本生意。既然自己稳赚不赔，那何乐而不为呢。就在它打算将口中的白耳朵幼豺吐掉之际，突然，尾巴后传来一阵刺痛，它扭头瞄去，不好，一只模样丑陋凶蛮的独眼大公豺趁它聚精会神对付正面两只大公豺之际，悄悄跃上大卵石，再次咬住了它的尾巴。更糟糕的是，那只长颈毛豺王也跟着跃上大卵石，隐含杀机的豺眼死死盯着它的肛门……

泥雪滚吓出一身冷汗，它明白，自己又中了豺声东击西的诡计。如今，它的两只前爪被面前两只大公豺控制住，一时很难扭身扑杀咬住它尾巴的独眼大公豺；而它的尾巴被独眼大公豺牢牢擒住，也无法用尾巴盖住肛门以阻止长颈毛豺王掏肠。长颈毛豺王是豺群中的佼佼者，掏肠技艺绝对出神入化，刹那间就可将它肚子里的肠子揪出来。它没时间犹豫，也没时间思考，纵身一跃往波浪翻滚的古纳河跳了下去。

要么跳河，要么被掏肠。换句话说，要么喂鱼，要么喂豺。它别无选择，那就喂鱼好了，它恨肮脏的豺，不愿让豺吃掉自己。

扑通，古纳河里溅起一朵硕大的浪花。

泥雪滚只觉得浑身一阵冰凉，身体沉入水中。它奋力蹬动四肢让脑袋浮出水面，它看见，几十只豺在河边一字排开，气急败坏地啸叫。豺比豹更惧怕水，是不敢跳进古纳河来的。

看来，被凶暴的豺活掏豹肠的惨剧算是避免了，但另一个灾难随即降临。

泥雪滚划动四肢想游到对岸去，但刚到河中央，一股激流猛冲下来，把它卷向下游。泥雪滚被迫在激浪翻滚的古纳河里漂流，一会儿被推上浪尖，一会儿被抛进浪谷，一会儿重重撞击在石头上，一会儿又随着瀑布飞流直下。很快，它就感到天旋地转，身不由己，随波逐流。它只有一个强烈的念头：紧紧叼着那只白耳朵幼豺，决不放弃已经到手的猎物……

豺群气急败坏的啸叫声越飘越远，慢慢消失了。

也不知过了多长时间，泥雪滚苏醒过来，发现自己上半身躺在沙滩上，下半身泡在冰凉的河水里。它不清楚自己是怎么上岸的，也许是一股激流将它推上沙滩，也许是顺着瀑布从高处漂下来后被暗流送到岸边了，反正，它没有喂鱼，侥幸活了下来。更让它高兴的是，嘴里仍好端端地叼着那只历经艰险捕获的白耳朵幼豺。它站了起来，抖抖身上的水珠，谢天谢地，四肢完好无损，除了胸口有点儿闷，肩膀被河里的石头蹭掉一块皮外，没受什么伤。日头已开始偏西，泥雪滚惦记着千年老杉树扇形树洞里快饿死的花老三，不敢再耽搁，叼起猎物，撑着虚软的身体，急急忙忙往巢穴赶。

它被激流冲上岸的地方离千年老杉树并不远，回到巢穴，花老三已虚弱得睁不开眼了。泥雪滚连忙将白耳朵幼豺开膛剖腹，将湿滑的内脏嚼碎后用舌尖塞进花老三嘴里，谢天谢地，花老三还能勉强吞咽。泥雪滚把半只幼豺都喂了花老三，另外一半与白老大和银老二分享了。它冒着九死一生的危险捕获的猎物终于创造了奇迹，天黑后，花老三能颤巍巍地站起来了，它从饥饿——这个动物界最狰狞的死神那儿逃出来了。

第十九章　母子团聚

阿灿霞星夜驰骋，朝日曲卡雪山疾行。

它从人类魔掌下脱逃的地点离家并不十分遥远,天边高耸入云的日曲卡雪山就是最显眼的路标,不用担心会迷失方向。

第三天黄昏，它渡过古纳河，穿过尕玛尔草原，哦，它日夜思念的家就在眼前了。落日的余晖照耀着日曲卡山麓，皑皑白雪像抹了胭脂，色彩浓艳而瑰丽。那棵枝如虬龙、苍劲挺拔的千年老杉树仍屹立在山腰，用生命的绿意点缀着荒凉的山野。照理说，望见自己的家了，阿灿霞应该无比欢欣，应该兴奋地大叫一声，以最快的速度奔回家去。在被人类囚禁的那段日子里，它最想念的就是千年老杉树下那个温馨的巢穴，最牵挂的就是窝里的三只幼豹，它做梦也想回家舔吻自己的心肝宝贝。可是，眼看家已经近在咫尺，它却突然间犹豫、迟疑、动摇了。

山野静悄悄的，它侧耳细听，只有微风吹拂树叶的沙沙声。它呆呆地立在山坡上，凝望山沟对面那棵千年老杉树，一种不祥的预感袭上心头。它已被人类囚禁了差不多一个月，虽然三十天时间并不算特别漫长，但对不满一岁的幼豹来说，却是一种无法承受的煎熬。像雪豹这样的哺乳动物，幼豹是离不开亲豹的，别说跟妈妈分离三十天了，即使分别三天，也将面临巨大的生存风险。一岁龄的幼豹还无法自立，既没能力捕捉猎物，也不懂如何躲避灾祸。不错，它是为小家伙找了个泥雪滚做后爸，但它明白，泥雪滚与三只幼豹没有血缘关系，做幼豹的后爸，这在雪豹社会也堪称空前绝后、绝无仅有。一个月前，泥雪滚亲眼目睹它被关进狭小的木笼。雪豹都晓得，一旦落到猎人手里，要么被射杀后剥去豹皮做成裘皮大衣，要么被送到动物园做终生囚徒，根本没有生还的希望。换句话说，随着它被人类捕获，曾经许诺给对方的婚约期票也就不存在了。除此之外，在雪豹社会，雄性的家庭观念比雌性要淡得多，雄豹一般不会单独抚养幼豹。所以，即便是亲生父豹，在母豹遭遇不幸后，也大多会抛弃儿女、不辞而别。也就是说，母豹是家庭的核心和灵魂，有母豹在就有家庭在，母豹不在了，家庭就解体了，亲情就消亡了。更何况泥雪滚只是只继父豹。在它被人类捉走三十天后，它没有任何理由指望泥雪滚还会继续担当后爸的角色。这种可能性绝对是零。那么，失去成年豹照料和庇护的三只幼豹的生存几率也是零。在弱肉强食的丛林里，没爹没妈的孩子只能夭折。

阿灿霞这样想着，从人类魔掌下侥幸脱逃的喜悦刹那间烟消云散，它沉浸在极度的空虚和伤感中，感到一种从未有过的孤独和无助。它颓丧地甩了甩尾巴，准备转身离去。三只幼豹已经不在了，它回家还有什么意义呢？千年老杉树偌大的扇形树洞里,有了幼豹活泼的身影,那就是温馨美满的家，没有了幼豹活泼的身影，那就是黑暗死寂的坟墓。回到千年老杉树，只能勾起它痛苦的回忆，只能增加它的忧伤和悲凉。最明智的做法就是离开这里，离开这块给它带来太多苦难的土地，远走他乡，另觅一处合适的巢穴，把不堪回首的往事彻底忘却，重新开始新的生活。

别了，千年老杉树;别了，曾经有过的幸福甜美的生活！

阿灿霞转身拐进一条通往梅里雪山的羊肠小路，一颗破碎的心绝望地颤抖。

就在它即将跨出山沟时，突然，“呦欧——”山风里传来幼豹的叫声，声音很轻，若有似无。它的心尖一阵颤动，急忙转过身来凝神谛听，那叫声又没有了。哦，一定是自己悲伤过度、神思恍惚而产生了幻听，它想。它想甩头走开，可心里却悄悄萌生出一种难以割舍的期待，一种想要去看个究竟的冲动。即使千年老杉树下躺着三具幼豹的尸体，它也应该去看一看。它应当面对现实，而不是消极地逃避。这么一想，它振作起精神，踏着碎步往千年老杉树小跑而去。

走到离树洞还有三四十米时，它灵敏地嗅闻到一股十分熟悉而亲切的气味：那是三只幼豹身上散发出来的特有的气息！它耸动鼻翼使劲嗅闻，没有闻到死尸的腐臭，扑鼻而来的全是新鲜灵动的生命气息！刹那间，它的心狂跳不已，急蹿几步，倏地钻进树洞。老天有眼，它看到了令它万分惊喜的场面：泥雪滚躺卧在树洞外侧，三只幼豹挤成一团躺卧在树洞内侧。听到动静，泥雪滚和三只幼豹抬起头惊愕地望着它。阿灿霞倏地从泥雪滚身上跳跃过去，一头扎到三只幼豹跟前，呦欧呦欧，激动得声音都嘶哑了，搂搂这个，抱抱那个，舔舔这个，吻吻那个。三只幼豹很快认出阿灿霞来，眼中的惊愕变成了惊喜，争先恐后地扑进阿灿霞的怀抱，呦呦呜呜诉说着思念与期盼：

——妈妈，你怎么才回来呀，我们一直盼着你回家，白天想，夜里想，梦里也想，我们想得好苦哇。

——宝贝，妈妈也想你们，望着太阳想，望着月亮想，望着星星也想，恨不得插上翅膀飞到你们身边。

——妈妈，我们好多次跑到你被关进木笼的地方等你，我们拼命叫唤，嗓子都叫哑了，你听到我们叫你了吗？

——宝贝，妈妈听到了，妈妈不是用耳朵听到的，妈妈去的地方很远很远，耳朵是听不到的，妈妈是用心听到的，妈妈还在心里千遍万遍地回应你们。

——有妈的孩子是个宝，没妈的孩子是根草，你不在，我们经常要饿肚子的。

阿灿霞仔细看看，三只幼豹确实消瘦，两侧的肋骨突兀出来，都可以在上面弹琵琶了，用皮包骨头四个字来形容再恰当不过。它用舌尖触摸它们的肚皮，里头空瘪瘪的，似乎没什么食物残留。或许是由于营养不够吧，三个小家伙毛色都有点儿暗淡，灰扑扑的，缺少光泽，身体似乎也比其他同龄幼豹要小半圈。

——哦，都怪妈妈不好，误中了猎人的圈套，让你们吃苦了。

——妈妈，你还会离开我们吗？我们不许你再离开了！

——宝贝，妈妈答应你们，妈妈再也不会离开你们了。

……

“欧呜欧呜”，旁边传来成年雪豹混浊的低吼声。哦，是泥雪滚在叫。阿灿霞这才发现，它们母子四个沉浸在劫后余生、久别重逢的巨大喜悦中，竟然忘了还有泥雪滚的存在。瞧泥雪滚，比一个月前又衰老了许多，身体愈发瘦削了，唇吻上的胡须都焦黄卷曲了，或许是因为太辛苦，它脸色憔悴，眼角长满眵目糊，连吼叫声都变得混浊而嘶哑。

阿灿霞赶紧从三只幼豹中抽出身来，跨到泥雪滚面前，就像一个真正的雪豹妻子一样，柔顺地依偎上去，将自己的脑袋伸进对方的颈窝，轻轻摩挲了几下，以表达内心的感激。虽然三只幼豹因饥饿而瘦弱，但它们都平安地活着，没少胳膊少腿，这是最最重要的。

阿灿霞心里再清楚不过了，一只生存技能本来就偏弱的公豹，要独自养活三只幼豹，谈何容易啊，能活下来已经是磕头碰着天的大幸运了。不用问它也知道，泥雪滚没法儿天天给三只幼豹提供足量的鲜肉，只好去捡食腐尸，或者去争抢野狗或狗獾捕到的食物，额头那三道蚯蚓状伤疤，肯定就是在与野狗或狗獾争食时留下的。它没想到，在它失踪的整整一个月里，泥雪滚竟然没有遗弃三只幼豹，在根本不知道它能不能回来的情况下，仍坚守父豹岗位。这是一件令它多么感动的事啊。它感激泥雪滚的忠诚，它感谢泥雪滚的善良。自然界中，并非只有人类才懂得感恩，雪豹也懂得感恩。它依偎在泥雪滚身旁，用自己的脸摩挲泥雪滚的颈窝，除了表

达感激之情，也是用形体语言向泥雪滚做出庄严的承诺：我会记住你的大恩大德，等到三个小家伙长大后，我一定会做一个最温柔贤惠的妻子，与你缔结一段美满的姻缘。

有点儿煞风景的是，泥雪滚身上的气味不大好闻，腐酸中夹着霉臭，尤其是颈窝下，散发出一股异味，熏得它不敢呼吸。但此时此刻，感激之情压倒了一切，它又转动脑袋在泥雪滚的颈窝摩挲了几下。

不管怎么说，泥雪滚是值得它爱的，阿灿霞想。

第二十章 家和万事兴

阿灿霞总觉得是由于自己的过失，三只幼豹才长得如此瘦弱，它抱着一种愧疚心理，以十倍的努力勤奋狩猎，来弥补自己的亏欠。天刚亮，它就动身到尕玛尔草原捕捉黄羊，倘若运气不好抓不到猎物，它就会踏着星光到日曲卡雪山北麓捕捉雪兔，非要有所收获才肯回家。

有一次，它在尕玛尔草原游荡了整整一天，也没见到合适的猎物；黄昏时分，它赶往日曲卡雪山北麓，一直寻觅到子夜，仍没发现可供捕捉的雪兔；于是它忍着饥饿和寒冷，一口气翻山越岭 30 公里，跑到风雪垭口去伏击岩羊。皇天不负苦心豹，黎明前它终于扑进羊群捕获了一只羊羔，在清晨带回了千年老杉树，给三只幼豹送上了一顿丰盛的早餐。

日曲卡山麓的秋天，乍寒还暖，气候宜人，麋鹿、野猪、野羊、野马、野牦牛等食草兽正到处寻找食物以储存营养，度过即将来临的寒冷的冬天，草原上、树丛里、山崖间时常出现食草兽活跃的身影，这对雪豹来说，无疑是狩猎的黄金季节。加上阿灿霞又这么卖力地外出觅食，一分汗水，一分收获，三只幼豹几乎每天都能吃到美味可口的鲜肉，而且不限制数量，想吃多少就吃多少，敞开肚皮吃，顿顿都能吃得打饱嗝。它们正在长身体的阶段，丰富的营养补充进去，短短半个月的时间，暗淡的皮毛就闪耀出迷人的光泽，皮下脂肪也迅速积累起来，两侧突凸的肋骨看不见了，身体像春笋般日长夜大。

这真是一段特别舒心的日子，和睦、富足、融洽，家和万事兴，这个雪豹家庭的小日子可谓红红火火。

第二十一章　一只幼豹考试没及格

对阿灿霞这样处在育幼期的母豹而言，无忧无虑的日子总是短暂的，幸福的时光转瞬即逝，旧的烦恼才下眉头，新的烦恼又爬上心头。

银老二的性格似乎有缺陷。

冬天来临，三只小家伙满一岁了。按照雪豹的成长规律，一岁龄的幼豹已由少年豹迈入青年豹，最重要的标志就是由“观摩狩猎阶段”进入“实习狩猎阶段”。具体来说，过去幼豹跟随亲豹外出狩猎，通常都是待在一个合适的地点，观摩亲豹是如何接近、追逐、扑杀、噬咬猎物的；到了一岁龄时，它们就由用眼睛观摩变成动手实习了。当然，这是个循序渐进的过程。刚开始进入实习狩猎阶段，幼豹会跟随在亲豹后面，亦步亦趋模仿亲豹，学习如何悄无声息地向猎物靠近，以到达有效冲击距离。然后在亲豹向猎物发起攻击时，呐喊助威，旁敲侧击，以锤炼捕杀猎物的胆量、意志和技艺。再往后，就能作为助手参与到整个狩猎过程中来了。“实习狩猎阶段”一般要持续一年，幼豹两岁时，完成整个实习狩猎课程后，就要离开亲豹独立生活了。

从“观摩狩猎阶段”进入“实习狩猎阶段”，就像人类的孩子从小学升到中学。

银老二的性格缺陷就是在实习狩猎阶段的第一堂课上暴露出来的。

为了让幼豹顺利完成由“旁观者”到“参与者”的角色转换,父豹和母豹会精心设置这样一个课程:它们到山野活捉一只羊羔或鹿仔,像送生日礼物一样送给幼豹,让幼豹追逐噬咬。这是幼豹成长历程中一个十分重要的实践活动,对培养幼豹的猛兽风范及高山霸主的精神风貌具有奠基性的意义。

阿灿霞和泥雪滚联手，花了整整两天时间，费了九牛二虎之力，才在一群白唇鹿中捕获到一只鹿仔。它们叼住鹿仔的脊背,跋山涉水走了十几公里,强行将鹿仔带回千年老杉树。它们在小河沟选了一处平缓地段，两边都是陡峭的石壁，泥雪滚守在河沟左端，阿灿霞守在河沟右端，封锁了鹿仔逃生的前后两个出口。可怜的鹿仔就像被关进了一只巨大的兽笼，求生无望，插翅难逃。

一切布置停当，三只幼豹进入了训练场。为了能有效激发幼豹身上潜在的野性，阿灿霞从昨晚开始就停止给它们喂食，让它们处于饥饿状态。对动物来说，饥饿是最好的辅导老师。

哦，妈妈给你们带来了世界上最好玩儿的玩具，你们就尽情地玩吧。

训练场正中是一只半大的鹿仔，体长一米有余，肩高约有 80 厘米，暗褐色的皮毛间布满金黄的小圆点，臀部有一块明显的黄斑，唇吻青白如雪，琥珀色的瞳仁里蓄满惊骇与恐惧，它害怕得浑身觳觫，不时抬起头发出呦呦哀鸣，或许是在向远方的鹿群求救。它的脊背被豹牙咬破，空气中弥漫开一股淡淡的血腥味。

三只幼豹好奇地打量着鹿仔，又回头望望阿灿霞，还不太明白自己该怎么做。

哦，宝贝，你们一天没进食，肚子很饿了吧？你们一定很想吃鹿肉喝鹿血吧？哦，那就勇敢地朝白唇鹿扑过去，用你们的尖牙利爪，用你们的智慧和力量，去撕去杀去抓去打去噬咬去宰割！

三只幼豹你望我、我望你，在离鹿仔约二十步远的地方踟蹰徘徊，不知所措。对它们而言，过去都是吃亲豹叼来的肉块或拖来的尸体，从未自己动手扑杀过活的猎物，免不了有点儿心慌意乱。

幼豹第一次扑杀活物，尤其是面对体型比自己大的鹿仔，有点儿心惊胆战，有点儿犹豫彷徨，有点儿手足无措，都是很正常的现象。只要它们成功跨出第一步，齐心协力将鹿仔宰杀，那么它们食肉兽的杀戮本能就会被唤醒，继而，它们会通过实践掌握狩猎的基础知识，并懂得森林里大大小小、形形色色的食草动物，都是雪豹维系生命的食物。

不仅如此，这个看似游戏性质的活动，对幼豹的精神成长也尤为重要。现在幼豹的眼神，清澈而透明、稚嫩而无邪，充满童趣；经过这场杀戮，它们将经受血的洗礼，用鹿血铸就成熟的灵魂，眼神将变得含蓄而沉稳、深邃而冷峻。过去，它们都是在亲豹的庇护下，过着饭来张口的日子，独立完成捕杀猎物的工作后，它们将体验生活的甘苦，接受生活的挑战，向独立生活迈出重要的第一步，增强作为食肉兽所必备的自尊心和自信心。当然，这只是一场游戏，但游戏是生活的预演。

——宝贝，别怕，这只鹿仔虽然身躯比你们高大，但它是懦弱的食草动物，天生就是雪豹的食物。你们是新一代的雪域霸主，你们有权力也有能耐主宰这只鹿仔的生命。

三只幼豹虽没亲自捕杀过猎物，但在此之前曾多次跟随阿灿霞和泥雪滚外出觅食，在一旁观摩它们是如何逼近、捕捉、噬咬猎物的，对狩猎要领耳濡目染。在阿灿霞的一再催促下，白老大终于鼓起勇气绕到鹿仔背后，猛地纵身一跃，两只前爪揪住鹿背。鹿仔惊叫一声，拼命蹦跶，白老大没能抓稳，从鹿背上滑脱下来。花老三也趁机斜蹿上去，想咬短短的鹿尾，却被小白唇鹿敏捷地躲闪开去。

——宝贝，好样儿的，干得不错。勇敢是雪豹的基本素质，你们表现得非常勇敢，妈妈为你们感到骄傲。第一次出击，鹿仔从你们的爪下逃脱了，这算不了什么，失败是成功之母，积累了经验教训，你们就会更健康地成长起来。拿出雪豹威风凛凛的气势，拿出雪豹藐视一切的气概，勇敢、勇敢、再勇敢，扑击、扑击、再扑击，你们一定会成功的！

阿灿霞既是进行现场指导的教练，又是热情洋溢的啦啦队，不断吼叫着，为幼豹呐喊助威。

在阿灿霞的鼓励下，白老大和花老三再次扑了上去。两个小家伙很聪明，这次采取左右合围的策略，一起扑到鹿背上，白老大两只前爪搂住鹿仔的脖颈，花老三两只前爪抓住鹿仔的屁股，两只幼豹在鹿仔身上胡乱啃咬。鹿仔出于求生的本能，狂跳乱踢，拼命挣扎，从两只幼豹的夹攻下逃脱出来，沿着河沟朝左奔逃，被守候在左端的泥雪滚一巴掌扇倒在地，急忙翻爬起来，又掉头沿着河沟朝右奔逃。阿灿霞早有防备，嗖地蹿跃出去，跳到鹿仔背上，紧紧搂住鹿仔的身体，巧妙地将豹嘴伸向鹿仔颈窝，一口咬住鹿仔的喉管……这是雪豹制服大中型食草兽的绝招，也可以称为杀手锏——紧咬猎物的喉管，让猎物窒息而亡。当然，阿灿霞并没有真正去咬，只是做个示范动作给幼豹们看看，让它们掌握最关键的猎杀动作。

阿灿霞很快松开嘴从鹿仔身上跳了下来。

鹿仔无处可逃，又被赶进了幼豹的包围圈。

白老大和花老三再次朝鹿仔扑蹿过去。这一次，它们吸取了教训，跃上鹿仔的脊背后，两条前肢搂抱住鹿仔的身体，两条后肢不再踮立地面，而是快速腾空，把整个身体的重量都压在鹿仔背上。这是很高明的战术，一旦将鹿仔压垮在地，鹿仔就失去了反抗能力，只能束手就擒了。

或许是两只一岁龄的幼豹分量还不够重，或许是这只鹿仔的腿部力量过于发达，两只幼豹压在它身上竟然也没能将它压垮。它虽然已无法颠跳奔跑，却顽强地屹立在原地，四条鹿腿颤颤巍巍，但就是不肯倒下去。捕食者和被捕食者处于一种势均力敌的僵持状态。

要是再有一只幼豹扑上去就好了，肯定能压垮勉强支撑的鹿仔的求生意志，幼豹重要的人生第一课也算画上了圆满的句号，阿灿霞心想。

突然，阿灿霞想起了银老二。刚才它只顾着指导白老大和花老三，竟然把银老二忘记了。三只幼豹是一起参加狩猎实习的，白老大和花老三与鹿仔激烈搏杀，银老二理应扑上去帮忙的，但让阿灿霞颇感意外的是，格斗圈里丝毫不见银老二的身影。阿灿霞在四周搜索，很快，它发现银老二独自蜷缩在一丛枯草后面。就像老师遇到懒惰的学生一样，它简直气不打一处来，走过去在银老二耳边吼了一声：你的哥哥和妹妹都在刻苦学习狩猎技艺，你倒好，躲在这里睡大觉！银老二似乎被它叫醒了，慢吞吞地站了起来。阿灿霞抡起尾巴在银老二屁股上不轻不重地抽了一下：你还愣着干吗？快冲上去呀，向你的哥哥和妹妹学习，扑到鹿仔背上撕咬去！在它的催逼下，银老二不情愿地朝鹿仔跑了过去。这时候，鹿仔积蓄力量又连续蹦跶，白老大和花老三从鹿背上颠落下来，情急之中，白老大一口咬住鹿仔的一条后腿，花老三也唯恐鹿仔逃走，不顾一切地叼住鹿仔一条前腿。鹿仔两条腿落入豹口，动弹不得，疼痛难忍，不禁发出惨烈的哀嚎。

这个场面残忍而恐怖，充满了血腥味。但对雪豹这样的食肉兽来讲，捕杀活物是必须学会的一项生存技能。

这时，银老二来到了鹿仔身旁。望着凶狠地撕扯着鹿腿的白老大和花老三，望着垂死挣扎的鹿仔，它的表情变得万分恐惧，豹尾耷落下来，浑身不停地颤抖，突然哀嚎一声，扭头逃回枯草丛里，蜷缩到草根下。

阿灿霞心里咯噔了一下，有一种不祥的预感。正常的一岁龄幼豹，面对垂死挣扎的猎物，理应热血沸腾跃跃欲扑，银老二的表现却与正常幼豹截然相反，似乎是害怕见到血腥的杀戮，这小家伙的心理是不是有问题呀？它扭头看了一眼，白老大和花老三正各叼着一条鹿腿拔河似的往两边用力拉，这情景好像在哪儿见过。哦，它想起来了！半年前，在日曲卡山脚一个开满杜鹃花的小山坡上，一对凶恶的狼獾夫妻也曾咬住银老二的两条腿拔河似的往两边拉，要不是它及时赶到，小家伙差点儿就被狼獾夫妻活活撕成两半了。突然，它脑子里豁然一亮，找到了银老二如此反常的原因：看来，儿时遭受的伤害已经深深刻在了小家伙的心里，就像埋下了一个病灶，一旦面对类似的狩猎场面，伤痛与恐惧就会从记忆的病灶里释放出来，抑制了雪豹与生俱来的噬血冲动。

不行，你是雪豹，你必须习惯血腥的杀戮！阿灿霞蹿到银老二身旁，连连发出催逼的吼叫，还用爪掌推搡银老二的肩胛，试图逼迫小家伙参与到捕杀鹿仔的游戏中去。遗憾的是，银老二把脸埋进草根，任它怎么叫骂，就是拒绝站起来向鹿仔扑咬。

想起半年前，当它将银老二从狼獾夫妻的爪牙下解救出来时,望着小家伙极度恐惧的眼神,心里就有一种隐隐的忧虑,担心这段受伤经历会给银老二的心理发育和性格养成带来负面影响。没想到,它的忧虑竟然变成了无法回避的现实。

那壁厢，精疲力竭的鹿仔终于支撑不住，求生意志崩溃，倒了下来，白老大将豹嘴伸进鹿仔的颈窝，笨拙地咬住了猎物的喉管……

白老大和花老三的表现固然让阿灿霞欣喜，但更让阿灿霞遗憾的是：这实习狩猎阶段的第一堂课，也是雪豹的人生第一课，银老二没有及格！

第二十二章　袒护弱者

阿灿霞决定要将银老二扭曲的心理矫正过来。

首先当然是苦口婆心的教诲。自从猎杀了鹿仔后，幼豹跟随亲豹外出狩猎，就不再是单纯的旁观者，而变成了积极参与者。每当亲豹向猎物发起攻击，幼豹便会跟随在亲豹屁股后面呐喊鼓噪；在亲豹擒住猎物或当猎物失去反抗能力后，在亲豹的怂恿和鼓励下，幼豹也会对猎物实施扑击撕咬。凡遇到这种情况，白老大和花老三便会兴奋得全身豹毛恣张，呦呦号叫着，扑到猎物身上磨炼自己的豹爪和豹牙。银老二的反应却迥然不同，脸上总是浮现出困惑和畏惧的表情，随即转身悄然离去。每当这个时候，阿灿霞便迅速跑过去，用身体阻挡银老二离开，扯起喉咙大声吼叫：

——捕杀猎物是雪豹最基本的生存技能，你要活命，就必须学会用你的利齿咬断猎物的喉管，用你的锐爪撕开猎物的胸膛！

——孩子啊，妈妈不可能永远守在你身边照顾你的生活，你也不可能运气这么好天天不用动手捡腐肉吃，你怎么能拒绝学习狩猎本领呢？

有一次，阿灿霞和泥雪滚围住一只北山羊，白老大和花老三踊跃参战，很快将那只倒霉的北山羊咬倒在地。北山羊的两条羊腿已经被咬断，脖颈也已经被咬裂，喉管被豹牙割开一条六七厘米长的口子，汩汩冒着血，躺在地上奄奄一息。阿灿霞将白老大和花老三轰走，把银老二领到北山羊旁边，哦，解决这只猎物的光荣使命就交给你啦。

这只北山羊四只羊蹄胡乱踢蹬，羊头枕在地上无力抬起，已经命悬一线，银老二根本不需要花力气去搏斗，只消用豹嘴在羊颈上咬一口，北山羊生命的烛火就会熄灭。这是最省心省力的猎杀，不费吹灰之力便可赢得的光荣。阿灿霞希望银老二能借此矫正那扭曲的心理。

银老二到底是雪豹，从小耳濡目染血腥的杀戮，似乎也有猎杀北山羊的冲动，呦呦吼着，两只豹眼闪烁着野性的光芒，扑到北山羊身上，张开豹嘴就要朝猎物的脖颈咬去。

咬吧，咬吧，当你用力咬断猎物的脖子，你就完成了成长中一个最重要的环节，变成了一只真正的雪豹。阿灿霞不断用眼神鼓励着银老二。

就在银老二的牙齿触碰到北山羊喉管的一瞬间，北山羊枕在地上的羊头倏地抬了起来，嘴里发出一声惨叫。刹那间，银老二眼里的野性光芒熄灭了，它满脸惊悸，就像看见眼镜蛇一样，倏地从北山羊身边闪开，蜷缩在一块岩石背后，任凭阿灿霞怎么威逼都不肯再站起来了。

啧啧，这么胆小，莫非你是披着豹皮的羊？

连一只受伤的羊都不敢咬，真是个窝囊废！

教诲无效，那就采取“食物引诱法”。俗话说：人为财死，鸟为食亡。这句话对雪豹也同样适用。对动物来说，饥饿是最好的老师。阿灿霞决定让饥饿这位老师来矫正银老二扭曲的心理。

捕捉到猎物后，全家围着猎物用餐，阿灿霞便守在猎物旁，不让银老二享用。你舍不得杀生，你菩萨心肠，那你就去吃草好啦，像牛羊一样用草来填饱肚子！你饿，那你就该用你锐利的豹牙和豹爪去扑杀猎物！你没有勇气与猎物搏杀，就活该饿肚皮！

母豹的行为具有示范效应，很快，白老大和花老三也学会了欺负银老二，蛮横地阻止它靠近食物，有时银老二好不容易捡到一些碎肉，白老大和花老三也会穷追猛撵，将碎肉从银老二嘴里夺走。

按理说，阿灿霞应该出手制止这种窝里斗，可它却睁一只眼闭一只眼假装没看见。它要让银老二明白，在雪豹的生存字典里，“怯懦”这两个字，就意味着要忍受无穷无尽的屈辱和饥饿。

由于得不到充裕的食物，很快，银老二就变得瘦骨如柴。有几次走在路上，遇到已经死了好几天的老鼠、小蛇或其他动物的腐尸，它也不顾那股难闻的恶臭，像捡到宝贝似的吞吃进肚。雪豹不比秃鹫和鬣狗，秃鹫和鬣狗号称森林殡葬工，体内能分泌一种消化腐烂食物的生物酶，再臭的腐肉吃下去也不会有事。雪豹就不一样了，雪豹喜食活捉活杀的新鲜猎物，体内不具备消化腐烂食物的生物酶，一旦吞食腐败食物，极容易吃出问题来。银老二吞吃了高度腐烂的老鼠和小蛇，总是不停地拉稀，很快造成恶性循环，身体更加消瘦了。

天气越来越冷，雪豹需要吃更多的食物，补充营养、增厚脂肪以抵御寒冷。于是，银老二日子过得更窘迫了。每次狩猎结束，它只能等全家吃饱后，再捡食些吃剩的骨渣皮囊；有时只猎到雪兔、锦鸡之类的小型猎物，很快就被两只成年雪豹和两只幼豹吃得一干二净，只剩下一堆无法吞咽的羽毛和几根骨头，银老二只能喝西北风了。

这天，雪豹一家又去日曲卡雪山北麓狩猎。去猎场的路上，阴霾的天空飘洒下雪花，走着走着，银老二突然四腿一软歪倒在地，挣扎了好一阵才重新站了起来。这无疑是个危险的信号，如果把生命比作一只火炉的话，银老二生命的火炉因为燃料不济已经快要熄灭了。事有凑巧，刚进猎场它们便在一个雪窝里找到一只负伤的黑麂。黑麂是一种小型鹿类，头上无角，不会反抗，十分容易捕杀。一家子雪豹将黑麂团团围住，阿灿霞焦急地催促银老二扑上去噬咬。我晓得你已饿得肚皮贴到脊梁骨，那就亮出你的尖爪利齿，猎杀了这只黑麂，你就可以喝到温热的麂血，吃到鲜美的麂肉！让阿灿霞气恼的是，银老二已饿得站不稳了，却仍没有勇气突破心理障碍。

你想活活饿死，那我就成全你！阿灿霞发狠地想。

黑麂被白老大和花老三三下五除二扑杀了，它们仍按照老规矩，将银老二逐出进食圈。北风呼啸，银老二蜷缩在一棵大树下，望着大快朵颐的白老大和花老三，发出有气无力的呜咽。

阿灿霞明白，由于饥寒交迫，银老二体力衰微，此时此刻正在生死线上挣扎，倘若再得不到食物，生命的火炉极有可能会熄灭。或许在回家的路上，它会像片枯叶一样被刺骨的寒风吹倒，变成一具雪地饿殍；或许在翻越山梁时，它会无力攀登陡岩，摔下深渊，气绝身亡。它是母豹，不管怎么说，银老二是它身上掉下来的肉，它不该如此绝情，眼睁睁地看着自己的亲骨肉饿死。它完全有能力救银老二，它刚吃下不少黑麂肉，只要将肉块反哺出来，就能立刻让银老二起死回生。它心里油然升起母性的怜悯，走到银老二跟前，抽搐腹部想吐出肉块来。银老二眼泪汪汪可怜巴巴地等待救济。阿灿霞肚里的肉块已涌到喉咙口了，可突然间，一个更为强烈的想法冒了出来，不错，它若此时反哺出肉块，的确能将银老二从死亡线上拉回来，但是，它能救银老二一时，却无法救它一世。银老二即便饿死也不愿克服心理障碍，从这一点来看，它恐怕永远也无法学会猎杀技能了。野生雪豹倘若不能捕杀猎物，那结局只有一个，就是活活饿死。现在是一个窝囊废，将来也是一个窝囊废，即使它含辛茹苦地把银老二养大，也只是为雪豹世界徒添一个异类，银老二一旦离开亲豹独立生活，没几天就会被无情的大自然淘汰掉，变成别的食肉兽果腹的食物。它又何必浪费宝贵的心血和来之不易的食物去养一只命中注定不会成器的幼豹呢！恨铁不成钢，那就干脆不去关心算了，这也不失为一种明智的选择。它为矫正银老二扭曲的心理，已经费尽了心思，耗尽了心力。努力一次次落空，希望一次次破灭，既然希望已变成绝望，那长痛不如短痛，这也符合优胜劣汰的丛林法则。

它狠狠心，把已经涌到喉咙口的肉块又咽进肚去。

雪花凄迷，哦，该启程回家了。

一家子雪豹沿着弯弯曲曲的雪线往千年老杉树方向走去。没走多远，银老二便落到后面，三步一个趔趄，歪歪扭扭，看起来随时都会跌倒。阿灿霞闷着头往前走，将银老二孤零零地抛在后头。它心里明白，风雪路上，一只饥寒交迫的幼豹是坚持不了多久的，把银老二抛在后头就等于把它抛给死神了。永别了，孩子，别怪为娘的狠心，我已给了你无数次机会，你却始终无法克服自己的心理障碍去学习猎杀技艺，谁也救不了你，你只有死路一条！

阿灿霞迈着沉重艰涩的步伐，带着白老大和花老三登上一座小山包。回头望去，白茫茫的雪地中已不见了银老二的身影。毫无疑问，银老二已倒在雪地里等待死神的收容了。失去银老二，它虽然心里难受，但并不感到特别悲痛，它还有白老大和花老三，这两个小家伙身心健康一切正常，让它深感欣慰，也减弱了遗弃银老二所带来的负疚感。总体数量是减少了，总体质量却提高了。它想，失去银老二后，它会把更多的食物和更多的关爱都给予白老大和花老三，把两个小家伙养育得更健壮、更出色。

它义无反顾地回过头，准备带着白老大和花老三继续赶路。可就在这时，它突然发现泥雪滚不见了。刚才它脑子里光想着银老二的事，根本没注意到泥雪滚是什么时候离开的。泥雪滚是只成年雪豹，不可能在自己的狩猎领地里迷路啊。

它站在山包上朝东南西北四个方向吼叫数声，却久久听不到泥雪滚的回应。突然间，它有一种感觉，泥雪滚的悄然离去似乎跟银老二即将饿毙的事有联系。它立即将白老大和花老三安顿在一块岩石下，自己原路返回去看个究竟。刚下到河沟，便听到咀嚼声和呢喃声，它循声走去，拐进路边的一片小树林。果然不出它的所料，泥雪滚正张着嘴，四肢趴开，肚皮收缩，吐出一坨坨半消化的肉块，银老二则蹲在地上，贪婪地吞食着泥雪滚吐出的肉块。这是亲豹养育幼豹典型的反哺动作。阿灿霞气不打一处来，猛地扑跃过去，一掌狠狠掴在泥雪滚脖子上，把泥雪滚打翻在地。

——你这是什么意思？背着我偷偷给银老二喂食，难道我这个亲妈还不如你这个后爸会疼孩子？

——你明明知道它有心理残疾，还这么袒护它，你这不是在爱它，你这是在害它！

——它不能捕杀猎物，以后只能是死路一条，你能养它一辈子吗？

——你想制造一只永远只能靠捡食腐肉为生的废物豹吗？你让窝囊废苟延残喘，究竟是何居心呀？是不是要我做个失败的母亲而永远遭到耻笑？

泥雪滚翻爬起来，没有反抗也没有动怒，而是迅速扑到银老二身上，像伞一样把银老二罩在自己的身体底下；银老

二也像遇到妖魔似的，紧紧黏在泥雪滚怀里发出恐惧的号叫。

阿灿霞气急败坏地冲上去，在泥雪滚胯部和背部连咬数口。鲜血滴答，豹毛飞旋。

——你是个浑蛋，你恶意挑拨我们母子关系，你在制造矛盾、制造仇恨、制造分裂！我咬死你，我决不轻饶你！

泥雪滚没有抵抗也没有反击，任凭阿灿霞噬咬，只是从胸腔里发出声声哀嚎：你想出气尽管朝我出好了，我决不允许你伤害银老二！它还是个孩子，不过是被该死的狼獾咬伤才变得心理扭曲，相信我，我一定能教会它捕杀技艺，把它培养成顶天立地的雄雪豹！

阿灿霞无奈地停止了撕咬。虽然它恨泥雪滚背着它给银老二喂食，可又觉得泥雪滚的行为中有一种让它羞愧和感动的力量。面对患有严重心理残疾的幼豹，泥雪滚这个后爸都不言放弃、咬牙坚持，它身为银老二的生母，却任凭小家伙变成一具饿殍，确实太绝情绝义了啊。

罢罢罢，就按泥雪滚的意思继续养育银老二吧，但愿真的能发生奇迹，在不久的将来，银老二能跨越心理障碍，成长为一只真正的雄豹。

阿灿霞心里很清楚，这种可能性微乎其微。

第二十三章　两只幼豹离家出走

时光如白驹过隙，一转眼就到了杜鹃花盛开的初夏季节。三只幼豹身体发育成熟，完全长大了。俗话说，种瓜得瓜种豆得豆，它们不愧是雄雪豹日食生的后代，继承了父亲的优良基因，长得健壮而漂亮。白老大的个头已超过泥雪滚，浑身雪白，就像用冰雪雕成的，脖颈壮硕，四条豹腿坚实有力，一看就知道会是只纵横雪域、出类拔萃的雄雪豹。花老三身体呈流线型,矫健而富有动感,白色体毛间分布着浅褐色斑纹，犹如雾里藏花，产生无限的视觉美感。这两个小家伙不仅长相出色，狩猎技艺也好生了得，才 20 个月大，就已经能单独捕杀岩羊了。

这天早晨，一家子五只雪豹去日曲卡雪山北麓觅食，在一个名叫大霸岙的地方围住了一群岩羊。白老大一马当先，在崎岖的山道一口气追了十余里，咬翻了一只母岩羊。按照惯例，无论是谁捕获了猎物，全家每个成员都有权围着猎物共享午餐。可是，当随后赶来的阿灿霞试图接近猎物时，白老大却突然用身体罩住岩羊，朝阿灿霞龇牙咧嘴地咆哮，这是在明确宣布：这只猎物归我所有，谁也休想染指！

阿灿霞不得不停了下来。

过了一会儿，泥雪滚、银老二和花老三相继来到，白老大依然用身体罩住猎物，朝它们龇牙咧嘴咆哮。花老三大概是饿了，加上受不了白老大盛气凌人的模样，吼叫着朝前逼近，用意很明显，是想分一杯羹。白老大勃然大怒，全身豹毛恣张，跃跃欲扑，发出威胁的低吼：谁敢抢夺我的食物，休怪我不客气！

花老三自知不是白老大的对手，虚晃一枪转身就逃。

白老大一面狠毒地号叫，一面衔起那只岩羊往雪山深处走去。

阿灿霞心里又是恼又是喜。它恼的是，白老大一点儿不念兄妹情，也不念父母的养育恩，独吞美食；喜的是，白老大提前离家出走，过独立生活了。

按照雪豹的生长规律，幼豹长到两岁时，身心发育基本完成,就要离家出走独立生活了。由于个体有差异,幼豹在离家出走的时间节点上也会有先后差别。准确地说,最早的在20个月时就告别亲豹主动去开创属于自己的生活,最晚的在28个月时也会被亲豹扫地出门被动地去过自己的日子。幼豹离家出走时间的早晚,与幼豹身心发育的成熟度成正比,也就是说,幼豹心理越健康、身体越强壮,离别亲豹的时间就越早,反之,心理越异常、身体越孱弱,离别亲豹的时间就越晚。

屈指算来，白老大刚满 20 个月就告别亲豹，到广阔的高山雪域独立闯荡去了，说明这个小家伙身心发育非常完善，称得上是雪豹中的佼佼者，阿灿霞心里当然像灌了蜜一样甜。

至于白老大独霸这只岩羊，阿灿霞虽然有点儿恼怒，却也能理解。许多幼豹都以独霸食物为转折点，脱离亲豹的羁绊，迈向独立生活的生命旅程。表面看起来，幼豹将本属于全家享用的猎物蛮横地据为己有，是对亲豹的不恭不敬不孝不忠，但其实，这是幼豹从依赖父母的幼年期迈向独立和成熟的转折点，是一种不可或缺的仪式，类似于人类社会给即将跨入成人社会的青少年所举行的成年礼。霸占食物，无疑显示出霸道和霸气，这正是有雪域霸主美誉的雪豹所必备的素质。这一举动，就好比一场重要的精神洗礼，洗去依赖、顺从、怯懦和卑微，从此以后，这只雪豹的精神面貌将焕然一新，变得自立、勇敢和高贵。这是青春期的叛逆，或者说是哺乳类生物生命历程中的第二次断乳——精神断乳。

再见了，白老大，但愿你能找到温暖的巢穴，寻觅到中意的伴侣，一生平安，成为一只呼啸山林的顶天立地的雪豹！

四个月后，类似的情景再次重演，花老三也离家出走开创属于自己的生活去了。稍有不同的是，雌雪豹的精神断乳不像雄雪豹表现得那么霸道和霸气。事情的经过是这样的：那天上午，一家子雪豹经过一番激烈的奔跑和搏杀，捕获了一只小香獐，大家都口干舌燥，喉咙渴得要冒烟，于是便将猎物搁置在岩石背后，跑到雪线去舔食洁白无瑕的积雪，花老三趁机悄悄溜到山腰，叼走了岩石背后的小香獐。等阿灿霞发现时，花老三已经走到对面的山梁上了。泥雪滚和银老二隔着山沟朝花老三愤怒地号叫。花老三放下猎物，用柔和的声调朝阿灿霞和泥雪滚吼叫数声，好像在说：感谢你们把我养育大，我要去独立谋生了，实在对不起，没征得你们同意就把美味可口的小香獐带走了，请你们原谅，就当是你们提前送给我嫁妆好了。

啧啧，这就是雌性的魅力，即使是偷盗和窃取，也披着一层温柔的面纱。

唉，走吧走吧，但愿你顺顺利利地找到如意郎君，一辈子远离饥饿、疾病、伤痛和一切灾难！

第二十四章　老二想做哨老族

千年老杉树的扇形树洞里，只剩下银老二还滞留在亲豹身边。屈指算算，银老二已满两周岁，连身躯相对娇小的雌豹花老三都义无反顾地跨出家门寻找属于自己的幸福去了，银老二作为一只躯体相对健壮的雄豹，至今还赖在家里不愿离去，这让阿灿霞忧心忡忡。捕获到猎物后，阿灿霞和泥雪滚好几次都有意避让开，让银老二单独待在猎物旁，用意很明显，就是让银老二有窃取或霸占猎物的机会，产生离家出走的念头。遗憾的是，银老二对唾手可得的猎物无动于衷，已长到 24 个月了，仍没有任何要告别父母独立谋生的迹象。

阿灿霞当然知道，银老二之所以两周岁了还赖在家里不走，根本原因就是无法捕杀猎物，不具备独立生存能力，当然就不想离开父母的喂养。

从表面看，银老二已完全发育成熟，体型超过了泥雪滚，皮毛银光闪闪，一口尖利的豹牙像日曲卡雪峰千年不化的冰雪，泛动着耀眼的寒光。单论外表，银老二称得上是雪豹中的精品，无奈中看不中用，银样镴枪头，绣花枕头一包草，至今仍无法跨越咬杀猎物这道坎。每次狩猎开始时，银老二也会气势汹汹地扑向猎物，甚至能用爪掌将奔逃中的猎物击倒，但在最后关头——噬咬猎物喉管时，却像突然变了一只雪豹，每次豹牙触碰到猎物身体的一瞬间，它紧绷的身体就会变得绵软，炯炯有神的豹眼里蒙上一层忧郁，脸上浮现出恐惧害怕的表情，随即就从猎物身上弹跳开去。

毫无疑问，阻碍银老二猎杀的不是身体原因，而是心理原因。令阿灿霞叹息的是，这么长时间的规劝、教育、诱导、威逼，银老二的心理异常不见任何好转。随着时间的推移，阿灿霞的心情变得越来越沉重。转眼间又到了寒冷的冬季，银老二已经满 27 个月，已接近雪豹离家出走的最晚时限。

对人类来说，女大不中留，留来留去留出仇；对雪豹来讲，无论是女还是儿，幼豹大了都不中留，留来留去也会留出仇。

前面已经说过，幼豹离家出走的时间上限是 20 个月，下限是 28 个月，只差 1 个月，银老二就触碰到幼豹离家出走的下限了。

对雪豹而言，假如幼豹到了 28 个月还不能离开父母独立生活，将会造成一系列严重后果。从生理角度说，幼豹在 28 个月大以前，属于性格的可塑期，具备生命的弹性、韧性和可塑性，凭着青春的冲动、勇气和自信，在叛逆心理的支撑下，很容易就能跨出辞别双亲、远走高飞这一步。过了 28 个月，性格由可塑期过渡到定型期，生命的弹性、韧性和可塑性大大降低，叛逆心理也逐渐消退，很难再有离家出走的冲动，也很难再有勇气和自信独自去开创属于自己的生活。毕竟，在家千日好、出门一日难，在弱肉强食的高山雪域独立谋生充满了不可预测的风险；而依偎在父母身边吃白食，既省力又省心，何乐而不为呢？

啃老族就是这样产生的啊。

在雪豹社会，也曾因种种原因发生过幼豹满 28 个月仍滞留在父母身边的事，但几乎无一例外会用血与泪酿成一杯生活的苦酒。

几年前，一只名叫琉璃球的幼豹在一次狩猎中不慎被牦牛角挑伤豹腿，母豹朵朵云不忍心在琉璃球养伤期间将它赶出家去，于是一拖就是 8 个月，琉璃球腿伤痊愈后已 32 个月大了，过了最佳的离家出走、独自到丛林闯荡的时期，黏黏糊糊不愿离去，朵朵云不得不狠下心肠用暴力将琉璃球驱赶出巢穴。精神断奶并非易事，琉璃球无心觅食，也缺乏魄力到日曲卡雪山深处开创一片属于自己的天地，整日在旧家附近徘徊，想方设法要回到父母身边。在屡屡遭到双亲严厉拒绝后，琉璃球心情十分郁闷，数月后竟抑郁而亡。

还有一只名叫巴巴桑的母豹，三年前独自产下一窝五只幼豹。雪豹社会的单亲家庭里，幼豹死亡率极高，不到半年时间，五只幼豹就有四只被饥饿和疾病夺去了生命，只剩下一只名叫水晶石的小雄豹活了下来。或许因为水晶石是唯一的幸存者，巴巴桑对它特别宠爱，捧在手里怕掉了，含在嘴里怕化了，到了两周岁还舍不得让水晶石离家独立生活。一直到水晶石满 33 个月，春暖花开，巴巴桑受体内生物钟的引导，进入发情交配期，用人类的话来说，就是恋爱结婚期，当然不能再让已成年的豹儿待在身边了，它便硬起心肠用武力将水晶石驱逐出家门。当巴巴桑与一只名叫白丁的雄雪豹喜结良缘时，躲在附近森林里的水晶石看在眼里，恨在心头，嫉妒的邪火在胸中熊熊燃烧，也不晓得算不算是恋母情结作祟，那天黄昏，当雄雪豹白丁路过那片森林时，水晶石突然从树梢扑蹿下来，一口咬住白丁的脖子，雄雪豹白丁当然不甘束手待毙，吼叫着凶猛反击，可怜的巴巴桑在一旁不知该帮谁才好，一边是新婚的夫君，一边是宝贝儿子，都是它的至亲至爱，最后，两只丧失理智的雄雪豹打得昏天黑地，双双倒在血泊中。

还有一只名叫胖熊的雄雪豹和一只名叫鹅毛的雌雪豹结为伉俪后，生下一窝小豹，流年不利，窝顶突然发生雪崩，把一窝小豹都埋在雪堆下，胖熊和鹅毛用爪子拼命挖雪，好不容易才救出一只名叫白萝卜的小雌豹，夫妻俩对劫后余生的白萝卜倾注了全部的爱，到白萝卜 24 个月大时，还认为它是个孩子，舍不得让它独自面对凶险莫测的深山密林，结果一拖再拖，直到母雪豹鹅毛怀上下一胎小豹时，这才迫不得已地将白萝卜赶出家门，这时候，白萝卜已 35 个月大了。这个年龄的雪豹对环境的适应能力已大大降低，经常是吃了上顿愁下顿，日子过得穷困潦倒。从备受父母宠爱的公主一下子沦落成忍饥挨饿的流浪女，白萝卜无法适应这巨大的落差，几次三番想回到父母身边去，但母雪豹鹅毛已临近分娩，早已把浓浓的母爱转移到腹中的胎儿身上，当然也就拒绝了白萝卜重返家门的请求。不久，鹅毛产下一窝幼豹。一天傍晚，夫妻俩结伴同行外出狩猎，晚上带着猎物和一身疲惫回到窝巢时，一窝四只幼豹都已被咬碎头颅死于非命，凶案现场留下的竟然是白萝卜的气味……

可以这么说，幼豹超过 28 个月再不离巢，这个雪豹家庭便很难避免血光之灾。

银老二已经27个月大了，已接近离家出走的最后时限。

望着体格强壮却赖在家里不走的银老二，一股无名火突突地蹿上阿灿霞的脑门儿。好几次它都扬起前掌狠狠地掴银老二的脑壳，像对付天敌似的冲着银老二咆哮，试图将银老二赶出家门。可银老二似乎特别能忍气吞声，将身体蜷缩成球状，任凭阿灿霞怎么打骂，就是不肯负气出走。

——你算什么雄豹呀，打不还手，骂不还口，简直就是一条癞皮狗！

——你是不是打算做啃老族呀，想一辈子躺在父母身上吃喝吗？

每当阿灿霞对着银老二大发雷霆时，泥雪滚便会小心翼翼地跑过来，进行豹式安抚劝慰，让它平息怒火。它殷勤地舔吻阿灿霞的尾巴和脚杆，用身体语言安慰道：我理解你的心情，你别太担心银老二了，我相信，银老二绝不是癞皮狗和窝囊废，只是时机未到，总有一天银老二会治愈心理疾患，成为一只顶天立地的雄雪豹的！

都什么时候了，你还说时机未到，这不是空洞的安慰吗？阿灿霞不耐烦地抡起豹尾抽打在泥雪滚脸上：给我滚远点儿，我不稀罕你做和事佬！

在阿灿霞的焦虑与烦躁中，又过了25天，离银老二离家出走的最后时限只剩5天了，可以说已进入了最后的倒计时。

但让阿灿霞揪心的是，银老二依然如故，还是无法跨越咬杀猎物这道心理障碍，还是要依赖它和泥雪滚提供食物。它有一种感觉，它觉得奇迹不会再出现了，银老二命中注定就是一只废物豹，一个一旦脱离父母庇护就无法生存、就会立刻被险恶丛林吞噬和淘汰的低能儿。既然如此，那就顺从命运的安排吧。它甚至觉得，银老二已成了它生活中的累赘，给它带来沉重的心理负担和无穷无尽的精神痛苦。它渴望早日结束这一切。

它变得更加暴躁，龇牙咧嘴朝银老二咆哮，喉咙深处咕噜咕噜发出刻毒的诅咒，那是在向银老二发出最后通牒：对你这种没出息的啃老族，我早已忍无可忍了！你还有 5 天时间——不不——还有 4 天半时间可以留在这个树洞里，到时候你再赖在家里不走的话，休怪我是个无情无义、狠心肠的母亲，我郑重发誓，我会撕烂你的皮，咬断你的骨！

银老二浑身觳觫，瞪起一双惶惑的眼睛，急忙躲到泥雪滚的背后。泥雪滚像面活动盾牌似的阻挡在阿灿霞与银老二之间，呦呦号叫着，不让阿灿霞的尖爪利齿落到银老二身上。

阿灿霞恨得一爪拍在泥雪滚屁股上，撕出几条红蚯蚓似的血痕。

想当初，在风雪迷漫的狩猎场，银老二因不敢猎杀黑鹿而被剥夺了进食权，结果饿得奄奄一息，差点儿就成了小树林里的一具饿殍，泥雪滚却背着它悄悄溜进小树林，吐出半消化的肉块将银老二从死亡线上拉了回来。现在看来，泥雪滚要是不多管闲事，顺其自然，现在就不会有这么多麻烦了。从这个角度看，银老二变成一个离不开父母的低能儿，泥雪滚也负有不可推卸的责任，活该受到它的惩罚。

阿灿霞已经下定决心，只给银老二最后 4 天半时间，再多一天也不给了，到那个时候，无论泥雪滚怎么阻拦，无论银老二怎么赖皮，它都要用最严厉的手段将银老二从家里赶出去！

它当然知道，此时已进入食物匮乏的冬季，风萧萧，雪茫茫，即使是一只生理和心理都正常的雪豹，在这个时候离家独自谋生，能生存下来的概率也很低，更别说像银老二这样有严重心理缺陷的雪豹了。但它已顾不了这么多，即使银老二在被它赶出去后有什么三长两短，它也不会觉得伤感或遗憾，作为一只雌雪豹，它已尽到了这个生育周期内应尽的义务和责任，没必要因为银老二影响自己的下一个生育周期。退一万步说，就算银老二被赶出家门后遭遇不测，它阿灿霞在这个生育周期也算是成功的，白老大和花老三已经离家去开创属于自己的生活了，当年一胎产下四只幼豹，有两只长大成材，已经是很值得骄傲的成就了。无论如何，等到银老二满 28 个月这一天，它一定要克制住母性的软弱，用无比强硬的手段将银老二从自己身边赶走。

任何生灵都有必须遵守的禁忌，例如人类社会禁忌近亲婚配，甚至五服之内的姑表亲也禁止通婚；孟加拉虎禁忌发情期以外的雌虎和雄虎共同生活；非洲狮禁忌撕食同类尸体，哪怕这些狮子都已饿得奄奄一息；滇金丝猴禁忌接纳前来投靠的异族雄性，哪怕是刚出生还在吃奶的小公猴也不例外，却对前来投靠的异族雌性张开热情欢迎的双臂……

何谓禁忌？禁忌就是禁止去做的某些行为，就是所有个体生命都必须遵守的行为规范，就是保证种族生存发展的一套种内自我约束机制。任何触犯禁忌的行为，最终都会遭到严厉的惩罚，都会带来血光之灾。

它要严格遵守幼豹满 28 个月后不得待在父母身边这条禁忌，阿灿霞在心里立下血的誓言。

第二十五章　经受血的洗礼

时光如流水，短暂的三天一眨眼就过去了。离驱赶银老二的最后时限只剩一天半了。阿灿霞狠毒的目光毫不掩饰地落在银老二身上，似乎在等待最后时刻的来临。银老二大概也感觉到了危险，整日惊恐不安，无论进食还是睡觉，都黏在泥雪滚身边，希望能得到保护。

这天，雪尘飞扬，云雾缭绕，三只雪豹动身前往尕玛尔草原寻觅藏羚羊。运气不错，它们刚来到长满狼毒花的云杉坪，便看见约七八只藏羚羊钻出山坳迎面跑来。阿灿霞立刻甩动尾巴，示意身后的泥雪滚和银老二隐蔽起来。泥雪滚和银老二立刻从左右两侧跑开去，趴卧在狼毒花丛中，形成口袋型伏击圈。藏羚羊擅跑，是动物界的赛跑名将，单靠速度，雪豹是很难追上藏羚羊的，所以一般都采用埋伏奇袭的办法来捕捉藏羚羊。

狼毒花是滇北高原特有的一种花卉，属灌木类植物，约半米高，有毒，食草动物若误食会中毒身亡，所以得了这么一个凶险的名字。狼毒花春天翠绿，秋天紫红，到了冬天，就渐渐变得灰白，铺上一层雪后就跟雪豹的毛色融为一体，藏羚羊很难发现。这家子雪豹所处的位置又恰好是下风口，藏羚羊也嗅不到雪豹身上那股危险的气味。

那群藏羚羊越走越近，很快就要进入雪豹的伏击圈了。让阿灿霞异常兴奋的是，那群藏羚羊里有一只出生不到半个月还在吃奶的羊羔。小羊羔奔逃的速度比不上成年藏羚羊，三只雪豹从三个方向围捕一只羊羔，借用人类一句俗语，可以说是三根指头捏田螺——十拿九稳。至多还有两三分钟时间，这群藏羚羊就要走进三只雪豹布下的伏击圈了。就在这时，泥雪滚突然腾地站了起来，侧转身朝不远处的一条乱石沟呦地吼了一声。那群藏羚羊犹如惊弓之鸟，立刻掉头逃窜，一眨眼工夫就消失得无影无踪。

快要到嘴的羊肉没有了，竹篮打水一场空啊。

阿灿霞愕然而愤怒地跳了起来。

在其他雪豹家庭，凡全家外出狩猎，通常都是由雄雪豹发号施令，但在阿灿霞家里，由于种种特殊的原因，从来都是由阿灿霞来指挥狩猎的。泥雪滚颇有自知之明，一向尊重它的家长地位和领导权，在狩猎场里从未有过擅自行动或违抗指令的事。没想到今天在节骨眼儿上，泥雪滚却一反常态，未经它允许就站起来吼叫，暴露了目标，把快要钻进伏击圈的藏羚羊给吓跑了。

你搞什么名堂嘛，吃错药了还是存心捣乱破坏！它责问的眼光投向泥雪滚，奇怪的是，对方并没有犯错的羞惭和惊惶，而是眼角吊起，两眼放光，表情异常激动，好像有了什么重要发现似的。莫名其妙，在饥饿的雪豹面前，还有什么比捕捉藏羚羊更要紧的事呢？阿灿霞疑惑地顺着泥雪滚的视线往乱石沟望去，稀疏的枯草背后，几只狼獾正在分食一只雪兔，也许是粥少僧多，狼獾们互相争抢，闹得不亦乐乎。

阿灿霞气不打一处来，几只狼獾在争食，这在尕玛尔草原并不算什么稀罕事，值得为此放弃猎食鲜美的藏羚羊吗？阿灿霞恼怒地扬起前掌给了泥雪滚一个结结实实的拐脖儿。你吃饱了撑的，是不是脑子短路了啊！但很奇怪，泥雪滚受到惩罚后仍丝毫没有醒悟，还是用一种兴奋、激动、欣喜的目光盯着那几只狼獾。阿灿霞再次瞪大眼睛朝乱石沟仔细望去，雪豹视力极佳，虽然相距几百米，还是看得很清楚，哦，是四只狼獾，似乎是一对狼獾夫妻外加两只已差不多成年的后辈狼獾。这家狼獾粗看上去没什么特别的，但仔细看，那两只后辈狼獾好像不太正常，上半身与正常狼獾没什么两样，下半身却无法站立，只能靠两条前腿在地上蹒跚爬行，显得很滑稽。再看那对狼獾夫妻，公狼獾鼻吻间有只血色肉瘤，母狼獾黑黑的脊背上分布许多小白点儿，阿灿霞想起来了，这家子狼獾就是两年前被它和泥雪滚赶走的恶邻居，那两只后辈狼獾之所以后肢拖地只能用前肢蹒跚爬行，正是因为它阿灿霞——它曾亲口咬断了两只小狼獾的后肢。没想到冤家路窄，今天又在这片开满狼毒花的草坡上相遇了。

突然间，阿灿霞理解了泥雪滚为何要在节骨眼儿上放弃捕捉藏羚羊。毫无疑问，泥雪滚这么做完全是为了银老二。银老二即将满 28 个月了，却还不能独立生活，刨根究底，就是因为在半岁龄时曾经遭到这对狼獾夫妻凶暴的袭击，差点儿被活活撕成两半，身体的伤虽然治愈了，但心理的创伤却至今未能治好。俗话说，心病须用心药医。要想让银老二心理恢复正常，唯一的办法就是消除儿时留下的恐怖阴影。换句话说，如果让银老二亲口咬杀这两只给它带来巨大心理创伤的狼獾，不仅能报仇雪恨，或许还能治疗它的心理痼疾，这件事当然比捕捉一只藏羚羊重要得多。

阿灿霞心头一阵激动，与泥雪滚交换了一下眼色，迅速往乱石沟跑去。银老二当然也一路同行。

三只雪豹来到乱石沟，距离那家狼獾不足50米了，四只狼獾还在专心致志地分食那只雪兔，丝毫没有注意到这群正在逼近的不速之客。

对狼獾们来说，雪兔已差不多分食干净，只剩下一副皮囊、几根白骨，不怕遭抢劫。而且，在日曲卡雪山，雪豹和狼獾都是顶级猎手，虽然也会因为争夺猎物而发生争斗，但双方都晓得两败俱伤的道理，态度都比较克制，大多采取井水不犯河水的策略，即使发生冲突，也大多采用咆哮恫吓的手段，雷声大雨点儿小，很少动真格。

我是狼獾我怕谁，我有尖牙利齿和不怕死的流氓无赖精神，就算你是高山雪域的霸主，又能把我怎么样？

双方的距离只有十多米了，银老二的表情骤然发生了变化。本来，银老二跟在阿灿霞和泥雪滚的身后，表情平常，好似一场普通狩猎。可当距离逐渐缩短，狼獾的模样逐渐变得清晰时，突然间，银老二负伤似的哀嚎一声，眼角高吊，体毛恣张，如临大敌。阿灿霞明白，银老二认出了眼前这窝狼獾就是两年前差点儿将它活活撕成两半的凶手。阿灿霞仔细观察银老二的反应，银老二眼中既有仇敌相见分外眼红的怒火，又有一朝被蛇咬十年怕井绳的惊怵，时而冲动地向前蹿出两步，龇牙咧嘴做出跃跃欲扑状，好像恨不得立刻扭住狼獾斗个你死我活，时而惊魂不定地跳回泥雪滚身后，哀哀号叫，似乎被两年前可怕的回忆吓破了胆，恨不得找个地洞藏起来。

那是小家伙的心理顽疾所表现出来的典型症状。

没多久，那对狼獾夫妻也认出三只雪豹来，四只狼獾发出凶狠的号叫，排成一字队形，严阵以待。

阿灿霞估量了一下形势，三只雪豹对付四只狼獾，并不占压倒性优势。虽说雪豹是高山霸主，但狼獾也并非等闲之辈,一对一单练,雪豹也很难保证在不挂彩的情况下制服狼獾。而现在是三比四，我方数量上先占了劣势。虽然对方有两只狼獾是后肢站不起来的身体残疾者，但我方也有一只雪豹是患有严重精神障碍、缺乏猎杀胆魄的心理残疾者。半斤对八两，谁输谁赢还不好说呢。再说了，自己是为了治愈银老二的精神顽疾去厮杀，对方是为了报两只小狼獾被咬成残废的血仇而殊死一搏，自己在精神上道义上似乎也不占什么上风。能不能取胜，阿灿霞心里没有底。无法排除这种可能：一场恶斗后，几只狼獾相继倒在血泊中，它和泥雪滚也身负重伤走上奈何桥，而银老二，非但没能消除心理障碍，反而被血腥的厮杀吓得更胆怯更懦弱了……真的有必要为了治疗银老二的心理疾患而冒如此巨大的风险跟眼前的四只狼獾拼个你死我活吗？现在打退堂鼓也许还来得及。

就在阿灿霞犹豫着要进攻还是撤退时，突然，泥雪滚一个箭步冲了上去，扭住公狼獾血瘤厮斗起来。阿灿霞被泥雪滚勇往直前的表现震撼了。在它的印象里，泥雪滚根本算不上勇敢，恰恰相反，它因为体格瘦小所以性格也有点儿懦弱，狩猎时，几乎从未有过一马当先的出色表现，遇到公羚羊、牦牛、雄鹿等有力量反抗的大型猎物时，都是它阿灿霞率先向猎物发起攻击，泥雪滚再壮着胆子扑过去噬咬的，可以这么说，两年多来，泥雪滚在这个雪豹家庭中，始终扮演着助手、配角。可今天它却一反常态，面对势均力敌的一窝狼獾，居然无所畏惧地第一个冲上去搏杀。阿灿霞心里明白，泥雪滚这么做完全是出于对银老二的爱。泥雪滚一定知道，眼前这场搏杀，是治愈银老二心理顽疾的最后希望，也是让银老二在弱肉强食的丛林里生存下来的唯一办法。为了银老二，泥雪滚突然间变得勇敢，明知胜负难料，明知自己稍有不慎就有可能受伤或送命，却义无反顾地朝危险冲了过去。泥雪滚并非银老二的亲生父亲，却舍得为银老二赴汤蹈火，这不仅让阿灿霞感动，更让它无比羞愧。它是银老二的亲生母亲，面对能拯救银老二的天赐良机，却瞻前顾后畏首畏尾犹豫不决，和泥雪滚相比，它实在太自私、太渺小了。

阿灿霞不再迟疑，也倏地蹿跃上去，与母狼獾背霜展开激战。

两只后肢残废的后辈狼獾，不用狼獾夫妻吩咐，雌残疾狼獾帮公狼獾血瘤，雄残疾狼獾帮母狼獾背霜，立即投入战斗。

假如一只雪豹与一只狼獾扑咬，或许雪豹在体格和力气上还占优势，但若一只雪豹与两只狼獾搏杀，雪豹受到两面夹击，必然处于劣势。幸好两只后辈狼獾是肢体不全的残疾者，双方力量暂时还能处于均衡状态。

但可别小瞧这两只残疾狼獾，几乎可以用身残志坚来形容，它们虽然只能靠两条前腿在地上爬行，却比正常狼獾更凶猛更狠毒更不怕死。或许对狼獾这样以凶暴著称的恶兽来说，一旦肢体残废，必须靠十倍的疯狂、百倍的毒辣和极端仇视一切的变态心理才能苟活在这个世界上。两只残疾狼獾似乎从来就不知道什么叫害怕，它们鄙视自己残废的身体，轻贱自己的生命，不管阿灿霞或泥雪滚如何气势汹汹地吼叫和扑咬，从不扭头躲避或逃窜，每一次都硬碰硬面对面以牙还牙以爪还爪迎击雪豹的进攻。有好几次，当阿灿霞照准雄残疾狼獾的脖子咬下去时，对方非但不躲闪，还主动将肥硕的脖颈塞到豹嘴里来，然后借势往阿灿霞颈窝咬去，用意十分明显，甘愿用自己的一条命换阿灿霞的半条命。与泥雪滚搏杀的那只雌残疾狼獾也是如此，简直是一个不折不扣的狂徒，一旦咬住泥雪滚，那就比蚂蟥还要顽强，任凭泥雪滚在自己身上狂撕乱咬也不松口，非要从泥雪滚身上连皮带肉活活咬下一块来才肯罢休。

不一会儿，泥雪滚屁股和大腿就受了好几处伤，阿灿霞腰部也被咬掉一块巴掌大的豹毛。两只残疾狼獾就更惨了，被豹爪和豹牙撕咬得遍体鳞伤，浑身是血，却仍凶悍地嗷嗷叫着缠住对手搏杀。

双方咬得天昏地暗、风云变色。

谁也不肯认输，谁也不肯服软，谁也不肯休战。

再这样僵持下去，只怕要两败俱伤同归于尽了。阿灿霞心里未免焦急，突然，它想到了银老二。是的，本该是三只雪豹对付四只狼獾，而现在却是两只雪豹对付四只狼獾。银老二哪去了呀？此时此刻，假如银老二投入战斗，阿灿霞相信,形势将立刻发生逆转,这窝狼獾很快就会被咬得屁滚尿流。可让它惊讶的是，格斗圈里好像没有银老二的身影。阿灿霞好生奇怪，一巴掌将雄残疾狼獾扫翻在地，扭头向四周扫了一眼，啧啧，银老二竟然躲在二十步开外的一块大石头背后，腾、挪、跃、扑、蹿、掀、剪、撕、咬，做出种种搏杀动作，却是在与风和空气搏杀。阿灿霞明白，这家伙之所以做出这样的异常举动，是内心剧烈冲突的外在表现。出于高山霸主的自尊，它极想朝罪恶的狼獾扑上去，用凌厉的撕咬雪洗两年前的耻辱，可差点儿被狼獾夫妻活活撕成两半的惨痛记忆却像条毒蛇牢牢盘踞在心上，变成一片难以消除的恐怖阴影，束缚着它的爪牙，阻碍它扑向仇敌。

阿灿霞一面与两只狼獾周旋，一面向银老二所在的位置靠拢。它必须让银老二克服心理恐惧，同狼獾进行一场血腥拼杀，在血的洗礼中恢复雪豹的野性、尊严与自信！很快，它就贴近银老二了。银老二畏惧地想跳开，但没等它躲避，阿灿霞突然蹿到它的侧面用身体猛烈撞击过去。银老二没有防备，被撞得往前急跨几步，差点儿与气势汹汹赶过来的母狼獾背霜撞了个满怀！豹脸对獾脸、豹眼瞪獾眼、豹鼻顶獾鼻、豹须碰獾须，银老二恐怖地惊吼一声，转身欲逃，但没等它逃窜，母狼獾背霜倏地扑跃过来，两只獾爪搂住银老二的腰，张嘴就朝银老二的脖颈咬去。狼獾牙齿尖利、腭部强劲，假如咬中的话，极有可能咬断银老二颈侧的动脉血管。除非银老二甘愿成为狼獾爪牙下的冤魂，否则它只有以牙还牙进行反抗。银老二到底是雪豹，不可能像懦弱的羊那样毫不反抗地听任猛兽咬断自己的脖颈，就在母狼獾背霜的牙齿触碰到银老二颈皮的一瞬间，银老二猛甩脑袋，用豹头撞击獾头，咚的一声，把母狼獾背霜的脑壳撞偏了。它像青蛙似的蹦跶跳跃，试图将母狼獾背霜从自己身上抖落下来，但母狼獾背霜似乎看透了银老二不过是个徒有雪豹躯壳而无雪豹灵魂的窝囊废，居然出奇的嚣张，死缠着银老二不放，接连往银老二身上噬咬。银老二一面笨拙地张嘴抵挡，一面向阿灿霞发出求救的号叫。这个时候，阿灿霞只要扭腰左蹿，立马就能跳到银老二身旁，一巴掌将母狼獾背霜从银老二脖颈上撕扯下来，很容易就能救银老二于倒悬，可它没这么做，它仿佛没听见银老二的呼救，自顾自向右侧那只雄残疾狼獾扑了过去。

求不来救星，银老二更胆怯了，胡乱挣扎，只有招架之功毫无还手之力，跳蹿翻滚，拼命想把黏在身上的母狼獾背霜甩掉。心生慌乱必定疏于防范，银老二被母狼獾背霜一连咬了好几口，虽然没咬到要害，但也皮开肉绽，身体右侧肩胛处的白色豹毛被鲜血染红了一大片。银老二叫得更凄惨了，竭力往阿灿霞所在的位置靠拢，用意很明显，是要让阿灿霞替它解围。

阿灿霞灵巧地避让开去，坚持让银老二独自面对危机。

这场格杀，是银老二挣脱精神枷锁、成长为正常雄雪豹的唯一希望了。阿灿霞明白置之死地而后生的道理——没有死亡的威胁，是难以唤醒银老二沉睡的灵魂的。或者死亡，或者重生，命运掌握在你自己手里，你要么变成一只真正的雄雪豹咬杀母狼獾背霜，要么变成一堆任母狼獾背霜宰割的肉，任君选择。

儿时养成的心理定势很难纠正，儿时蒙上的心理阴影很难消除，儿时患上的精神疾病很难根治。虽然处在死亡的威胁下，虽然被母狼獾背霜锋利的牙齿咬伤了肩胛，银老二却仍无法鼓起勇气进行搏杀。用病入膏肓来形容银老二的精神疾患是再恰当不过了。

你想变成狼獾果腹的美餐，那就请便吧！阿灿霞发狠地想，冷峻的眼神逼视着银老二：你别指望我会来救你，即使母狼獾背霜的牙齿刺进了你的脖颈，我也不会出手帮你！阿灿霞相信，透过它冷峻的眼神，银老二会读懂它的心声。

阿灿霞集中精力对付雄残疾狼獾，虽然它在力量上占压倒性优势，但雄残疾狼獾异常凶悍，每次遭到撕咬都会竭尽全力反咬，阿灿霞要想不受任何伤害就置对方于死地，也绝非易事。它围着雄残疾狼獾转圈，伺机出击，闪电般扑上去在雄残疾狼獾身上撕一爪或咬一口，又闪电般跳闪开去。这是对付狼獾最好的战术，可在确保自己安全的同时，慢慢消耗对手的体力和生命，直至对方倒地身亡。

当然，这需要时间，也需要耐心。

银老二仍与母狼獾背霜纠缠在一起，它没有勇气以牙还牙与母狼獾背霜正面交锋，只是被动抵挡，绝望地挣扎。当母狼獾背霜锋利的牙齿朝它咬下来时，它就张开嘴用豹牙挡住獾牙，牙齿碰撞牙齿，发出咔嚓咔嚓可怕的声响。有好几次，银老二的豹嘴已经衔住了母狼獾背霜的身体，只要用力顺势咬下去,即使不能将其置于死地,起码也能咬个皮开肉绽。

但每次似乎都有只无形的手抹杀了它食肉猛兽的天性，让它莫名其妙就放弃了噬咬。

银老二的懦弱与退让使母狼獾背霜更加猖狂，它不再顾虑会不会遭到反击，尖利的獾牙暴风骤雨般咬向银老二，恨不得即刻就将银老二撕成碎片。

那壁厢，泥雪滚正在与公狼獾血瘤和另一只雌残疾狼獾艰苦搏杀。泥雪滚本就属于雪豹中的次品，与一只成年狼獾较量，或许还能勉强取胜，外加一只雌残疾狼獾，它就有点儿招架不住了，使出浑身解数也才打了个平手，公狼獾血瘤半条尾巴被咬下来了，泥雪滚的脸也被咬破了，污血顺着下巴滴滴答答往下淌。

三只雪豹四只狼獾，分成三个格斗圈，斗得难分难解。阿灿霞这边形势最乐观，最多还有两三分钟时间，它就能将雄残疾狼獾变成一顿美餐。

这时，银老二的号叫声越来越惨烈，呼救也越来越急切。阿灿霞扭头望去，一个让它心惊肉跳的情景映入眼帘：母狼獾背霜频频咬向银老二的脖颈，银老二虽竭力抵挡，但母狼獾尖尖的嘴吻还是探入银老二的颈窝，噬咬住它柔软的颈皮，只要再继续往里刺探，就能很快叼咬住银老二颈侧那根动脉血管和颈窝中央那根脆弱的喉管。银老二深陷恐惧之中，和强敌拼死一搏的意识仍未苏醒，只是出于本能用一只前爪抠住母狼獾的脸，不让尖尖的獾嘴继续往颈窝深处刺探。银老二不懂，在生与死的对决中，最有效的防御就是积极进攻，消极防御只能助长对手的猖狂气焰。

终于，母狼獾背霜的嘴吻突破银老二的防御，一口叼住了银老二最薄弱的颈侧。狼獾作为体形最大的鼬科动物，最具杀伤力的猎杀手段就是咬猎物的脖子，獾牙如手术刀般锋利，一旦咬住猎物的颈侧，很容易就能撕开猎物的喉管和血管，极少有猎物能幸免于难。阿灿霞看见，母狼獾背霜的眼睛里泛起一片冰冷的残忍，尖尖的嘴吻叼紧银老二颈侧的同时，四只强有力的獾爪也踩住了银老二的身体……

阿灿霞脑子一片空白，瞬间跌入痛苦的深渊。

作为一只有丰富丛林生活经验的母雪豹，它很清楚母狼獾背霜接下来会怎么做。母狼獾背霜一定会用四只獾爪猛蹬银老二的身体，借着那股蹬力和腭部的拧力，在刹那间咬开银老二的脖子，到那时，即使神仙也救不了银老二了，鲜血会从银老二脖颈间喷涌而出，银老二会像喝醉酒似的东摇西晃，很快，它就会流干最后一滴血，两眼一黑栽倒在地，永远也爬不起来了……

对于这个即将发生的事实，阿灿霞却无能为力。就算它现在立刻飞奔过去救援，也已经来不及了，母狼獾背霜接下来的杀戮动作，是狼獾与生俱来的本领，绝无失手的可能。

银老二小命休矣，阿灿霞悲哀地想。

就在这个时候，银老二仿佛从噩梦中惊醒似的急吼一声，闪电般咬住母狼獾背霜的肩胛。银老二这一口咬得很重，尖利的豹牙深深嵌进厚韧的獾皮，豹眼里燃烧着复仇的火焰。阿灿霞把银老二养到 28 个月大了，还是头一次看到银老二表现出如此完美生动的猛兽风范。这已经不是单纯的抵挡进攻和抗拒死亡，而是生命即将遭到蹂躏时雪豹灵魂的觉醒，是死神降临前强者意识的复苏。银老二死死咬住母狼獾背霜的肩胛，全身肌肉紧绷，用吃奶的力气使劲往外拉扯，用意很明显，不让对方有机会踢蹬四肢拧动腭部咬断自己的脖子。

母狼獾背霜似乎早就料到银老二会有这么一招，早就想好了应对策略，在银老二咬住它的肩胛后，及时调整姿势，原来四肢弯曲准备往后踢蹬的，立刻就变成四肢绷紧往前蹬跃了。这是一种非常高明的应对策略，它晓得自己的力气没有雪豹大，在力量上无法与雪豹抗衡，就采取借力打力顺势而为的办法，借银老二咬住它肩胛拼命往前拉扯的机会，叼住银老二的脖颈顺势往前蹿跃，它的蹬力与银老二的拉力合并成一股力量，仍旧可以割开银老二的脖颈，只不过是换了个方向切割而已。

阿灿霞想赶过去援救，但已经迟了，母狼獾背霜已经四肢绷紧往前蹬跃了，至多一两秒钟，就能完成这套毒辣的咬喉动作。它此时离银老二还有 50 米远，跑得再快也无法阻止母狼獾背霜行凶。唉，要是在母狼獾背霜刚叼住银老二喉管时它就奔过去救援，那就好了，此时此刻它就能与银老二一齐将母狼獾背霜由恣意妄为的猎手变成任豹宰割的猎物。可惜，它错过了最佳援救时机。眼睁睁地看着自己的孩子走进鬼门关而无法出手相救，阿灿霞心如刀绞般疼痛。

孩子呀，你觉醒得太迟了啊。

就在母狼獾背霜即将咬开银老二喉管的最后一瞬间，突然，银老二背后冒出一只雪豹来，以迅雷不及掩耳之势一口咬住母狼獾背霜的背脊，两只豹爪将母狼獾背霜死死按住，有效地阻止了它咬断银老二的喉管。

前来援救的是泥雪滚。

阿灿霞的注意力一直集中在银老二身上，完全不知道泥雪滚怎么能如此及时地蹿过来救援，但有一点很清楚，从时间上推算，在母狼獾背霜咬住银老二颈侧前，泥雪滚就晓得事情不妙，已经拔腿往银老二身边跑了。让阿灿霞感到奇怪的是，此时，泥雪滚的身体剧烈抖动，两只铜铃豹眼里蓄满痛苦，嘴角抽搐，好像正承受着什么难以忍受的酷刑。它的视线在泥雪滚身上搜索，眼前的情形让它大吃一惊：公狼獾血瘤和雌残疾狼獾像蚂蟥似的叮在泥雪滚身上，公狼獾血瘤咬住泥雪滚的左前腿，雌残疾狼獾趴在泥雪滚背上，咬住泥雪滚的后颈。两只狼獾显然晓得已到了生死存亡的关键时刻，于是竭尽全力疯狂撕咬，瞬间就将泥雪滚后颈和腿弯的皮肉咬开，锋利的獾牙像锯子似的切割骨头，发出恐怖的咔嚓咔嚓声。这两只短命狼獾的企图很明显，就是要迫使泥雪滚松开噬咬母狼獾背霜的嘴，更进一步的目的，就是要让母狼獾背霜争取时间咬断银老二的脖子！

是可忍，孰不可忍。阿灿霞朝跟自己对峙的那只雄残疾狼獾一顿狂咬滥撕，雄残疾狼獾很快倒在血泊中。阿灿霞一秒也不敢耽误，立刻掉头想去帮泥雪滚，哦，它要一口咬碎骑在泥雪滚背上那只雌残疾狼獾的脑壳，然后一爪撕碎公狼獾血瘤那张丑陋的脸，让母狼獾背霜咬断银老二脖子的企图彻底落空！

它刚扭转身，尾部突然一阵剧痛，扭头望去，那只被它咬倒在血泊中的雄残疾狼獾居然活转过来，死死咬住了它的豹尾。狼獾不愧是日曲卡雪山最臭名昭著的恶兽，其顽强远远超出了阿灿霞的想象。眼前这只雄残疾狼獾，刚才差不多被它撕烂咬碎、浑身是血，已变成一只血狼獾，只剩下最后一口气了，可转眼之间居然又扑上来缠住它搏杀。它当然不能任凭这只雄残疾狼獾咬断自己漂亮的豹尾，只得停下来专心对付这个亡命徒。

那边，公狼獾血瘤撕咬得更猛烈了。噗，泥雪滚腿弯被连皮带肉咬下一大块来，鲜血迸溅，泥雪滚疼得浑身抽搐，喉咙深处发出粗浊的抽泣声，却仍咬紧牙关没有松嘴。雪豹的噬咬力度毕竟胜过狼獾，在泥雪滚的强力噬咬下，母狼獾背霜支撑不住，不得不松开咬住银老二颈侧的嘴，转而去咬泥雪滚的脸。

银老二的死亡威胁刹那间解除了。但不知道为什么，当母狼獾背霜松开银老二颈侧时，银老二也松开了母狼獾背霜的肩胛。

母狼獾背霜尖利的獾牙照准泥雪滚的左耳狠狠咬下来。

按理说，出于一种自我保护的本能，这时候，泥雪滚应该松开咬住母狼獾背霜脊背的嘴，用豹牙去阻挡母狼獾背霜的噬咬。但泥雪滚没有这么做，而是继续咬住母狼獾背霜的脊背不放，并用眼睛盯着银老二，嘴角呜呜吐出急切的低嚎，似乎在焦急地提醒催促着什么。

银老二此时已完全脱离母狼獾背霜的纠缠，不仅如此，它刚好就站在母狼獾背霜面前，居高临下，只要照准母狼獾背霜的脑壳狠劲一咬，就能将它送到西天去。泥雪滚已咬住母狼獾背霜的脊背，它既动弹不得也躲闪不得，很方便银老二噬咬。

毫无疑问，此时此刻，银老二有机会也有能力对母狼獾背霜发起致命一击。

遗憾的是，关键时刻，盘踞在银老二心头的胆怯与卑微又显现出来，银老二的眼神变得恐惧而迷茫，它甚至迈动四肢扭头想跑。阿灿霞看得真切，一颗心流星般沉落。在如此重要的生死关头，在狠毒的母狼獾背霜已咬住泥雪滚一只耳朵的危急时刻，银老二要是扭头逃窜，就等于把不顾一切赶来救援的泥雪滚置于十分危险的境地；不仅如此，银老二这一跑，还意味着它扭曲的性格从此定型，怯懦将会伴随终生，它会成为不折不扣的精神侏儒，成为一只很快就会被丛林法则无情淘汰的畸形雪豹。

没想到，儿时所受的心理创伤会留下如此顽固的后遗症。

母狼獾背霜已蹬腿扭腰朝泥雪滚的耳朵狠狠咬下去了，尖利的牙齿从泥雪滚的耳根穿刺进去，这一口不仅仅会咬掉泥雪滚的耳朵，还会撕裂它的半块头皮，后果非常严重。而公狼獾血瘤还纠缠着泥雪滚的一条腿，雌残疾狼獾还在泥雪滚背上疯狂啃咬，如果得不到及时救援，要不了半分钟，泥雪滚就会倒在血泊中！

让阿灿霞震惊的是，尽管已被死神掐住了喉咙，泥雪滚仍竭尽全力抬起脸朝银老二呦呦吼叫，仿佛只要还有一口气，就一定要把银老二昏睡的灵魂叫醒，仿佛银老二雪豹意识的觉醒比自己的性命还重要。

母狼獾背霜的尖牙终于撕裂了泥雪滚的耳朵，一片血花迸溅出来，刚好飞到银老二脸上。或许是泥雪滚发自肺腑的吼叫唤醒了银老二昏睡的灵魂，或许是泥雪滚身上迸溅出的那片温热的血花唤起了银老二的雪豹意识，银老二脸上的表情急遽变幻，狂热代替了恐惧，冲动代替了畏缩，雪豹的威风和野性一瞬间奇迹般的爆发出来，它低下头一口咬住母狼獾背霜的后颈，猛扭强拧。雪豹天生一副强有力的下颚，狼獾颈项再粗壮，也经不起雪豹如此猛烈的噬咬，母狼獾背霜顿时两眼翻白，无奈地松开了咬住泥雪滚耳朵的嘴……

那壁厢，阿灿霞大发豹威，紧紧搂住雄残疾狼獾，顾不得对方会狗急跳墙反咬一口，强行叼住雄残疾狼獾的喉管狠命一咬，将雄残疾狼獾送上了不归路。它付出的代价也不小，前腿弯被撕裂，血滴滴答答地流。但它顾不得舔一下自己的伤口，立刻以最快的速度扑蹿过去，一爪将骑在泥雪滚背上的雌残疾狼獾扫下地来……

此时，银老二正咬住母狼獾背霜的后颈拼命甩打，草叶飘零，尘土飞扬，母狼獾背霜的哀嚎声不绝于耳。虽然母狼獾背霜竭力挣扎反抗，但银老二身强力壮，且紧紧咬住它的要害部位，母狼獾背霜一切挣扎反抗都是徒劳的。很快，它就七窍流血，慢慢停止了挣动。

那只正在撕咬泥雪滚左前腿的公狼獾血瘤见到大势已

去，只得无奈地松开嘴，哀嚎着落荒而逃。

阿灿霞三下五除二拧断了雌残疾狼獾的脖颈，一场惊天动地的豹獾大战以雪豹获胜而告终。

然而，雪豹这边也付出了沉重的代价。泥雪滚遍体鳞伤，成了一只名副其实的血豹。最严重的是腿部和脸部的创伤，它的左前腿被公狼獾血瘤咬出一条 20 厘米长的口子，露出白森森的骨头，左耳被母狼獾背霜咬了下来，虽然没有断，却像片残叶似的吊在额际。望着狼狈逃窜的公狼獾血瘤的背影，泥雪滚想站起来追赶，但勉强跨出两步，就四肢发软一头栽倒在地。它想发出胜利的吼叫，但一张嘴，噗，就喷出一口殷红的血，叫不出声来了。

阿灿霞也多处负伤，但都伤得不重，尾巴被雄残疾狼獾咬肿，腿弯和腹部也被锐利的獾爪撕出好几道血口。

母狼獾背霜早已气绝身亡，可银老二仍叼着獾颈拼命在岩石上甩打。啪啪啪，母狼獾背霜变成血肉模糊的尸块。银老二爪牙并用，刹那间将母狼獾背霜分解成数块，大口咀嚼，大口吞咽，仿佛是在尽情宣泄压抑了两年的委屈与痛苦。它一面贪婪撕食，一面朝阿灿霞和泥雪滚发出凶狠的低嚎，似乎在说：这食物归我所有，你们休想染指，不然休怪我无礼！活脱脱一副唯我独尊的霸主气概。

阿灿霞当然知道，此时此刻，银老二撕食母狼獾背霜，绝非单纯为了填饱肚子，而是物质与精神的双重享受。啃食这只曾经伤害过它的母狼獾，在银老二的生命历程中具有里程碑式的重要意义，它驱散了银老二心灵的阴影，解开了银老二心中的桎梏，类似于人类的成年仪式，标志着银老二告别童年，走向独立和成熟。从此以后，它的嗜血野性和杀戮冲动将奇迹般的苏醒复活，雪豹品性将得到重塑和再生。

很快，母狼獾背霜便只剩下几根白骨和一副皮囊了。银老二仰天发出一声长吼，声音洪亮，气势磅礴。它颈部和肩胛也负了伤，身上血迹斑斑，但好在伤得不重，用不了几天就会痊愈。或许它身上会留下伤疤，但对雄雪豹来说，伤疤就是生命的勋章，对儿时受过严重心理创伤的银老二来说，这伤疤也是精神补丁，缝牢了精神破洞，从此以后，它将成为一只呼啸山林、顶天立地的雄雪豹。

银老二叼起一具残疾狼獾的尸体，围着躺在地上的泥雪滚转了一圈，算是一种拜别，随即头也不回地朝日曲卡雪峰走去。

阿灿霞知道，今天是银老二生命的转折点，它长大了，身体和心理都发育成熟，离家出走独自去闯荡世界了。虽说银老二已满 28 个月，是在最后时限才离开家的，但不管怎么说，能在最后时刻奇迹般的治愈心理顽疾，是多么令人欣慰的事啊！

银老二矫健的身影在雪线跃动，它是雄雪豹日食生的后代，气宇轩昂，天生一副好身胚，皮毛银光闪闪，双目炯炯有神，四肢强壮有力，显得俊美而潇洒。可以预见，银老二很快就能找到栖身巢穴和觅食领地，很快就会找到可心的伴侣，组建一个美满的雪豹家庭。

深深地祝福你，孩子，一路走好！阿灿霞朝银老二的背影轻声吼叫。

“呦——”泥雪滚嘴角涌出血沫，也用微弱的声音向银老二送去祝福。

第二十六章　守护一份真爱

阿灿霞借着朦胧的星光，连夜翻越日曲卡雪山，到热泉谷采撷一种名叫剪秋萝的草本植物。

热泉谷，顾名思义就是流淌着温泉的一条小山沟。虽说是寒冬腊月，但因地热蒸熏，这里仍绿叶葱茏，生长着各种植物，剪秋萝就是一种化淤活血、专治跌打损伤的草药。

并非只有人类才有“药”的概念，许多野生动物也会用“药”来排除身体不适和治疗伤痛，例如鸡在饱餐一顿后会啄食沙砾以帮助消化；西双版纳的白袜子野牛一旦患疥疮，就会找一个散发浓烈硫黄味的烂泥塘，一天数次浸泡在烂泥塘里，以治疗身上的疥疮。生活在滇北高原日曲卡雪山的雪豹，也具备最粗浅的医药常识，认得几种能治疗伤口的植物，一旦受伤，就会钻进箐沟去寻找草药。这种医药常识并非天生，而是通过后天学习获得的，通常是幼年期由亲豹传授。像雪豹这样的食肉类猛兽，狩猎时难免会受伤，是否掌握医药常识，是否必要时能为自己疗伤，也是衡量一只雪豹生存能力高低的重要标志。

阿灿霞是一只掌握了医药常识的母雪豹。

它在热泉谷寻找到剪秋萝后，顾不得疲劳，又在启明星的指引下，连夜回到布满狼毒花的云杉坪。天已经亮了，泥雪滚躺在背风的岩石后面，双目紧闭，伤口血肉模糊，四肢不断抽搐，生命体征已十分微弱，处于奄奄一息的状态。阿灿霞大口咀嚼剪秋萝，辛辣苦涩的剪秋萝，嚼起来就像在受刑，从嘴里一直苦到心里，苦得阿灿霞身体直打激灵，整张豹脸都皱成苦瓜了，可它咬紧牙关坚持将剪秋萝嚼成药泥，然后用舌尖细心地将药泥敷在泥雪滚腿部和脸部的创口上。这以后，每隔一天阿灿霞都要前往热泉谷采撷剪秋萝，给泥雪滚更换药泥。

血流得太多，六天过去了，泥雪滚仍处于昏迷状态。

阿灿霞的任务不仅仅是采撷草药，还要驱赶讨厌的秃鹫。

秃鹫又名坐山雕，惯食腐尸，是大自然的殡葬工。或许是闻到了浓烈的血腥味，或许是锐利的雕眼看出泥雪滚已经气若游丝、离尸体仅有半步之遥了，总之，从受伤的第二天起，便有秃鹫在泥雪滚头顶盘旋。开始只有三五只，慢慢地越聚越多，数以百计的秃鹫像块巨大的黑色裹尸布，在天空飘荡，不时发出嘶哑的啸叫："嘎呀——"那是死神的诅咒，咒泥雪滚快快咽气、速速死亡！也许是饿极了的缘故，有几只胆大妄为的秃鹫竟然飞落下来，不怀好意地跳到泥雪滚身旁，张开弯钩似的尖利的嘴喙，啄咬泥雪滚的伤口。

可恶的盗尸者，这只雪豹还有呼吸，一颗豹心还在跳动，你们怎么就想来收尸呢？阿灿霞跳起来扑咬这些飞落到泥雪滚身边的秃鹫。

这是一场艰苦卓绝的保卫战，保卫的是泥雪滚还没断气的身体。

雪豹虽说是雪域霸主，但与秃鹫搏杀，却注定没有赢的希望。秃鹫的优势是会飞翔，雪豹的弱势是没有翅膀。

这天，阿灿霞吼叫着冲向一只正在窥探泥雪滚伤口的秃鹫，眼瞅着就要扑到秃鹫身上了，秃鹫突然扑扇翅膀飞到天上去了，阿灿霞只能朝着天空悻悻号叫。可还没等它喘口气，又有两只秃鹫贼头贼脑地飞落到泥雪滚身旁，阿灿霞不得不强打起精神龇牙咧嘴地冲过去……又是一次徒劳的扑咬，枉费了许多力气，连一根雕毛也没咬下来，它自己却累得趴在地上直喘粗气。那些秃鹫仍像幽灵似的怎么赶也赶不走，没办法，它只好紧紧靠在泥雪滚身边，以阻止秃鹫直接飞落到泥雪滚身上来。

幸好秃鹫是夜伏昼行的猛禽，惧怕黑夜，天刚擦黑便飞回日曲卡雪山雪线附近的悬崖睡觉去了，这让阿灿霞有时间踏着星光去热泉谷采撷剪秋萝并捕捉鼠兔类的小动物充饥。

阿灿霞心里清楚，泥雪滚能不能醒过来还是个未知数，完全有这种可能，阿灿霞含辛茹苦为泥雪滚疗伤，到头来泥雪滚还是奔赴黄泉。要真是这样的话，它这几天所吃的苦都白吃了，所遭的罪也都白遭了。好几次，望着裹尸布般在头顶盘旋的秃鹫群，望着浑身血污昏迷不醒的泥雪滚，阿灿霞都感到心力交瘁，萌生出想要放弃的念头。真的，它已在泥雪滚身边守护了整整六天，也算是对它仁至义尽了。它太累了，快支撑不住了，而且它身上也挂了彩，好想找个清静的地方好好睡一觉。它想，当初让泥雪滚走进千年老杉树的扇形树洞里来，表面上看是一种招赘行为，实际上，它内心深处从未将泥雪滚看作是候补夫婿，它是在巨大的生存压力下，违心同意泥雪滚进入家门的。它曾多次想过，一旦将三只幼豹抚养长大，就要想办法结束与泥雪滚之间的婚配契约。而现在，正是结束与泥雪滚关系的绝佳机会。不需要费任何脑筋，它只要离开云杉坪，泥雪滚很快就会变成秃鹫果腹的食物。

泥雪滚从这个世界消失了，如何摆脱泥雪滚的难题就自然而然地解决了。这样做虽然有点儿不道德，但动物世界是没有道德准则的。即使存在某种道德准则，泥雪滚也不会知道它的离去，不会有被背叛的难堪。这件事天知地知它知秃鹫知，它没必要有任何顾虑。它咬咬牙，拔腿往荒山沟走去。可刚走出几步，四条豹腿便沉重得像灌满了铅，一种更神秘更强大的力量迫使它回到昏迷不醒的泥雪滚身边。

它和泥雪滚共同生活两年多了，往事一幕幕浮现在它脑海：身上多处挂彩的泥雪滚顽强地守护在千年老杉树扇形树洞前，抵挡狼獾夫妻凶猛的进攻，保护着三只毫无自卫能力的幼豹；狂风骤雨的夜，泥雪滚像一把结实的伞，将被狼獾咬伤的银老二罩在自己身体底下；白老大在沼泽地里挣扎，眼瞅着就要被怪物一样的烂泥潭吞噬了，泥雪滚扑通跳了下去，用脑袋将白老大顶出了深不可测的泥潭；它误中了狡猾猎人的圈套，被关在木笼里运往遥远的山寨，前途未卜之际，泥雪滚承担起全部的抚养责任，冒着九死一生的危险闯进豺群捕捉幼豺，救活了饿得奄奄一息的花老三，尽心尽力养活三只幼豹……

像它这样在哺乳期不幸丧夫的单身母豹，最终能将四只幼豹中的三只抚养长大，应该说是一个绝无仅有的奇迹；即使是夫妻豹共同抚养后代，四只幼豹能养大三只，也是一个了不起的成绩。它心里很清楚，要是没有泥雪滚，它生下的这窝幼豹早就被严酷的自然法则淘汰干净了。它虽然是只雪豹，却也晓得知恩图报的道理，它欠泥雪滚的实在太多太多，现在泥雪滚生命垂危，除非它是天良泯灭的恶魔，才能毫无顾忌地一走了之。

罢罢罢，就当是欠债还钱，在感情上，它确实债台高筑，那就咬紧牙关还掉这笔感情债吧。

第二十七章　与秃鹫周旋

阿灿霞下决心赶走这些秃鹫。

这些秃鹫不仅越聚越多，气焰也越来越嚣张，好像存心欺负它阿灿霞没有翅膀不会飞，竟然成群结队轮番飞临它的头顶，在离它头顶约三四米的高度，肆无忌惮地发出嘶哑聒噪的啸叫，吵得它心神不宁。更难以忍受的是，这些面目丑陋的凶禽竟然在空中瞄准阿灿霞拉屎撒尿，臊味十足的雕尿像雨一样淋了它一身，恶臭难闻的雕粪也落了它一身，让它恶心得直想呕吐。对生性高傲的雪豹来说，雕粪浇头是无法容忍的奇耻大辱！

它气得发疯，朝天空咆哮扑咬，结果当然是徒劳的，它连一根雕毛也咬不到。秃鹫高兴地呀呀乱叫，嘲笑它的无能。

再这样继续下去的话，它要么会被这群秃鹫活活气死，要么就得放弃尊严抛弃良心，灰溜溜地从奄奄一息的泥雪滚身边撤离。不行，它是堂堂雪豹，是雪域霸主，再怎么也不能屈服于秃鹫的淫威。

它咽不下这口窝囊气，它要还秃鹫以颜色。

阿灿霞观察发现，对它发动屎尿大战的始作俑者是一只黑色羽翼上有一道金色V形羽带的雄秃鹫。那只秃鹫体态特别壮硕，目光特别犀利，或许可称其为金带鹫。就是这只金带鹫率先在空中撅起尾羽朝它屙屎，其他秃鹫以金带鹫为榜样，也群起而屙之，臭烘烘的屎尿淋了阿灿霞一身。通过观察，阿灿霞确信金带鹫就是这群秃鹫的王，或者说是这群秃鹫的首领。打蛇打七寸，擒贼先擒王，它将攻击目标锁定在金带鹫身上。

对付凶禽，唯有智取。

这天下午，秃鹫们故技重演，又飞临阿灿霞头顶，谩骂啸叫，屙屎撒尿。阿灿霞做出极度愤慨的样子，发疯般咆哮，一次又一次蹿高扑咬，当然又是连一根羽毛也没咬掉。太阳快落山时，它显得筋疲力尽，走路像喝醉了酒似的摇摇晃晃，故意露出破绽。当它走到泥雪滚脑袋的右前侧时，突然四腿一软栽倒在地，大口喘息，胸脯急剧起伏，看起来上气不接下气，难受极了。开始它还勉强竖起脑袋怒视天空飞翔的秃鹫，过一会儿就连竖直脑袋的力气都没有了，斑斓的豹头恹恹地歪倒在地，口吐白沫。

诈死是许多动物惯用的伎俩。

阿灿霞躺倒的位置是经过精确盘算的。它躺在泥雪滚右前侧，离泥雪滚的脑袋约一米，即使它不站起来，这也是一个有效的扑击距离，秃鹫就不敢走到正前方来啄咬泥雪滚的眼珠；但它躺卧的位置离泥雪滚左前腿的伤口却有两米多，假设有秃鹫去啄咬泥雪滚的左前腿，阿灿霞想出手援救就必须站起来，绕过或跨过泥雪滚的脑袋，才能去扑击犯奸作科的秃鹫，这需要好几秒钟时间。阿灿霞相信，狡猾而贪婪的金带鹫，一定会利用这个时间差来啄取食物的。

泥雪滚虽然还有心跳和呼吸，却一直处于昏迷状态，看起来就是一具没有知觉的尸体。秃鹫是著名的森林殡葬工，看见尸体就会有一种遏制不住的冲动，且泥雪滚左前腿皮开肉绽，散发出一股浓重的血腥味，对秃鹫这样惯食腐尸的凶禽来说，这简直就是一顿美味大餐。

果然如阿灿霞所料，当它口吐白沫歪倒在地后，金带鹫便降落下来，摇摇摆摆地走到泥雪滚左侧，亮出铁钩似的尖喙，长长的裸露着粉红色皮肤的脖颈一伸一缩，做出要啄咬泥雪滚左前腿伤口的动作来。但它对躺卧在泥雪滚右前侧的阿灿霞仍有所顾忌，并没有立刻啄咬，而是一遍又一遍地重复着啄咬的假动作，两只贼亮的鹫眼密切注视着阿灿霞，鹫腿半屈，一对巨大的翅膀向上撑开，毫无疑问，只要阿灿霞有翻爬起来的意图，它就会立刻振翅飞到空中去。

阿灿霞当然不会翻爬起来，恰恰相反，它两眼翻白，浑身抽搐，好像也快“死”过去了。

斗智斗勇斗耐心斗心机。

金带鹫试探了几次后，终于打消了顾虑，瞄准泥雪滚左前腿血淋淋的伤口狠狠啄咬下去。一大群秃鹫紧跟在金带鹫身后，也伸长丑陋的脖子亮出铁钩似的尖喙，争先恐后地涌到泥雪滚身边啄咬。就在金带鹫铁钩似的嘴喙啄到泥雪滚伤口的一瞬间，突然，一条棍子似的东西从半空扫了过来，照准金带鹫长长的脖子劈打下去。

这棍子似的东西，正是阿灿霞的尾巴。

阿灿霞的身体并没有动弹，它是靠意念和臀部肌肉的扭动而抡甩尾巴的，隐蔽性极强，用于偷袭简直再合适不过，总能打得对方猝不及防。

尾巴是雪豹身上很重要的器官。尾毛蓬松，柔软时如柳条飘拂，尾尖甚至能绕成圆形花结，坚硬时如钢鞭怒竖，轻易就能扫平杂草；长长的尾巴不仅能让雪豹在快速奔跑时保持平衡，还是它们在雪域生活必备的一种工具——当育幼期的母雪豹踏着积雪回巢时，为确保豹崽安全，会一面走一面扫动尾巴将雪地上的爪印抹干净；豹尾还具备武器功能，雪豹捕捉猎物，用的是扑、掀、剪三招，扑就是从正面扑倒猎物，掀就是用后肢将猎物蹬倒，剪就是用尾巴勾拉或抡打猎物，将企图逃跑的猎物绊倒。据说中国兵器中的九节鞭就是模仿豹尾做成的。

金带鹫发现豹尾朝自己劈打过来，急忙缩回脖子，想振翅飞上天去，但已经迟了，豹尾砸在它细长裸露的秃脖子上，打了个标准的拐脖儿。细长的脖颈是秃鹫身上最脆弱的部位，就这么一下，金带鹫的脖颈就被打折了，脑袋歪在肩胛上竖不起来。阿灿霞在用豹尾击打金带鹫的同时，身体也矫健跃起。金带鹫虽然脖子被打折，却仍强行起飞，折断的脖子严重影响了它的飞行技巧，似乎也让它丧失了方向感，刚飞离地面便打了个转栽倒在地，强行起飞后仍是在空中奇怪地打转。凶禽离开天空便成了草鸡。阿灿霞三蹿两跳扑到半空中一口咬住金带鹫。想啄食泥雪滚还有呼吸还有心跳的“尸体”吗？嘻嘻，你自己就要变成尸体啦！阿灿霞咬住金带鹫的背——假如它用力咬下去的话，立刻就能让金带鹫气绝身亡，但它仅用了三分力，叼而非咬，只是让金带鹫失去反抗能力，而不会立刻断气。

“呀——呀——”金带鹫扭着折歪的脖子发出凄厉的啸叫。

哈，这就是敢在雪豹头上拉屎的好下场！

“啊——啊——”金带鹫发出撕心裂肺的哀号。

叫啊，再叫响一点儿，把恐怖气氛几何级数地放大！

阿灿霞抡起豹尾劈打金带鹫时，紧跟在金带鹫身后的秃鹫们就迅速作鸟兽散；阿灿霞扑蹿到半空一口咬住金带鹫时，秃鹫们就像被龙卷风卷起的一堆枯叶，呼啦一下都飞到天上去了；此时此刻，金带鹫垂死的哀鸣把秃鹫们吓得呀呀乱叫，纷纷飞离云杉坪。

看来，杀一儆百的宣传效果还是挺不错的。

阿灿霞不仅吃到了一顿难得的秃鹫肉，还成功地把讨厌的秃鹫群从泥雪滚身边赶走了。后面几天，虽说仍有贪婪的秃鹫不怀好意地在天空盘桓，却再也没有一只敢降落到地面来。

日子比过去清静多了。

第二十八章　爱创造了奇迹

第八天上午，泥雪滚终于醒过来了。它好像明白要不是阿灿霞不离不弃地守护在它身边，悉心照料它、替它疗伤，它是不可能在鬼门关前兜了一圈又回来的，所以一睁开眼睛，它就颤颤巍巍地爬到阿灿霞身边，伸出舌头舔吻阿灿霞的脚爪，用雪豹特有的方式表达感激之情。

——你救了我的命，我会铭记在心的。

一股暖流涌上阿灿霞的心头，八天来它所遭受的全部苦难在这一瞬间得到了补偿。它也很激动，轻轻舔理泥雪滚凌乱的体毛，喉咙深处发出咕噜咕噜的叫唤声，表达自己的心意。

——这是我应该做的，我欠你的实在太多太多。

阿灿霞创造了奇迹，将泥雪滚从死神手里夺了回来。

第二十九章　感恩不等于爱情

泥雪滚的伤势慢慢好转，身体也慢慢恢复。一个多月后，它左前腿被狼獾咬掉的地方长出了粉红色的新肉，左耳撕裂的伤口也基本痊愈，血痂脱落，耳廓断茬部位还长出了一层绒毛。值得庆幸的是，它虽然遍体鳞伤，却没有落下什么残疾，腿没瘸，腰也没断，还能正常行走奔跑。

它们回到千年老杉树扇形树洞继续生活。

此时正是桃红柳绿的春天，迁移到南方越冬的食草动物纷纷回到翠绿的尕玛尔草原，冬眠的狗熊、蛇类和一些啮齿动物也都从幽深的地洞爬出来活动，对雪豹来说，这是一年中食物最丰盈的季节。阿灿霞的三个儿女都已离家出走独立生活了，它们等于卸下了沉重的担子，日子过得优哉游哉，狩猎变成了陶冶性情的游戏，花三分力气即可填饱肚子，剩下的时间想吃就吃，想睡就睡，想玩就玩，无比轻松自在。

春天也是个生命繁殖的季节，蝶恋花、蛇交尾、猫叫春、狗踩背，各类有性繁殖的生命互吐情愫，大自然生机盎然。

也许是受了春的熏陶、春的鼓舞、春的诱惑，也许是伤口痊愈营养过剩精力充沛，也许是体内的生物钟指向了某一神秘时刻，阿灿霞越来越明显地感觉到，泥雪滚正试图与自己交配。

俗话说眼睛是心灵的门窗，阿灿霞注意到，泥雪滚落在自己身上的眼光越来越火辣，有时会一直目不转睛地盯着它看，看得它浑身不自在。

一天半夜，阿灿霞睡得正香，突然觉得脸上湿漉漉的好像淋着雨了，它迷迷糊糊睁开眼，一轮明月正映照着洞口，宝石蓝的夜空只有几丝薄云，完全没有下雨的迹象，奇怪的是，脸上那种湿漉漉的感觉仍在继续。它甩甩脑袋让自己清醒过来后，这才看清，原来并非树洞外飘进雨丝，而是泥雪滚在用舌头舔它的脸。黑暗中，泥雪滚两只眼睛像闪闪发亮的萤火虫。阿灿霞肉麻得浑身起鸡皮疙瘩，背脊上的毛都竖了起来，赶紧将脸扭开去。泥雪滚误以为阿灿霞是出于雌性的羞涩才躲避的，湿热的舌头又不知趣地伸到它脸上来。阿灿霞实在忍无可忍，倏地站起来，愤怒地嚎了一声：

——你烦不烦哪，自己不想睡觉，也不让人家睡觉！你伤养好了有精神了是吧，你有劲没处使是吧，外面月亮大得很，你干脆爬到日曲卡雪山逮只岩羊算了！

在阿灿霞的痛斥下，泥雪滚只好蜷缩到树洞底端黑暗的角落闷头睡觉去了。

但事情并未到此就画上句号。一天下午，阿灿霞和泥雪滚一起外出觅食，在山脚下不费吹灰之力就逮到一只额顶还未长角的小梅花鹿。渴饮滚烫鹿血，饥食美味鹿肉。吃饱喝足后，闲来无事，它们就找了块平坦的石头，打算洗个温暖的日光浴，睡睡懒觉，伸伸懒腰，以雪豹特有的方式享受美好时光。

就在这时，泥雪滚啪啪甩动尾巴，有点儿胆怯又有点儿放肆地凑上前来，先是用身体轻轻磨蹭阿灿霞的身体，继而伸出舌头要来舔理阿灿霞的体毛。不要打扰我！阿灿霞狠狠瞪了泥雪滚一眼。泥雪滚似乎有所觉悟，知趣地退后一步。但仅仅安静了几分钟，阿灿霞刚闭上眼睛，泥雪滚又黏黏糊糊地贴到阿灿霞身上来。阿灿霞再次狠狠瞪眼，但效果甚微。阿灿霞生气地将泥雪滚撞开，抽身想走，咱惹不起还躲不起吗？它刚想举步离去，突然，泥雪滚的尾巴像旗杆似的陡地竖了起来，两只眼睛睁得溜圆，抬起两只前爪，蛮横地跨到它的背上，还张开豹嘴叼咬住它的后颈皮。没想到一向低眉顺眼的泥雪滚还有这等胆魄，真应了那句色胆包天的俗话。阿灿霞气不打一处来，一个鲤鱼打挺蹿到空中，粗鲁地将泥雪滚从自己身上甩下去，还顺势在泥雪滚背上踹了一脚，将泥雪滚踹出几米远：我阿灿霞是那种可以让你任意摆布的雌雪豹吗？请你撒泡尿照照自己的脸，看清楚自己是什么东西，你有什么资格对我动粗呀！

泥雪滚好像聋了一样，翻爬起来，抖抖粘在身上的草叶土屑,又像个疯子一样举起两只前爪想踩到它背上来。是可忍，孰不可忍。阿灿霞怒吼一声扑上去，将泥雪滚扑翻在地，在它肩胛上不轻不重地咬了一口，咬下半嘴豹毛，那是在严厉警告对方：请你放尊重些，你用和平方式得不到的东西，靠使用武力也同样得不到！

泥雪滚跳闪开去，脑袋低垂，神情萎靡，就像一棵被霜打蔫的草，两只豹眼蓄满伤心的泪，一声接一声发出委屈的呜咽。

阿灿霞突然又有了几分歉意和自责。按正常逻辑，一只成年雄雪豹和一只成年雌雪豹同居一个巢穴，到了发情期，自然而然就会萌生出特殊感情，进而缔结一段美满或不美满的姻缘。它与泥雪滚同居一穴已两年多了，在这个浪漫多情的季节，对泥雪滚来说，和朝夕相处的雌雪豹只有夫妻之名，没有夫妻之实，确实也是很残酷的。动物的生存意义，就是在有限的生命时间内,尽可能多地繁衍后代,复制自己的基因。从这个意义上说，泥雪滚急切地希望获得交配权并无什么不妥。

它不得不承认，泥雪滚是有理由感到委屈的。两年多前，泥雪滚放下雄性的自尊被它招赘入婿，与它阿灿霞缔结秦晋之好。它无法否认，自己与泥雪滚之间是签有一份关于抚养幼豹及承认其候补夫婿地位的契约的，这份契约虽然没有写在纸上，却镌刻在彼此的心里。要是在此期间泥雪滚犯有什么过错，或者有过偷奸耍滑不负责任等不良记录，那它就可以理直气壮地对泥雪滚关闭爱的心扉。但两年多来，泥雪滚竭尽所能忠实地履行责任和义务，协助它把三只幼豹养大成材，实在找不出什么过错，而它却粗暴地剥夺了泥雪滚由候补夫婿转为正式夫婿的权利。这让它有点儿于心不忍。

凭良心说，阿灿霞也曾想克服心理障碍，放低身姿对泥雪滚敞开爱的心扉。它劝诫自己，就当这是命运强加在自己头上的一场苦役，是必须履行的一种义务，是必须吞咽的一枚苦果。它甚至这样想：可以用幻想代替现实，想象泥雪滚是一个英俊潇洒的白马王子，是一只呼啸山林出类拔萃的雄雪豹，拜倒在它的石榴裙下，向它求爱……可是，当泥雪滚真的黏黏糊糊贴到它身上来时，它却一心只想躲得远一点儿。

一般来讲，在动物界，只有两种感情能让雌性心甘情愿地抛出爱的红绣球，一种是崇拜和仰慕，雄性魁梧强悍的身躯、出类拔萃的觅食技能和生存本领，会让雌性产生崇拜和仰慕之情，而这种崇拜和仰慕是极容易转化为爱情的；另一种是喜欢和感兴趣，对方或奶油或英俊，反正模样讨人喜欢，善解风情善于卖乖讨巧，能逗雌性开心，这种喜欢和感兴趣也极容易转化为爱情。

泥雪滚身材瘦弱，狩猎技艺平平，只有神经病雌雪豹才会对它产生崇拜和仰慕；泥雪滚形象丑陋，模样猥琐，很难想象有谁会喜欢它或对它感兴趣。特别是被狼獾咬伤后，泥雪滚的形象更是惨不忍睹，身上添了好几处伤疤，豹毛脱落，活像患有疥疮的癞皮豹；尤其是被狼獾咬伤的左耳朵，大半只耳廓被撕裂，却又没干枯脱落，垂挂在眼睑间，走起路来晃晃荡荡的，显得更加怪异和恐怖。面对这样一只低能的丑八怪雄雪豹，你叫它怎么爱得起来哟。

阿灿霞明白，自己即使对泥雪滚抱有好感，那也纯粹是感恩之情，而绝非爱情。

恩情不等于爱情，报恩不等于献身。

可是，面对泥雪滚乞求的眼神，它好像又没有充足的理由一而再再而三地予以拒绝。

泥雪滚还在一声接一声地委屈号叫，阿灿霞叹息着走过去，用下巴在泥雪滚额头上轻轻摩挲了几下，这是一种安慰，也是一种告白：哦，你不要太急嘛，你的伤刚刚养好，需要养精蓄锐，别折腾坏了身体；等到漫山遍野的杜鹃花盛开了，我们再结为夫妻；别伤心了，别委屈了，请放心，我会实践自己的承诺，为你生下一窝小宝宝的。

泥雪滚停止了号叫，眼睛里又燃起希望之光。

阿灿霞知道，要想不让泥雪滚受委屈，那就得让自己受委屈，要想不让自己受委屈，那就要让泥雪滚受委屈，它不知道的是，究竟是该让自己受委屈，还是该让泥雪滚受委屈。

它心里矛盾极了。

第三十章　冤家路窄

这天，阿灿霞独自漫步在平缓的山坡上。这是一块向阳的山坡，也是一块盛开着杜鹃花的山坡，有灌木杜鹃，也有大树杜鹃，各种形状各种颜色的杜鹃花争艳斗奇、竞相开放。

也许是离发情期结束为时不远了，泥雪滚热切的眼光越来越频繁地凝聚在阿灿霞身上，那眼光里混合着期待、恳求、责问、催促，搅得阿灿霞心烦意乱，实在不晓得该怎么办才好。

阿灿霞已没有时间可以再拖延，要么实践自己的承诺与泥雪滚缔结一段姻缘，要么与泥雪滚撕破脸、大打一架然后分道扬镳，泥雪滚会带着锥心刺骨的伤痛离去，它则会陷入深深的内疚和自责中。

这两种结果好像都不是它想要的。它痛苦极了，左右为难，犹豫不决，坐卧不安，心神不宁。

这天清晨，泥雪滚还在睡觉，它悄悄溜出树洞，翻越风雪垭口，来到这片开满杜鹃花的山坡。它要独自走走，冷静想想，找到解决难题的办法。

阿灿霞在杜鹃花丛里漫无目的地走着，突然，它在弥漫着杜鹃花香的空气中捕捉到一股同类的气味。它顺着气味走到一棵枝繁叶茂的大树杜鹃下，树干上淋了一些新鲜的雪豹尿液，毫无疑问，那是居住在这块山坡上的同类布置的气味边界。阿灿霞耸动鼻子闻了闻，浓重的腥臊味中带有一种成熟而强悍的雄性气息。啧啧，不闻不知道，一闻心头恼，原来在这片杜鹃花丛中居住的竟然是花月亮！阿灿霞立刻扭身往山下跑，想尽快离开这片杜鹃花丛。它与花月亮曾经有过一段交往，那是痛苦的回忆、不堪回首的往事，一直像梦魇一样压在心头。它这辈子再也不想见到这个人面兽心——不不，应该是豹面人心的坏家伙！

阿灿霞刚走到杜鹃花丛的边缘地带，突然，一只矫健的雄雪豹从石坎背后闪了出来，拦住了它的去路。虽然两年多没见面，但阿灿霞还是一眼就认出，来者正是花月亮！

两年多没见，花月亮的皮毛仍那么鲜亮，神采仍那么飞扬，气宇仍那么轩昂，还透露出成熟的雄性风采，似乎比两年前更成熟更伟岸更具魅力了。但阿灿霞心里丝毫没有久别重逢的喜悦和激动，相反，怒火突突往脑门上蹿。假如可能的话，它真想一口咬掉花月亮的尾巴，让这个坏家伙变成丑陋的秃尾巴雪豹，再也潇洒不起来。

时间无法冲淡刻骨仇恨，时间只能让仇恨变本加厉。

花月亮的反应刚好与阿灿霞形成冰火两极。见到阿灿霞的一瞬间，花月亮的两只豹眼流光溢彩，豹逢喜事精神爽，整张豹脸容光焕发，喜气洋洋，尾巴温柔摇动，表现出极度的惊喜和兴奋。

——呦呦，我亲爱的蓝眼珠美人儿，见到你我非常高兴，感谢老天爷，天上掉下个好妹妹，我再也舍不得离开你了！

看得出来，花月亮身边没有伴侣，仍是个单身汉，或者说是个钻石王老五,但在阿灿霞眼里,花月亮是个狗屎王老五、烂泥王老五。它冷冷地望着花月亮，脸上露出不屑与鄙夷的表情，夹紧尾巴，绷紧身体，摆出一副拒豹于千里之外的冷漠姿态。

花月亮仍神采飞扬地柔声吼叫，流里流气地往阿灿霞身上靠，心痒眼馋得连口水都流下来了。

欧——别靠近我，滚远点儿！阿灿霞厉声咆哮。

谁知，花月亮的脸皮比猪皮还厚，把咒骂当补药吃，仍嬉皮笑脸地凑上来：我对你朝思暮想，今天你我在这里相遇，那是天赐良缘，来吧，我心爱的美人儿，切莫辜负了这良辰美景。

阿灿霞简直要被气晕了。无耻！要不是它亲眼目睹，它根本不会相信世界上竟然还有如此厚颜无耻之徒。它永远也不会忘记，在它最困难最需要帮助的时候，这家伙不仅不伸出援助之手，还背着它卑劣地咬杀了它的宝贝幼豹麻老四，要不是它及时赶回树洞，四只幼豹将统统遭它毒手。它觉得花月亮身上集中着所有雄性的丑陋与缺点：贪婪、自私、下流、无耻，只想占便宜不想负责任，空有一副好皮囊，心却是大粪捏成的。就算天下的雄雪豹都死光了，它也绝不会爱上这种雄雪豹的！

阿灿霞龇牙咧嘴做出扑咬状：我已经名花有主，心有所属；请你放尊重些，让我走，我要回到我亲爱的夫君身边去！

阿灿霞所说的夫君，当然就是泥雪滚。与眼前的花月亮相比，泥雪滚虽然外表丑陋，心却是用金子做成的。一个是流氓，一个是正人君子，一个是屠杀它幼豹的刽子手，一个是替它抚养幼豹的好帮手，谁值得爱，谁不值得爱，还用选择吗？

花月亮怀着强烈的占有欲，不管不顾地贴到阿灿霞身边，耸动鼻子贪婪地嗅闻阿灿霞身上的气味：你是芬芳的玫瑰，让我心痒心动心醉，不管你有没有夫君，我都发誓要把你弄到手！

阿灿霞端立不动，暗中做好噬咬准备。

哪知花月亮把阿灿霞的端立不动视为一种默许，禁不住心花怒放，伸出灵巧的舌头，贼兮兮地舔吻阿灿霞的脸颊。照理说，阿灿霞应当退却或避让，躲开骚扰，但阿灿霞继续端立不动，脸上甚至还浮现出一丝笑意，似乎是在暗示对方：我并不讨厌你的亲昵举动，你如果再温柔点儿我会更喜欢的。这当然是一个小小的圈套。花月亮当真以为自己交了桃花运，美滋滋地将舌头伸到阿灿霞脸上来。在花月亮的舌头触碰到阿灿霞脸颊的一瞬间，阿灿霞猛甩脑袋，咚的一声，狠狠地撞上花月亮的脑壳，与此同时，它闪电般的朝花月亮肩胛咬去。花月亮反应还算敏捷，惊跳躲闪，阿灿霞没咬到皮肉，只咬到一口长长的豹毛。

趁花月亮惊慌之际，它拔腿就跑，飞奔着离开了这个恶魔般的雄雪豹。

背后传来花月亮怪声怪气的号叫。

阿灿霞一口气跑回千年老杉树，回到泥雪滚身边，这才大大松了口气。在泥雪滚身边，它有绝对的安全感。它知道，泥雪滚有一颗金子般的心，值得它永远厮守。可真的躺卧在泥雪滚身边时，不知怎么搞的，她却一点儿激情也没有，有一种索然寡味的感觉，有一种平淡得就像在喝一杯白开水的感觉，心情立马变得阴郁起来。

雌雪豹择偶一般有两个标准：伟岸和忠诚。挑选伟岸型，是因为只有与高大强壮、狩猎技艺一流的雄性结合，才能生下高大强壮、狩猎技艺一流的后代；挑选忠诚型，是因为在漫长的育幼期，只有雄雪豹坚贞不渝地陪伴在身边，才能最大限度地提高幼豹的存活率。

阿灿霞搞不懂，为什么伟岸的不忠诚，忠诚的却不伟岸。假如有办法把花月亮的躯壳与泥雪滚的内在结合在一起就好了，将会塑造出一只完美无缺的雄雪豹。

这也许是一种永远也无法实现的不切实际的幻想。

第三十一章　最后的婚期

漫山遍野的杜鹃花盛极而衰，开始谢了，风吹过，山坡上落英缤纷，就像下了一场美丽的花雨。雪豹的发情期很快就要过去了。错过了这茬发情期，就意味着浪费了宝贵的生育资源。

时不我待，再也没有时间犹豫不决了。阿灿霞决定丢掉不切实际的幻想，与泥雪滚结合。它欠泥雪滚的情，它曾承诺等幼豹自食其力出走后，与泥雪滚一起生活的。它明白，泥雪滚之所以苦役犯似的帮助它两年，是想有朝一日能成为它的正式丈夫，和它一起组建一个新的家庭。泥雪滚为它付出了太多太多，它不兑现自己的承诺，天理何在，良心何在？

今晚月明星稀，明天将是个风和日丽的艳阳天。好日子，好心情，阿灿霞暗下决心，就把与泥雪滚婚配的日子定在明天吧。明天是个好日子，它要让有颗金子般的心的泥雪滚实现梦想和夙愿，品尝婚姻这杯生命的美酒，在与它的温存和缠绵中，延续血脉，复制基因，完成一个生命的终极理想。

它躺卧在千年老杉树的扇形树洞里，闭上眼睛，强迫自己赶快入睡，睡得饱才能精神好，明天才能精神抖擞地跟泥雪滚一起步入婚配殿堂。但不知怎么搞的，阿灿霞脑子乱糟糟的，总有种心神不宁的感觉，让它无法入睡，似乎总有个声音在它耳边不断提醒：泥雪滚根本就是一个得不到雌性青睐的窝囊废，差不多所有动物都是由雌性掌控着婚配的主动权；打个不恰当的比喻，如果爱情是个菜市场，雄性就是摆在货架上的菜，雌性就是来挑挑拣拣的顾客；泥雪滚无疑是无人问津的一块老菜皮，就像挑人家挑剩下的，吃人家吃剩下的，能有什么好味道？

不不，阿灿霞摇摇头，它不应该如此贬低泥雪滚，泥雪滚虽然其貌不扬，狩猎技艺也差强人意，但实践证明泥雪滚是最可靠最忠诚的伴侣。忠诚也是一种很有价值的生存资源，雌雪豹的择偶标准之一就是忠诚，泥雪滚绝对忠诚，是值得它爱的。

它告诫自己，决不要再犹豫，决不要再动摇。

等到天亮后，它要独自到雪山垭口捕捉一只雪豹最爱吃的岩羊，咬断羊腿后，活擒回来，给泥雪滚一个惊喜。羊血是喜酒，羊肉是婚宴，草地是婚床，它要与泥雪滚共享美好时光，孕育新一代的生命。

第三十二章　花月亮露了一手

虽说已是春天，风雪垭口仍覆盖着一层薄薄的积雪，灿烂的晨曦给雄伟的雪峰和马鞍状的风雪垭口涂抹上一层厚厚的胭脂红。

阿灿霞的狩猎目标是岩羊。岩羊，生活在海拔5000米左右的高山峻岭，这种羊的蹄子底端有两块胶皮状指蹄，能牢牢吸附在粗糙的岩石上，擅长在悬崖峭壁间跳跃攀爬，所以极难捕捉。岩羊以高原苔藓和高山草本植物为食，风雪垭口是它们从日曲卡雪山前往尕玛尔草原觅食的必经之路。

薄薄的积雪上，有两行清晰的羊蹄印，伸向风雪垭口背面一座名叫双驼峰的陡峭石山。阿灿霞耸动鼻翼嗅闻，羊蹄印很新鲜，依稀还能闻到一丝淡淡的羊膻味。它立即循着羊蹄印快速奔跑，追踪猎物。穿过风雪垭口，便看见一只毛色褐黄、头顶长着半尺长羊角的公岩羊正踏着碎步朝双驼峰赶路。

天气晴朗，能见度极好，光秃秃的荒原上没有遮蔽物，刮的又是顺风，阿灿霞无法隐蔽自己，相距还有五六百米，那只公岩羊就发现了尾随追撵的阿灿霞，惊咩一声，撒腿拼命往双驼峰跑。阿灿霞也竭尽全力飞奔，无奈相距实在太远，等阿灿霞气喘吁吁地赶到双驼峰下时，公岩羊已攀爬到峭壁上去了。

岩羊确实是世界上最杰出的攀岩高手，那座双驼峰陡得几乎成90度直角，尤其是连接地面约十来米的那段坡面，是名副其实的绝壁，犹如刀劈斧砍，光滑得连鸟都无法驻足，仅在巨石与巨石的拼接处，有一两块巴掌大的石片或石条突兀出来，勉强可供鸟雀筑巢。

阿灿霞看见，公岩羊敏捷地纵身一跃，跳到离地面约一米多高的一块石片上，就像经过特殊训练的马戏演员在表演杂技一样，又向前一跳，跳到一块突兀的石条上，身体悬空，四只羊蹄在巴掌大的石条上像跳踢踏舞一般踢踏了一阵，竟然完成了转身动作，又来了个惊险异常的蹿跃，成功攀到左上方另一个落脚点……就这样三蹿两跳，形成一个之字形攀爬路线，登上了离地面约十来米的一块平台。平台大概有一只羊身体那么大，那只公岩羊伫立在绝壁平台上，居高临下地俯视着阿灿霞，嘴里发出胜利的咩叫。豹口余生，化险为夷，当然值得庆幸。

阿灿霞抬头仰望高高在上的公岩羊，它与猎物虽然仅仅相距十余米，却仿佛咫尺天涯，可望而不可即。雪豹依靠尖利的爪子和厚厚的肉掌虽然也能在悬崖峭壁间攀爬，但比起攀岩高手岩羊来，显然还是差了一大截，如此陡峭的绝壁，爬不到一半就会滑落下来，免不了摔个嘴啃泥，到头来，羊肉没吃到反惹了一身膻。阿灿霞无奈地甩甩脑壳，将涌到舌尖的口涎咽下肚去。唉，要是现在来个龙卷风把公岩羊从绝壁上刮下来就好了，它想。

咩——哈哈，咩——哈哈，站在绝壁平台上的公岩羊朝阿灿霞发出嘲弄的叫声。

这只有着丰富丛林生活经验的公岩羊心里很明白，自己虽然与凶猛的雪豹仅有十来米远，却已完全脱离了险境，十分安全。除非有只长了翅膀会飞的雪豹，才可能爬上如此陡峭的绝壁来扑咬它，而世界上是没有长翅膀的雪豹的。雪豹是岩羊的宿敌，能面对面对宿敌嬉笑怒骂，能将宿敌玩弄于股掌之间，何其快哉，何其乐哉！

阿灿霞悻悻地吼了两声，转身朝双驼峰左侧一片杜鹃花丛走去。杜鹃花正在凋谢，地上铺着一层五彩缤纷的花瓣。它跑累了，想躺在花瓣上小憩一阵，养养精神，再继续寻找捕捉其他岩羊的机会。

橐橐橐，橐橐橐，公岩羊抬起羊蹄有节奏地叩击平台，像是在为阿灿霞的退却而击鼓欢庆。

雪豹被羊戏弄，这世道也太荒唐了吧。

就在这时，杜鹃花丛中突然蹿出一道矫健的身影，闪电般朝双驼峰奔来，如同一团白色狂飙，转眼间便蹿至双驼峰绝壁下。那道身影没有任何犹豫和迟疑，借着奔跑的惯性，笔直地向上蹿跃，一下就蹿出三米来高，扑到绝壁上，尖利的爪子抠住粗糙的岩石，像条巨大的白色壁虎，嗖嗖嗖沿着陡峭的绝壁往上攀爬。

阿灿霞这才看清，那是一只雄雪豹在向高高在上的公岩羊发起攻击！而这只雄雪豹不是别人，就是它十分熟悉的花月亮！

花月亮尖利的豹爪抠抓着坚硬的岩石，爪下闪烁着一簇簇耀眼的火星。

当花月亮从杜鹃花丛飞蹿出来时，站在绝壁平台上的公岩羊并没有任何不安和恐惧，有绝壁这道不可逾越的天堑，它觉得自己没什么危险。可当花月亮壁虎似的贴在绝壁上嗖嗖往上蹿升时，公岩羊惊愕地瞪大了眼睛，似乎不相信这是真的，还以为这是自己因紧张而产生的幻觉呢。它眨巴着秀气的羊眼，怔立了半晌，似乎是要让自己从幻觉中清醒过来，接着，它再次瞪大眼睛往下看去，这一次看得真真切切，确确实实有一只雪豹正沿着绝壁快速向上攀升。它这才意识到危险，惊咩一声，转身想继续往绝壁上方攀爬逃生。

这时，花月亮离公岩羊站立的平台还有约两米的距离，绝壁实在太陡，雪豹毕竟不是壁虎，不可能长时间贴在绝壁上行走。阿灿霞看见，花月亮似乎快支撑不住了，两只前爪抠住上方的石缝，两只后爪踩住下方的石片，竟然停顿下来，身体也瑟瑟抖动，好像马上就要从绝壁上摔落下来似的。

公岩羊弯曲后蹄抬起前蹄，瞄准左上方一道窄窄的石坎就要蹿跳……

阿灿霞忍不住替花月亮感到惋惜，不管是花月亮从绝壁上摔落下来，还是公岩羊往绝壁上方攀爬过去，这场狩猎都将功亏一篑，竹篮打水一场空。可惜了好身手，可惜了好功夫。

就在这时，花月亮四只豹爪在陡壁上急遽抓刨，身体奇迹般的再度快速向上蹿跃。刹那间，花月亮的脑袋就浮上平台，两只前爪也搭了上去。就在同一个瞬间，公岩羊也已经弹跳起来，身体腾空，向左上方那道窄窄的石坎蹿跃出去……说时迟，那时快，只见花月亮急吼一声，突然做出一个奇特的动作——两只前爪支撑在平台上，整个身体倒立起来，长长的豹尾就像一根绳索，在空中准确地勾住了公岩羊的脖子，两只后爪在羊屁股上猛烈踢蹬，公岩羊无奈地偏离了蹿跃路线，像足球一样被劲射出去，在半空打了个滚后，直直地往下坠落。花月亮后肢落到平台上后，没有半点儿犹豫，照准正在坠落的公岩羊扑了下去，像骑马一样骑在公岩羊背上。公岩羊刚想扬起脖子挣扎，花月亮就已经顺势咬住了羊的喉咙……

轰！豹与羊砸落在地，花月亮骑在羊背上安然无恙，而公岩羊落地后就再也没能站起来。

阿灿霞看得眼花缭乱，它还是头一次看到如此精彩的空中捕羊，气势磅礴，动作干净利索、一气呵成，淋漓尽致地展现了雄雪豹高山霸主、雪域精英的迷人风采。这已经不是普通的狩猎，而是完美的艺术表演。花月亮不愧是日曲卡雪山最杰出的雄雪豹，在几乎完全不可能的情况下，将已攀爬到离地十来米高的绝壁上的公岩羊捉拿归案，没有出众的体魄、精湛的技艺、顽强的斗志和足够的自信是绝对做不到这一点的，换了其他任何一只雄雪豹都只能望“羊”兴叹，只能干瞪眼流口水。假如换了泥雪滚，恐怕下辈子也做不出这么优美的动作来。

啧啧，这种场合，它不该想起泥雪滚，更不该拿泥雪滚和花月亮比，这是两只不同层次的雄雪豹，它们之间没有任何可比性，阿灿霞想。它已下决心在今天与泥雪滚走进婚配殿堂了，明摆着的，一旦它与泥雪滚结合，幼豹将遗传泥雪滚的一切，包括五官、容貌、毛色、身材、智商和捕食能力。种瓜得瓜，种豆得豆，毫无疑问，它们将是丑陋与无能的翻版，是低素质的后代，即使能侥幸长大，也会狩猎技艺不佳，缺乏竞争力，得不到足够的食物，一辈子都没有出人头地的机会，一辈子忍饥挨饿，也一辈子找不到配偶。要是眼前这只空中擒羊的雄雪豹不是花月亮而是泥雪滚就好了，精英的后代也将是精英，高大健壮，气宇轩昂，驰骋猎场，威震雪域，不仅一辈子不用为食物发愁，还具有吸引异性的无穷魅力，不断获得交配机会，留下更多高质量的后代。

啊呀呀，阿灿霞摇摇头，它不能简单机械地将泥雪滚与花月亮做比较，它怎么又把它们对照起来看了呢？它强迫自己脑筋急转弯，泥雪滚还是有优点的，泥雪滚无比忠诚，而雄性忠诚的品格也是有生存价值的。遗憾的是，忠诚不能写在脸上，忠诚看不见摸不着，需要时间来证明，却很难获得证明的机会。吸引异性眼球的第一要素永远是英俊鲜亮的体貌和出类拔萃的觅食能力，忠诚附着于伟岸，只有在伟岸的基础上，忠诚才能显示其宝贵的价值，不然的话，在雌雪豹眼里，忠诚简直一钱不值。

这就是雪豹社会的现实，谁也无力改变这个现实。

阿灿霞正想着，花月亮就拖着那头公岩羊来到杜鹃花丛，径直走到它身边。花月亮一定是早就发现了它，看见它，并没有任何惊讶或意外的表情，而是不断摇晃着叼在嘴里的公岩羊，嘴角发出呜呜呦呦柔和的叫声，那是在炫耀和告白：瞧我的身手，你没见过这么棒的雪豹吧，在绝壁上倒立踢羊，这可是空前绝后的壮举，让你大开眼界了吧！老实告诉你，就是因为看见你在，为了讨你欢心，我才冒险玩了一把空中擒羊的绝活的。

假如是泥雪滚这样向它表白，阿灿霞会欣喜若狂或感动得涕泗横流，但面对花月亮的表白，它只会嗤之以鼻！真是无耻到了极点，寡廉鲜耻到了无以复加的程度！简直就是禽兽不如啊！它朝花月亮恶狠狠地咆哮。骂花月亮太无耻，这好理解，骂花月亮禽兽不如，似乎不够准确，雄雪豹本来就是野兽啊。阿灿霞可管不了那么多，它已经被花月亮的无耻行径气昏了头，不讲章法乱骂一通。

可花月亮的脸皮比城墙还厚，它好像完全忘了上次被阿灿霞咬掉一口豹毛的事，贼兮兮地靠拢过来，把公岩羊送到阿灿霞嘴边，欲与它共食。给异性免费送吃的东西，其实是一种引诱，当然也可视为婚配的聘礼。天下没有免费的午餐，这句话在动物界也同样适用。

阿灿霞当然明白这一点，它愤怒地吼叫，龇牙咧嘴地恫吓，可不知为什么，它却没有转身跑掉。其实这个时候，它是可以跑掉的，并没有绳子捆着它，也没有锁链锁住它，它完全可以一走了之，如果花月亮胆敢阻拦，它就像上次那样咬掉对方一撮豹毛。但是它没有跑掉，它觉得在这个时候拔腿跑掉，好像显得它害怕花月亮似的，它没有什么可害怕的，它是只勇敢的雌雪豹，敢于面对最残酷的人生，敢于面对血淋淋的现实，敢于将生存道路上的一切障碍和困难都踩在脚下，它要用非常手段来实现自己的理想。

花月亮爪子和牙齿协调配合，用力一撕，就把公岩羊开膛剖腹了。鲜红的内脏散发出一股浓烈的血腥味，对雪豹来说，这是天底下最好闻的气味，是无法抵挡的诱惑。给大型猎物开膛剖腹其实并非易事，要是换了泥雪滚，起码得摆弄半天才能将公岩羊撕碎开来。能力高低，技艺优劣，表现在日常生活的方方面面。

花月亮三下五除二掏出新鲜内脏，殷勤地塞往阿灿霞嘴里。湿滑的羊内脏是雪豹的最爱，阿灿霞的肚子早已饿得咕咕叫了，这么好的食物不吃白不吃，吃了也白吃。阿灿霞大口吞咽，但花月亮似乎并不想让它白吃，趁它埋头进食时，不怀好意地舔吻它的身体。

这个时候，阿灿霞是可以躲避或拒绝的，可它似乎专心埋头进食，顾不上去理会花月亮的轻薄和骚扰。花月亮的胆子愈发大了，得寸进尺，热烈地在阿灿霞全身舔吻起来。杜鹃花虽然已开始凋谢，但枝头依然花团锦簇，余香尚存。好戏结尾的部分叫压轴戏，音乐结尾的部分叫华彩乐章，鲜花将要凋零前，烂漫中更添一层凄艳，美得让人揪心，那是花的生命的绝唱。

花为媒，满地落英那是最温柔的婚床。

天下没有免费的午餐，这是一条颠扑不破的真理，阿灿霞一边咀嚼湿滑的羊内脏一边想，吃人家的嘴短，拿人家的手短，它吃了花月亮冒险蹿上绝壁擒获的公岩羊，似乎也不好意思拒绝花月亮的要求。

它清晰地感觉到，自己的身体已开始孕育新生命。

要是产下的后代像花月亮，也有空中擒羊的雄才伟略和高超技艺就好了，不仅存活的可能性大大增加，还将叱咤风云，成为名副其实的雪域霸主……

第三十三章　最后的复仇

终于，花月亮占有雌性的野心和传宗接代的本能获得了极大满足，诱骗成功，阴谋得逞，幸福感充塞每一个细胞。它从阿灿霞背上跳下来，心满意足地伸伸懒腰，开始啃食公岩羊。刚刚消耗了不少体力，它饿了，要吃东西了。

花月亮惬意地趴在地上，一面大口咀嚼新鲜羊肉，一面等待阿灿霞替它梳理皮毛。按照雪豹社会不成文的规定，婚配前，雄雪豹向雌雪豹大献殷勤，婚配后，木已成舟，生米煮成了熟饭，雌雪豹就要反过来讨雄雪豹的欢心。对雌雪豹来说，一旦婚配，体内开始孕育新生命，便会对配偶产生依恋之情，希望雄雪豹能长久地留在自己身边，希望自己能用妻子的温柔培养起雄雪豹做个好丈夫和好父亲的责任心，希望与自己婚配的雄雪豹能成为自己度过漫长的孕期、分娩期、哺乳期和育幼期的有力依靠，希望夫妻携手共同养育一窝幼豹。

阿灿霞伸出舌头，从那根美丽的豹尾开始，温柔地为花月亮舔理皮毛。沙沙沙，舔去跳蚤和扁虱，皮毛亮灿灿；沙沙沙，舔去辛苦和烦恼，精神爽歪歪。在雪豹社会，为对方整饰皮毛是夫妻间倾吐情愫的最佳方式。花月亮微闭着眼睛，心安理得地接受阿灿霞的舔理。

阿灿霞舔理完长长的豹尾，转而舔理四肢、脊背和胸腹。阿灿霞舔得很卖力，舔得很到位，花月亮舒服得直哼哼。现在，阿灿霞开始舔理花月亮肩胛和脖颈间的皮毛。与许多动物一样，雪豹的脖颈下埋藏着脆弱的喉管，是雪豹整个身体中最薄弱的环节。但花月亮丝毫不在意阿灿霞的舌头伸进自己的颈窝来。按常规，婚配后的雪豹，雌雄间是不设防的。也许是垂涎已久的美人终于到手所以高兴得忘乎所以，也许是沉醉在征服带来的巨大快感中而丧失了警惕，花月亮不但让阿灿霞的舌头毫无障碍地伸进自己的颈窝，还索性停止进食，翻了个身，改趴躺为侧躺，毫无顾忌地亮出自己最脆弱的部位。

沙沙沙，阿灿霞灵巧的舌头在花月亮柔软的颈窝间来回摩挲，就像按摩一样，驱除疲劳，放松筋骨，带给你灿烂的好心情。

花月亮舒服地扭动身体，这么美丽这么骄傲的雌雪豹，如今却成了它爱情的俘虏，成了任它摆布的玩偶，乖得就像一只小猫咪，如此殷勤如此卖力地为它整饰皮毛，这是何等的荣耀和幸福，绝对是生理和心理的双重享受。

沙沙沙，阿灿霞灵敏的舌尖触碰到花月亮脆弱的喉管，呼噜噜，呼噜噜，里头有混浊的空气在流动；沙沙沙，阿灿霞灵活的舌尖撩拨花月亮滑溜溜的静脉血管，哗啦啦，哗啦啦，里头有滚烫的血浆在涌动。

花月亮闭起眼睛，彻彻底底放松，彻彻底底享受着老天爷赐给它的美妙的桃花运。

突然，阿灿霞张开血盆大口，以迅雷不及掩耳之势，照准花月亮的喉管狠狠地咬了下去。杀女之仇，永生不忘！它记得很清楚，当它最需要花月亮帮助的时候，花月亮残忍地咬杀了它心爱的幼女麻老四。时间无法抹平它心中的创伤，花月亮永远是它的杀女仇敌，它有足够的理由咬杀这只外表英俊却蛇蝎心肠的雄雪豹！

花月亮恐怕做梦也没想到，一只刚刚与它婚配的雌雪豹会突然间翻脸，对它痛下杀手。在它的观念里，一旦俘获了雌雪豹的身，也就意味着俘获了雌雪豹的心，没想到这一次它想错了，它俘获了阿灿霞的身，却未能俘获阿灿霞的心。更严重的问题是，在它最疏于防范的时候，阿灿霞竟然对它起了杀心。花月亮实在想不通，这只雌雪豹美丽娇艳的躯壳下竟然包藏着一颗杀夫夺命的祸心！它没有任何心理准备，也没有任何防范措施，当阿灿霞狠狠咬住它的颈窝时，它才如梦初醒，猛烈挣扎，但已经迟了。阿灿霞的叼咬角度奇佳，它的脑袋被死死控制住，根本没有反抗的机会，它只能亮出前爪拼命在阿灿霞身上撕抓，但已经无济于事，不过是在阿灿霞肩胛上制造几道血痕而已……

阿灿霞咬得越来越紧，花月亮感到一种窒息的痛苦，发疯般的踢蹬颠跳，试图从阿灿霞的噬咬中挣脱出来，但这恰恰加速了它的死亡进程，只听嘣的一声轻微闷响，自己的喉管和血管被撕裂了。它听到血液从颈窝喷涌而出的潺潺声，它只觉得呼吸一下子变得畅快，窒息的痛苦顿时消失了，它想站起来，但四肢软得就像是用雪捏成的……

花月亮刚做了新郎，就变成新鬼。

一直等花月亮停止挣动后，阿灿霞才松开嘴，它永远不能原谅花月亮曾经犯下的罪孽，它也舍不得失去泥雪滚，或许现在这样是最好的解决办法。

第三十四章　永远的继父豹

阿灿霞把公岩羊拖回千年老杉树，与泥雪滚共享美味佳肴。饱餐一顿后，阿灿霞优雅地抡甩尾巴，在草地上搔首弄姿，双眼秋波频送，做出投怀送抱的种种暗示。俗话说男想女隔座山，女想男隔层纸，对动物而言也是一样，雄想雌隔座山，雌想雄隔层纸。阿灿霞有了这种表示，泥雪滚当然喜出望外，两年多的苦苦等待，不就是为了这一刻吗？

风吹来，凋谢的杜鹃花纷纷洒落，雪豹的发情期就要结束了。

泥雪滚已经 16 岁了，对雪豹来说，它已迈入老年雪豹的行列，但这还是它第一次品尝男欢女爱这杯生活的美酒。

泥雪滚不愧是忠诚型的典范，婚配完成后并没有像其他雄雪豹那样躺在地上等着雌雪豹给自己舔理皮毛，婚配完成后，泥雪滚仍对阿灿霞感激涕零，温柔地舔吻阿灿霞的皮毛。

只有阿灿霞心里明白，这是一次没有实质意义的婚配，是一场不会有结果的耕耘，是动物界最新版的狸猫换太子。

三个月后，它将产下活泼健康的豹崽，有强悍的体魄，有光亮的皮毛，有聪慧的头脑，那是花月亮的遗传因子，不不，它们只是借用花月亮的躯壳而已。

面对泥雪滚，它有点儿内疚，但与严酷的生活相比，与小宝贝将来的命运前途相比，小小的内疚算不了什么。

泥雪滚是世界上最好的后爸，也许，这辈子也只能做个好后爸。

雪豹的动物名片

亲爱的小读者，你听说过雪豹吗？你见过雪豹吗？雪豹是一种美丽而凶猛的猫科动物，被称为“雪域霸主”“雪域之王”，听起来是不是非常神气呢？如果你想了解真正的雪豹，就跟我一起看看雪豹的动物名片吧！

我和豹可不一样！

雪豹的分类地位目前还没有定论。许多学者把大型猫类——雪豹、豹、狮、虎列为豹属，也有学者在猫科下设立了豹亚科，下面分为豹属和雪豹属。可见，雪豹和豹、狮、虎等豹属动物还是有很多不同点。

比如说雪豹的舌骨基本上骨化了，而豹属动物的舌骨中部为韧带性软骨。狮、虎等动物能大声吼叫，雪豹却只能嘶嚎。进食时，雪豹是蹲着用前爪抓食物吃，而不像豹属动物那样爬着撕咬。另外，雪豹与虎、豹等动物很难进行杂交，而狮、虎、豹、美洲豹之间却可以进行杂交。

我的样子很帅气

雪豹被誉为世界上最美丽的猫科动物。一般体长110—130厘米，尾长80—90厘米，体重30—60公斤，周身长着细软厚密的白毛，十分蓬松，上面分布着许多不规则的黑色圆环，至尾端最为明显，尾尖黑色。幼兽通体带有浅玫瑰紫色，身上的黑色环斑轮廓不清、黑灰相杂。雪豹四肢较短，作为一种崖生性动物，它的前肢主要用于攀爬，因而比平原豹发达。其四肢的下端和足背有较清晰的黑色环纹，就像植物的叶，所以也被称为“艾叶豹”。

我生活在雪线附近

雪豹是中亚高原特有的物种，常栖身于海拔2500—5000米的高山上，因终年生活在雪线附近而得名。它经常在冰雪覆盖的高山裸岩及寒漠带的环境中活动。因全身长毛之下又有着浓密的底绒，所以能够抵御凛冽的寒风。其足垫和垫间的丛毛可以防滑抗冻，在酷热的夏季，又可以隔挡灼烫的岩石。

我是个独行侠

雪豹平时都是单独活动，仅在发情期前后才成对居住。

雪豹的巢穴一般设在岩石洞中、乱石凹处、石缝里或岩石下面的灌木丛中，大多在阳坡上，往往几年都不搬家。雪豹行踪诡秘，昼伏夜出，在黄昏和黎明时活动最为频繁，白天也偶尔出来。它的活动领域相当大，有时需要数日才能返回栖息地。

我捕猎本领特别高强

雪豹感官敏锐、性情机警、行动敏捷，善于攀爬跳跃——可以跃到两三米高的岩石上、跨越五米宽的沟。雪豹粗大的尾巴能掌握方向，让它跃起时可以在空中转弯，因此其捕食能力很强。雪豹经常采用猫科动物特有的伏击式猎杀，辅以短距离快速追杀。它们把身体蜷缩起来隐藏在岩石之间，当猎物路过时就突然跃起来袭击。冬天寻不到食物时，它们也会偷袭家畜和家禽。

我不喜欢动物园

雪豹常年生活在高海拔地区，很难适应低海拔地区的湿度、温度、气压和日照变化，所以，世界各地的动物园都很难饲养和繁殖雪豹。动物园中的雪豹体内经常有寄生虫，而且易患肺炎、结核病等。实际经验表明，雪豹在饲养条件下存活的时间都比较短，往往一两年就会死去。

请人类不要再捕杀我!

雪豹的皮毛和骨头非常珍贵，所以一直是人狩猎和捕杀的对象。而且因其有固定的活动路线，偷猎者只要在其必经之路埋下铁夹就可将其捕获，所以雪豹的数量不断下降。没有人确切知道野外现存多少只雪豹，估计仅有几千只。孤寂的雪豹已被列入国际濒危野生动物红皮书，和大熊猫一样珍贵。

你们愿意保护我吗?

雪豹是亚洲高山高原地区最具代表性的物种，国际上正在实施一个保护雪豹行动计划，期待使雪豹得到更好的保护，进而保护整个高山地区的动物区系和生态系统。近年，中国相继在有雪豹分布的地区建立了一批自然保护区，如甘肃东大山、新疆塔什库尔干自然保护区，但这些还远远不够。

亲爱的小读者，你也想一想，为了保护雪豹这种美丽而濒危的动物，你可以做些什么呢?

关爱动物，让地球更美好

我要用我手中的笔，呼唤人类对动物休眠的良知，呼唤人与自然和谐相处，呼唤我们这颗蔚蓝色的地球更加绿意葱茏。

——沈石溪

长期以来，人类有一种根深蒂固的偏见，总以万物之主自居，总认为自己是高等生灵，是天地间的主宰，动物都是低等生灵，是任人摆布的畜生。人类这种无视动物福利、无视生命尊严的行为，直接造成的恶果是环境持续恶化，生态系统遭到破坏，许多野生动物濒临灭绝，美丽的地球变得千疮百孔。更为严峻的是，对另类生灵的蹂躏和践踏，释放了人心中的恶，继而漠视、藐视和蔑视同类的生命，制造种种惨绝人寰的悲剧。

其实，动物并非人类想象的那么低能蠢笨，它们的感情世界也并不比人类逊色。动物和我们人类一样，也是有血有肉、有爱有憎、有家庭亲情、会制造工具、有喜怒哀乐的生命。

有时，只要用心去观察，不难发现，在情感世界，在生死抉择的关头，许多动物表现出来的忠贞和勇敢，常常令我们人类汗颜，让我们自愧弗如。

爱是生命进化的能量。我们应当敬畏生命，尊重另类生灵，与它们进行真诚的感情交流与心灵互渗，用博爱的心怀去关爱动物，关爱周围的一切生命，让地球因为有我们付出的一份爱而变得更加美好。

小读者们，想不想和大家分享你或你的朋友们关爱小动物的故事呢？那就快快投稿吧！我们会评选出“爱心小天使”，还有神秘奖品赠送哟！

请投稿到以下信箱：wxtg@childrenfun.com.cn。作品中要包含：①你的故事；②你的姓名；③你的联系地址、邮政编码、联系电话。

还犹豫什么，快快动笔吧！

沈石溪作品获奖记录

- **《第七条猎狗》**（短篇小说）中国作家协会首届全国优秀儿童文学奖
- **《退役军犬黄狐》**（短篇小说） 第六届陈伯吹儿童文学奖
- **《狼王梦》**（长篇小说）中国台湾第四届杨唤儿童文学奖
- **《一只猎雕的遭遇》**（长篇小说）
  中国作家协会第二届全国优秀儿童文学奖
- **《狼王梦》**（长篇小说） 第二届全国少年儿童优秀图书一等奖
- **《天命》**（短篇小说）1992年海峡两岸少年小说、童话征文佳作奖
- **《象母怨》**（中篇小说） 首届冰心儿童文学新作奖大奖
- **《残狼灰满》**（中篇小说）首届“巨人”中长篇奖
- **《沈石溪动物小说自选集》**（中短篇小说集）第三届冰心儿童图书奖
- **《红奶羊》**（中篇小说集）中国作家协会第三届全国优秀儿童文学奖
- **《狼王梦》**（长篇小说）**《第七条猎狗》**（中短篇小说集）
  中国台湾1994年“好书大家读”优选少年儿童读物奖
- **《第七条猎狗》**（短篇小说集）中国台湾《中国时报》1994年度十佳童书奖
- **《保姆蟒》**（短篇小说集）1996年中国台湾金鼎奖优良儿童图书推荐奖

《狼妻》（短篇小说集）

中国台湾1997年“好书大家读”年度最佳少年儿童读物奖

《宝牙母象》（中篇小说）第十一届中国图书奖

《牧羊豹》（短篇小说集）

中国台湾2000年“好书大家读”年度最佳少年儿童读物奖

《刀疤豺母》（长篇小说）第十三届中国图书奖

《藏獒渡魂》（短篇小说）第十九届陈伯吹儿童文学奖

《鸟奴》（长篇小说）中国作家协会第六届全国优秀儿童文学奖

《藏獒渡魂》（中短篇小说集）2006年冰心儿童图书奖

《斑羚飞渡》（短篇小说集）

国家新闻出版总署2007年向青少年推荐百部优秀图书

《狼王梦全本》（长篇小说）**《狼世界》**（中短篇小说集）

国家新闻出版总署2008年向青少年推荐百部优秀图书

《红豺》（长篇小说）

国家新闻出版总署2011年向青少年推荐百种优秀图书

《红豺》（长篇小说）第三届“三个一百”原创图书出版工程奖

沈石溪作品入选中小学教材篇目

- **《最后一头战象》**

  人民教育出版社全国小学语文教材六年级上册

- 香港生本教育语文教材第十册

- **《斑羚飞渡》**

  人民教育出版社全国初中语文教材七年级下册

  江苏人民教育出版社小学语文教材四年级下册

  辽宁人民出版社高中二年级课外语文

- **《猎狐》** 湖北教育出版社初中语文教材七年级上册

- **《帮大象拔刺》《保姆蟒》《残疾豹》《太阳鸟和眼镜王蛇》《会做生意的狐狸》**

  山东教育出版社新课程小学语文读本六年级上册

- **《第七条猎狗》**

  山东教育出版社初中语文课外阅读七年级上册

- 辽宁教育出版社、语文出版社中小学生语文素养文库 初中卷

  《脸色苍白的伙伴》 人民教育出版社初中语文自读课本第二册

- **《暮色》** 浙江人民美术出版社未来教育教材中国儿童阅读文库

沈石溪唯一官方博客
http://blog.sina.com.cn/bangzuowen

帮作文

动物小说大王
沈石溪 主编

第一本与作家互动的小学生文学阅读类作文书

珍藏文学经典，
揭开写作奥妙

让你拥有丰富内心世界的写作魔方

适读年龄：8～14岁　　开本：16开
出版日期：每月15日　　页数：48页

帮阅读　沈主编最新力作＋国内外好作家新作品＝很文学

帮作文　灵气好作文＋沈主编钦点评语＋作家的写作奥秘＝很特别

帮互动　小读者大作家互动问答＋沈主编解读少年心事＝很亲和

全年订阅价 96 元
有好礼

订阅方式1：邮局订阅

通过邮局订阅，请记住邮发代号：80-783，到当地邮局订阅

订阅方式2：童趣俱乐部订阅

1.登录童趣出版有限公司官网：www.childrenfun.com.cn订阅
2.拨打订阅电话：010-81054177
3.QQ订阅：2735876517（童趣俱乐部）

沈石溪作品读者交流QQ群：186122345，快来加入吧！